Johann von Nahlik

Geschichte des Kaiserlich-Königlichen 55. Linien-Infanterie-Regimentes

Baron Bianchi

Johann von Nahlik

Geschichte des Kaiserlich-Königlichen 55. Linien-Infanterie-Regimentes Baron Bianchi

ISBN/EAN: 9783743364011

Hergestellt in Europa, USA, Kanada, Australien, Japan

Cover: Foto ©ninafisch / pixelio.de

Manufactured and distributed by brebook publishing software (www.brebook.com)

Johann von Nahlik

Geschichte des Kaiserlich-Königlichen 55. Linien-Infanterie-Regimentes

Baron Bianchi

Geschichte

des kais. kön.

55. Linien-Infanterie-Regimentes

Baron Bianchi.

Von

Johann Edlen von Nablik,

k. k. Oberlandesgerichtsrathe und ehemaligem Hauptmann - Auditor des
Regimentes.

BRÜNN.

Gedruckt und in Commission bei Carl Winiker.

Im Selbstverlage des Verfassers.

1863.

Dem

kaiserl. königl.

55. Linien-Infanterie-Regimente

BARON BIANCHI

in treuer Anhänglichkeit gewidmet

von dem

Verfasser.

Vorwort.

Spezialgeschichten ausgezeichneter Körperschaften besitzen ihren eigenthümlichen Reiz. Während sie die Grossthaten der Vorfahren erzählen und längst vergangene ernste und ruhmvolle Tage in die Gegenwart wieder hereinführen, erfüllen sie das Herz des späten Enkels mit Stolz und Freude und das ererbte Andenken einer glorreichen Vergangenheit wird der Nachwelt nicht weniger theuer, als das Bewusstsein selbsterworbenen Verdienstes.

Diess ist insbesondere bei der Geschichte eines Truppenkörpers der Fall. Das magische Band der Kameradschaft umschlingt nicht blos die zur gemeinsamen Thätigkeit noch vereinten Mitglieder, es lässt auch die Geschiedenen nicht los; der Soldat sieht mit erhebender Theilnahme die Tapferen seines Regimentes oder Corps, die schon vor einem Jahrhunderte in demselben mit Ehren gekämpft und geblutet, ebenso wie seine dermaligen Kampfgenossen als Kameraden an und tritt er später selbst in andere Lebensverhältnisse über, so gehört er doch der Truppe für immer zu eigen, er folgt ihren Geschicken, theilt im Geiste ihre Beschwerden, ihre Kämpfe wie ihre Lorbeeren, sein Herz bleibt immer bei der alten Fahne.

Solche Gefühle erfüllten auch uns bei dem Niederschreiben der Geschichte des k. k. 55., ehedem 63. Linien-Infanterie-Regimentes Baron Bianchi und mit aller Liebe unterzogen wir uns einer Arbeit, die dem eigenen Herzen wohlthat und von der wir hoffen dürfen, dass sie in getreuer Darstellung der Schicksale des Regimentes wenigstens allen Jenen von Interesse sein wird, welche zu seinem Verbande gehören, oder einstens dazu gehörten.

Die Ereignisse, welche sich in dem Regimente seit dem Jahre 1841 und namentlich in den Jahren 1848 und 1849 und bis zum Jahre 1851 ergaben, haben wir selbst erlebt, theilweise, wenn auch in geringerem Grade, dabei mitgewirkt; die Materialien zur Darstellung der älteren Geschichte dieses Truppenkörpers haben wir aus alten Acten des Regimentes, aus verlässlichen Mittheilungen einiger seiner Veteranen und aus dem k. k. Kriegsarchive zusammengetragen, und die wahrheitsgetreu erhobenen Thatsachen an einander zu reihen gesucht. Manches mag vom Zeitenstrome überfluthet in seinem tiefen Grunde vergessen schlummern, aber schon das, was wir aus den ersten Zeiten des Regimentes vorzuführen vermochten, wird im Vereine mit dem, was das Regiment in unseren Tagen geleistet, genügen, um ihm einen reichen Kranz des Ruhmes zu flechten.

Der Verfasser.

Inhalt.

Errichtung des Regiments.

Das k. k. österreichische 55. ehedem 63. Linien-Infanterie-Regiment wurde in den letzten Monaten des mit stürmischen Bewegungen zu Ende gegangenen 18. Jahrhunderts in Folge kaiserlicher Genehmigung vom 13. September 1799 zu Turin als 6. Wallonen Regiment errichtet.

Seinen ersten Kern bildete in Folge der hofkriegsräthlichen Erlässe vom 14. und 21. September 1799 die ausgesuchte rüstigste Mannschaft der damal in Italien gestandenen Leibbataillone der kriegsbewährten fünf Wallonenregimenter Clairfait Nro. 9, Murray Nro. 55, Ligne Nro. 30, Würtemberg Nro. 38 und Beaulieu Nro. 58, eine Truppe, welche durch vielfältig erprobte Tapferkeit rühmlich bekannt, den Geist gediegener Veteranen in den neuen Truppenkörper brachte.

Mit der Aufstellung des Regimentes wurde Oberstlieutenant Carl Soudain des Wallonenregiments Würtemberg betraut, welchen Auftrag er mit solcher Raschheit erfüllte, dass das neue Regiment bereits am 28. October 1799 wirklich zu bestehen begann, und bei der am 19. November 1799 zu Turin abgehaltenen ersten Musterung 71 Stabs- und Oberoffizire, 28 Stabsparteien und 2811 Mann vom Feldwebel abwärts zählte. Die noch abgängigen 1719 Mann des Feuergewehrstandes sollten durch freie Werbung aufgebracht, die fehlenden Stabsparteien in angemessenem Wege gewonnen werden.

Die ersten Fahnen, die Ausrüstung und Bewaffnung übernahm das Regiment von den schon erwähnten Leibbataillonen, zu seiner Uniformirung wurde jene des früher bestandenen Infanterie-Regimentes Schmidtfeld, weisse Röcke mit lichtbraunen Aufschlägen und gelben Knöpfen, bestimmt; es wurde als 63. Linien-Infanterie-Regiment in der k. k. Armee eingereiht, Seiner kaiserlichen Hoheit, dem Erzherzoge Josef, zweitgebornem Sohne Seiner Majestät des Kaisers Franz II. verliehen und im Jahre 1801 FML. Ludwig Graf Baillet-Merlemont laut h. kr. Reskriptes vom 21. April 1801

1

Z. 3303 zum zweiten Inhaber des Regiments darauf mit aller-höchster Entschliessung vom 1. November 1799 Oberstlieutenant Carl Soudain zum Obersten und Regimentskommandanten ernannt, Oberstlieutenant Ludwig Prinz de Ligne wurde von dem gleich-namigen Regimente Nr. 30 in gleicher Eigenschaft hieher trans-ferirt, Franz Etienne Dumoulin dritter Major des Regiments Würtemberg Nro. 58, wurde erster, Hauptmann Albert de Best vom Regiment Murray Nro. 55 zweiter und Hauptmann Ernst Prinz von Ahrenberg von Nadasdy-Infanterie Nr. 39 dritter Major im Regimente.

Nach der ersten Revisionsliste vom 19. November 1799 be-stand das übrige Offizirskorps, mit welchem das Regiment seine Laufbahn begann, aus den Hauptleuten: Caspar Strauch, Franz Grafen Fuchs, Carl Lefevre, Heinrich Scovaud de la Bastide, Emanuel Billek, Johann Mennersdorf, Joachim D'Andreis, Carl Chevalier de Barst, Heinrich Jamez und Mayer;

den Capitainlieutenants: Peter Baron Cammerlander, Josef de la Croix, Anton Liebler, Carl de Pressin, Ludwig Le Louchier, und La Chapelle;

den Oberlieutenants: Josef von Vetter, Achazius Wilms, Constant Chevalier Sourdeau de Chin, Josef Jäger, Josef Hemmers, Franz de Ravinelle, Franz Defrenois de Tier, Thomas de Vauthier, Friedrich Rosenhayn, Carl Bruckherr von Donau, Benedict de Vassiment, Ferdinand de Ruiz, Claudius de Bourcy, Josef Pre-famme, Philipp Baron Poederle, Gabriel Jeremich und Franz Marko

den Unterlieutenants: Louis Grumaldi, Johann Ehlert, Bern-hard de Kersmacker, Josef Flette v. Fletterfeld, Ferdinand Ulrich, Johann Brisich, Johann Müller, Richard, Josef Libiu, Illebinetz, Josef Dejardin, Ludwig Baron Marschal, Hieronimus Zuchy, Carl Schmidt, Andreas Spendlik und Osulivant;

den Fähnrichen: Gabriel Baron Rumerskirchen, Carl Löschner, Josef Lasseiuie, Anton Teichmann, Louis Delaporte, Friedrich Graf Millet-Traverges, Franz Bombelles, Josef Malherbe de Saint Aignan, Carl Graf Vilette, Peter Carron, Conrad Vanko, August Graf Millet-Traverges, Franz de Vauthier, Johann Bardy de Lupigny.

Die Stabspartheien kamen erst später. Der erste Regiments-kaplan war Marian Einmering, ihm folgte bald Josef Ritter de Canus. Zur Verwaltung der Rechtspflege des Regiments wurde zuerst der Auditor Adam berufen, erhielt aber, bevor er noch einrückte, eine andere Bestimmung. An seine Stelle kam am 1. Jänner 1801 der Auditor August Ritter von Tursky, welcher aber schon am 1. August 1802 in die Reihen des Regiments zur Waffe übertrat, am 1. September 1805 zum Generalstabe übersetzt und endlich Feldzeugmeister und Präsident des k. k. allgemeinen Militär-Appellationsgerichtes wurde. Als erster Regimentsarzt fungirte Med. Dr. Scheda, die Regimentsrechnungskanzlei führte als erster Rechnungsführer Wilhelm Böse.

Beginn der Thätigkeit des Regiments.
Gefecht bei Dromero am 6. November 1799.

Unmittelbar nach seiner Aufstellung trat das Regiment den Ehrengang der Waffen an; meist Avant- oder Ariergarde bahnte es den Gefährten entweder muthigen Schrittes beim Vordringen den Weg, oder es deckte als zuverlässige Nachhut mit fester Entschlossenheit den Rückzug der Waffenbrüder, wie es eben die Geschicke der Kämpfe geboten. Ruhmvolle Thaten und glückliche Erfolge wechselten mit schweren Verlusten, wo sich aber seine Fahnen zum Kampfe entfalteten, dort war es für seine braven Streiter gleich ehrenvoll, unter diesen Panieren siegend vorwärts zu stürmen, oder sterbend die Wahlstatt zu decken.

Der k. k. General der Cavallerie Baron Melas führte den Feldzug des Jahres 1799 mit siegreichen Gefechten zu Ende. Das Regiment Erzherzog Josef Infanterie stand damal in der Division des FML. Keim, zwei Bataillone waren in Turin, ein Bataillon im Susathale, die Grenadire in dem früher von nunmehrigem Regimentscommandanten v. Soudain befehligten Grenadirbataillone in der Brigade des GM. Baron Lattermann im Moirathale.

Am 6. November 1799 griff das Grenadirbataillon vacq. Soudain die bei Dromero aufgestellte französische Abtheilung so tapfer an, dass sich diese eiligst in die Berge zurückziehen musste. In diesem ersten Gefechte, welches das Regiment in den Blättern

seiner Geschichte zu verzeichnen hat, thaten sich seine Grenadire
so rühmlich hervor, dass sie im besonderen Armeebefehl belobt
wurden.

Erstürmung von Mondovi am 13. November 1799.

Am 13. November nahm dasselbe Grenadirbataillon mit dem
Grenadirbataillone Wouvermans an der Erstürmung von Mondovi
einen hervorragenden Antheil. Die Grenadire bemächtigten sich
unter dem heftigsten Feuer des Feindes des zur oberen Stadt
und Citadelle führenden Thores mit stürmender Hand und trugen
wesentlich dazu bei, dass der französische General Championet
den Platz mit Zurücklassung von fünf Geschützen, 150 blessirten
und 100 kampffähigen Gefangenen, unter den letzteren ein Bri-
gadechef und 5 Offiziere, und mit dem Verluste sehr vieler Munition, in eiliger Flucht räumen musste.

Die Grenadire des Regiments erwarben sich auch an diesem
Tage die Auszeichnung öffentlicher Anerkennung.

Mittlerweile hatte Major Dumoulin die Franzosen mit dem
Oberstbataillon des Regimentes rasch und mit sehr vieler Bravour
aus Susa vertrieben und bis Fenestrelles verfolgt; das Bataillon
wurde während des darauf folgenden Winters zur Blokade dieses
Ortes verwendet.

Nach dem h. kr. Reskripte vom 25. Dezember 1799 wurde das
aus den Grenadirdivisionen Murray, Würtemberg und Erzh. Josef
bestehende Grenadirbataillon vacq. Soudain dem Oberstlieutenant
Ludwig Prinzen de Ligne verliehen, welcher darauf zur grossen
deutschen Armee abging; die Grenadirdivision des Regiments blieb
aber in Italien.

Eroberung der Schanzen am Mont Cenis, am 8. April 1800.

Als im Frühjahre 1800 die Operationen wieder beginnen
sollten, um die zu Ende des früheren Feldzuges nach Genua geworfenen und nun von dem thätigen und tapferen Massena com-

mandirten Franzosen gänzlich aus Italien zu vertreiben, verlegte
G. d. C. Baron Melas sein Hauptquartier am 27. März aus Turin
nach Allessandria und theilte seine Armee in zwei Theile. Der
eine bildete die operirende Hauptarmee unter dem Oberbefehle
des Generals der Cavallerie selbst, ihren rechten Flügel befehligte
FML. Elsnitz, den linken FML. Prinz Hohenzollern; der zweite
Theil bildete ein Reserve- und Beobachtungscorps unter FML.
Keim, der sein Hauptquartier zu Turin hatte, und namentlich
sämmtliche Thäler vom Col di Tenda bis zum Gotthard überwachen sollte.

Baron Melas begann die Feindseligkeiten am 5. April 1800.
In nicht ganz zwei Wochen war Massena mit dem einen Theile
seiner Armee nach hartnäckigem Kampfe in Genua enge eingeschlossen, sein linker Flügel unter Suchet gänzlich abgeschnitten,
und bis zum 8. Mai aus der Riviera di Genova verdrängt.

FML. Keim, in dessen Corps sich das Regiment Erzherzog
Josef-Infanterie befand, wirkte, so viel es ihm möglich war, zur
Förderung der Zwecke der Hauptarmee mit.

Der feindliche General Thureau hatte auf dem Mont Cenis
an der Verbindungsstrasse über die Alpen zwischen dem Thale
von Susa und Maurienne nicht unbedeutende Verschanzungen mit
1400 Mann und 18 Geschützen besetzt. FML. Keim befahl diese
Verschanzungen anzugreifen und wegzunehmen. Zu diesem Zwecke
wurde ein Expeditionscorps von 1200 Mann in 12 Compagnien
getheilt, gebildet. Das Regiment Erzh. Josef stellte hierzu drei
Compagnien unter Major de Best, das Infanterie-Regiment Erzh.
Anton und Banater Gränzer lieferten die übrigen Contingente,
Major Mesko des 7. Hussaren-Regiments commandirte das Ganze.
Major Graf Neupperg und Hauptmann Reinisch des Generalstabs
begleiteten die Colonne, welche mit Brod auf fünf Tage versehen,
mit Steigeisen ausgerüstet, in der Nacht vom 6. zum 7. April von
verlässlichen Führern geleitet, von Susa aufbrach, das Dorf Ialion
passirte, und nach einem 15stündigen eben so beschwerlichen als
gefahrvollen Marsche über steile Felsklippen, von denen einige
Leute herabstürzten und zerschmettert ihren Tod in den Abgründen
fanden, über ungeheuere Schneemassen, von denen oft bei leiser
Bewegung Lavinen die Colonne zu verschütten drohend nieder-

donnerten, um vier Uhr Nachmittags die Capelle San Bartolomeo erreichte.

Hier ruhte die Mannschaft ohne Feuer, ohne abzukochen, nur durch Brod und etwas Wein gestärkt auf dem Schnee bis 10 Uhr Nachts und setzte dann bei einer furchtbaren Kälte, welcher einige Soldaten ungeachtet aller Vorsicht erlagen, den Marsch mit beharrlichen und besonders die Wallonen mit frohem Muthe fort, bis man am frühen Morgen des 8. April an einen kleinen zugefrorenen See gelangte.

Hier wurden nach den früher schon empfangenen Dispositionen des FML. Keim die entsprechenden Verfügungen getroffen und in aller Stille die ganze Colonne in vier kleinere abgetheilt. Eine von ihnen, 300 Mann stark, unter Hauptmann Reinisch, wendete sich nach Ramasse, um dem Feinde den Rückzug abzuschneiden, die zweite unter Hauptmann Jamez des Regiments. Erzh. Josef, 100 Mann stark, ging auf das Posthaus, die dritte eben so stark, begleitet vom Major Grafen Neupperg, auf das Hospital los, die vierte und stärkste unter Major Mesko nahm ihre Richtung gegen das Wirthshaus zum grossen Kreuze, wo die Hauptverschanzung war; ihren Vortrab bildeten die Compagnien D'Andreis und Pressin des Regiments unter Major de Best.

Lautlos rückten die Colonnen vor, ohne Schuss wurden die Wachen des Feindes aufgehoben. Bei der Hauptcolonnne waren Capitainlieutenant Pressin und Feldwebel Klement die ersten, welche die vorderste Redoute erstiegen, wo sie sich sogleich zweier Kanonen bemächtigten, die übrigen Leute der beiden Compagnien drangen blitzschnell nach. Die überraschten Feinde versuchten wohl zu den Waffen zu greifen, Gemeiner Olka des Regiments machte aber schnell einen Artilleristen nieder, als er ein Geschütz abfeuern wollte, die übrigen ergaben sich bald, da sie sahen, dass aller Widerstand bereits vergebens war. Acht Offiziere, 230 Mann, 13 Kanonen, 1 Haubitze und sehr grosse Vorräthe an Munition fielen hier den Österreichern in die Hände.

Die zweite Colonne, bei welcher sich Hauptmann Jamez auszeichnete, nahm eine andere Schanze, erbeutete dort 2 Kanonen und machte 30 Gefangene; die dritte überrumpelte das Hospital und nahm den Commandanten der feindlichen Brigade Namens

Caffre gefangen. Der Rest der Besatzung entfloh, eben so wie die nahe gewesenen Generäle Davin und Lavalette in die Berge.

Bei dieser mit glänzendem Erfolge gekrönten Unternehmung hatten die Compagnien des Regiments gar keinen Verlust erlitten. Feldwebel Klement und Gemeiner Olka erhielten die silberne Tapferkeitsmedaille, die ganze Waffenthat selbst, bei der insbesondere die Kühnheit des ganzen Marsches, die Ueberwindung vielfacher Gefahren auf Pfaden, die eher für einzelne Bergjäger, als für eine militärische Truppe gangbar zu sein schienen, und die standhafte Ertragung der Entbehrungen hervorleuchten, erwarb sich auch in den höchsten Kreisen die verdiente Anerkennung.

Die Colonne wendete sich nach Vertreibung der Feinde von Mont Cenis gegen den Col di Tenda, welcher rasch genommen dem Feinde entrissen wurde. Ein weiteres Vorrücken war aus höheren Rücksichten der Colonne nicht gestattet, daher sie wieder umkehrte. Der Mont Cenis blieb eine Zeit lang nur schwach besetzt und musste später verlassen werden, als General Thureau mit sehr grossen Streitkräften wieder vorrückte.

Vorpostengefecht bei Graviera am 12. April 1800.

Der Feind muss die kaiserlichen Truppen, welche auf den Mont Cenis geblieben waren, für sehr stark gehalten haben, weil er die bis Excelles vorgeschobenen aus Gränzern bestehenden österreichischen Vorposten mit einer über alles Verhältniss grossen Uebermacht am 12. April 1800 angriff. Mit Ungestüm warfen sich die Franzosen auf die schwachen Posten, und drückten sie bis Chaumont zurück. Um den Gränzern die nöthige Unterstützung zu gewähren, wurde Major Albert de Best, welcher vor Kurzem erst von der Expedition auf den Mont Cenis zurückgekehrt war, befehligt, unverzüglich mit sechs Compagnien des Regiments Erzh. Josef in die Position von Graviera zu marschiren, sich in den dortigen Retrenchements festzusetzen, und die schon erwähnten hart bedrängten Vorposten zu unterstützen.

Dies wurde mit Schnelligkeit und Umsicht bewirkt. Rasch und entschlossen griff Major de Best den Feind an, welcher nach einem sehr lebhaften Gefechte, in welchem die Regimentsabtheilung 2 Mann an Todten, 7 an Verwundeten, darunter den Unterlieutenant Melzer hatte und 10 Gefangene verlor, über die Dora zurückgeworfen wurde.

Angriff auf Cesana am 4. Mai 1800.

Die Franzosen hatten das Dorf Cesana, eine damals wichtige Position, stark besetzt. Um sie von dort zu vertreiben, marschirte Major Mesko am 4. Mai 1800 mit 300 Mann des Regiments unter Major de Best, einer Abtheilung des Infanterie-Regiments Erzh. Anton und des 6. Banater Bataillons, so wie des piemontesischen Regiments Ivrea, dann mit 60 piemontesischen Jägern, zusammen mit beiläufig 900 Mann über Graviera gegen das genannte Dorf. Bei dieser Operation hatte Major de Best mit seinen 300 Mann und mit 100 Piemontesen die Landstrasse rechts lassend durch Gebirge auf sehr beschwerlichen Wegen das Dorf Cesana zu umgehen und hiedurch den Feind in die Flanke zu nehmen, während Major Mesko gleichzeitig mit dem Haupttheile der Colonne das Dorf von der Landstrasse aus angreifen sollte.

Mühevoll arbeitete sich Major de Best durch alle Hindernisse hindurch und erschien zur bestimmten Zeit an Ort und Stelle. Der Feind hatte von der beabsichtigten Unternehmung der Kaiserlichen rechtzeitig genaue Kenntniss erhalten, und Major de Best, der zu überraschen dachte, fand einen wachsamen schlagfertigen Gegner in vortheilhafter Stellung zum kräftigen Widerstande vorbereitet. Dessungeachtet griff die Umgehungscolonne entschlossen und vortrefflich geleitet an, Offizire und Mannschaft wetteiferten an Tapferkeit, Hauptmann Baron Cammerlander that sich sehr hervor, mit ihm Fähnrich Condé, welcher nebst den Lieutenants Malherbe und Traverges im hitzigsten Kampfe an der Spitze ihrer Soldaten verwundet wurden. Die Franzosen verloren zusehends an Terrain, die Höhen des Dorfes waren bereits genommen, Alles schien der Tapferkeit des kleinen Häufchens den verdienten Sieg zu sichern. Major Mesko aber, durch unaufgeklärt gebliebene Hindernisse aufgehalten, erschien nicht und der zahlreiche Feind von keiner andern Seite beunruhigt warf sich nun mit all seiner Macht auf Major de Best, der vom Angriffe zur Vertheidigung übergehen musste. Wie das gewonnene Terrain früher mit der grössten Tapferkeit erobert wurde, so ward jetzt auch jeder Fuss breit davon hartnäckig und blutig vertheidigt; noch immer hoffte Major de Best auf die Ankunft der Hauptcolonne des Majors Mesko. Als aber diese noch immer ausblieb, die Feinde unsere Tapferen immer enger umringten und ein Braver nach dem andern ihren überlegenen concentrirten Feuer erlag, die Tapferkeit Weniger die Uebermacht der Franzosen für die Dauer nicht mehr zu brechen vermochte, da trat Major de Best mit den Seinen einen des Angriffs würdigen vollständig geordneten Rückzug an. Dreimal meinten die nachdrängenden Feinde die zusammengeschmolzene Schaar zu erdrücken, jedesmal wurden sie mit dem Bajonette zurückgewiesen; Major de Best zuletzt selbst verwundet schlug sich mannhaft durch, und marschirte vom Feinde nicht weiter verfolgt zurück.

Oberlieutenant Manko und Lieutenant Lascinie, welche der Muth zu weit hingerissen hatte, fielen in feindliche Gefangenschaft, ausserdem hatte dieser Tag noch andere schwere Opfer gefordert, denn von den ausgerückten 300 Mann des Regiments waren nebst den schon genannten Offiziren 156 Mann getödtet, verwundet oder gefangen. Der halb errungene Sieg war verloren gegangen, aber die Ehre der Truppe, die sich so brav geschlagen, hatte auch in des Feindes Augen volle Anerkennung gefunden.

Gefecht bei und in Bastia und Susa am 22. Mai 1800.

Nach der Affaire bei Cesana blieb das Regiment auf Vorposten bei Susa, bis die Kriegsereignisse um die Mitte Mai 1800 eine unerwartete Wendung nahmen.

Die österreichische Armee war in Italien gerade damals vielfältig zerstreut, als die neugebildete französische Reservearmee am 15. Mai 1800 unter Bonaparte die Alpen überstieg und im Rücken der Österreicher ihre Operationen begann.

Der französische General Thureau von Berthier befehligt in dem Susathale vorzudringen, kam am 21. Mai 1800 mit 4000 Mann

Infanterie, einigen hundert Reitern und 6 Geschützen den Mont
Cenis herab und nöthigte die österreichischen Vorposten sich über
die Dora zurückzuziehen.

Am 22. Mai um 6 Uhr Morgens rückte der Feind mit einer
starken Colonne gegen Montauban vor, wo piemontesische Soldaten
des Regiments Ivrea sehr vortheilhaft aufgestellt waren. Die Franzosen umgingen diese Position und griffen auf der halben Höhe
des Berges Monmoron den Hauptmann Strauch des Regiments an,
welcher mit 1½ Compagnien des eigenen und 1 Compagnie des
Regimentes Erzh. Anton hinter crenelirten Mauern stand und die
Franzosen an der Vorrückung gegen Susa wesentlich hinderte.

Der heftige Angriff des Feindes fand eine tapfere Vertheidigung der Stellung der Kaiserlichen, welche zwei Stürme mit
einem gut unterhaltenen Feuer gänzlich abwiesen und die Franzosen zwangen, sich nach grossen Verlusten zurückzuziehen.

Während der Feind gegen den Col Monmoron vergebliche
Anstrengungen machte, rückte er mit einer halben Brigade von
Chaumont und Lauteret gegen das Dorf Bastia, welches die Leib-
und Mennersdorf - Compagnie des Regiments Erzh. Josef besetzt
hielten. Diese Abtheilungen vertheidigten sich mit aufopfernder
Tapferkeit und verwehrten dem Feinde mit zähem Widerstande
durch mehrere Stunden das Eindringen in das Dorf. Erst nachdem
Hauptmann Mennersdorf, sein Lieutenant und viele Leute seiner
Compagnie blessirt, mehrere auch getödtet worden waren, gelang
es den Franzosen in Bastia einzudringen, und einen Theil der
Compagnie Mennersdorf mit ihrer Uebermacht zu umzingeln und
gefangen zu nehmen.

Unter diesen Umständen musste Hauptmann Mennersdorf
mit dem ihm noch gebliebenen Reste seiner Mannschaft weichen, er
zog sich kämpfend auf die Stellung des Oberlieutenants Defrenois
auf den Hügel St. François zurück.

Die Franzosen, denen Bastia blutige Opfer gekostet hatte,
verfolgten den theuer erkauften Vortheil und griffen den Fähnrich
Baron Bardy des Regiments, welcher die Verschanzung von Goute-
lier, die von Lauteret mit grossem Erfolge beschossen werden
konnte, besetzt hielt, und die schon erwähnte Stellung des Oberlieutenants Defrenois an. Beide Offiziere hatten anfänglich jeder

nur eine halbe Compagnie Billek bei sich. Durch Hauptmann Mennersdorf verstärkt, wiesen sie die wiederholten Angriffe tapfer zurück und hielten den Feind so lange auf, bis sie sich gänzlich verschossen hatten und sich desshalb gegen Susa zurückziehen mussten.

Nun erst rückten die Franzosen beim Berge Monmoron vorbei näher gegen Susa vor, wurden aber plötzlich vom Oberlieutenant Ravinelle, welcher mit einer Compagnie des Regimentes den Gipfel des Berges besetzt hielt, so nachdrücklich gefasst, dass sie sehr vielen Schaden litten, und sich nun gezwungen sahen, zuerst von dem Monmoron jeden Widerstand zu verdrängen. Sie wendeten sich demnach nochmals gegen Hauptmann Strauch, welcher im Augenblicke, als der Angriff begann, den schriftlichen Befehl von Major Mesko erhalten hatte, den Monmoron zu verlassen. Da aber der damalige Moment zur Ausführung dieser rückgängigen Bewegung höchst bedenklich war, so schlug Hauptmann Strauch vorerst den Feind mit glänzender Tapferkeit entschieden zurück, und benützte darauf den Augenblick der ihm günstigeren Lage, um sich mit Oberlieutenant Ravinelle in aller Ordnung nach Susa zurückzuziehen.

Kaum war er in die Stadt eingerückt, so drang auch schon der Feind nach; eine Compagnie des Regiments vertheidigte heldenmüthig die Barrieren an der Strasse gegen Susa und Feldwebel Zerner, der später dafür mit der silbernen Tapferkeitsmedaille belohnt wurde, Zimmermann Denoyes und Gemeiner Viande, welche Belohnungen in Geld erhielten, zeichneten sich hier besonders aus.

Als der Feind durch neue Zuzüge verstärkt gegen Abend noch weiter vordrang, vertheidigte die Compagnie Liebler des Regiments eine wichtige Brücke mit standhafter Ausdauer, bis auch sie der Uebermacht weichen musste.

Die Franzosen drangen nun an mehreren Punkten mit zahlreichen Scharen ein, und nahmen dabei einzelne Abtheilungen des Regiments, welche noch immer mehr auf die Behauptung ihrer Stellungen als auf eigene Rettung dachten, nach hartnäckigem Kampfe gefangen. Dieses Los traf auch den Major Dumoulin. Als er sich zuletzt mit 104 Mann eingeschlossen sah, versuchte er es, am Kapuzinerberge durchzubrechen, stiess aber dort auf einen feindlichen Haufen von mehr als 1000 Mann. Da trachtete er

sich nach dem Gebirge zu ziehen, doch auch hier war der Weg
so stark vom Feinde verlegt, dass es klar vorlag, es müsse jeder
Versuch sich durchzuschlagen nur mit nutzloser Aufopferung der
braven Mannschaft enden.

In dieser Lage rief Major Dumoulin seine Offiziere zusammen
und nach gepflogener Berathung musste man sich zu dem schmerzlichen Schritte entschliessen, sich zu ergeben.

Alle Abtheilungen des Regiments hatten mit einer Bravour
gekämpft, welche durch das erlittene Missgeschick nichts an ihrem
Ruhme einbüssen konnte, und der 22. Mai 1800 war für sie einer
von jenen Tagen, an welchen die überwältigte Tapferkeit an ihrem
Glanze nichts verliert.

Das Regiment hatte 40 Todte, 32 Verwundete und 446 Gefange zu bedauern, unter den letzteren 14 Offizire, nämlich:
der Major Dumoulin, die Hauptleute Mennersdorf und D'Andreis,
Capitainlieutenant Vetter, die Oberlieutenants Defrenois, Jäger,
Bruckherr und Rosenhayn, Unterlieutenant Löschner, die Fähnriche Villamarina, Baron Bardy de Lupiguy, Gross, Goeswein und
de Vauthier.

In der Nacht vom 22. zum 23. Mai zogen sich die k. k.
Truppen von Susa bis vor Avigliano zurück, wo sie noch drei
feindliche Angriffe entschieden abwiesen.

Schlacht bei Marengo am 14. Juni 1800.

Der erste Consul Bonaparte hatte sich nach Uebersteig-
gung der Alpen, nicht, wie man vermuthete, gegen die Hauptmacht
des G. d. C. Baron Melas und gegen Turin, sondern unerwartet
gegen die Lombardie gewendet, den ihm dort gegenübergestandenen
FML. Vukasovich bis über die Adda gedrängt und Mailand am
2. Juni 1800 eingenommen. Baron Melas sah sich nun auf seiner
Rückzugslinie nach den k. k. Erbstaaten schwer bedroht, er eilte
seine zerstreuten Truppen um Alessandria zusammenzuziehen, wo
er selbst sein Hauptquartier aufgeschlagen hatte und hoffte sich
aus den ihn umgebenden Schwierigkeiten durch einen entscheidenden
Sieg befreien zu können.

FML. Elsnitz musste die Stellung am Var verlassen und die Riviera räumen, FML. Ott sollte die Einschliessung von Genua aufgeben, die Divisionen Keim und Haddik, so wie die Brigade Nimptsch und andere kleinere Abtheilungen wurden herbeigezogen. FML. Elsnitz bewirkte die Vereinigung nur mit dem Verluste von mehr als der Hälfte seiner Division, FML. Ott nahm zwar noch Genua ein, bevor er aber zu Baron Melas stiess, erlitt er nicht unbedeutende Verluste. Letzterer vereinte dennoch 23.300 Mann Infanterie, 7500 Reiter, die dazu nöthige Artillerie und einen Reservepark von 92 Kanonen. Das Regiment Erzh. Josef Infanterie kam unter dem Brigade-Commando des Generals La Marseille mit der Division Keim am 10. Juni 1800 nach Alessandria, und bezog am folgenden Tage eine Stellung an der Bormida, über welche 2 Brücken neben einander geschlagen und durch eine Schanze vom rechten Ufer gedeckt waren.

Napoleon rückte den Kaiserlichen in der Richtung gegen Alessandria und das rechte Bormidaufer immer näher, Baron Melas beschloss ihn bei Marengo anzugreifen; leider ging dieses Dorf am 13. Juni an die Franzosen verloren. Der k. k. FML. D'Oreilly bivouakirte mit der Avantgarde des österreichischen Heeres vom 13. zum 14. Juni vor dem Brückenkopfe, die Franzosen setzten sich zwischen Marengo und dem Fontanabache fest, dessen ziemlich breites Bett vor dem eben genannten Dorfe von steilen Ufern eingeschlossen ist. Bei seinem Austritte aus dem so gebildeten Graben geht der Bach etwa 500 Klafter weit an einem Sumpfe vorüber und ergiesst sich etwa eine halbe Meile tiefer in den Tanaro.

Der linke Rand des Grabens war von der Division Gardanne dicht besetzt, hinter dieser standen jenseits des Grabens die Divisionen Chamberlhac und Watrin, und die Cavalleriedivision Murat, zusammen bei 12.000 Mann Infanterie und 5700 Mann Cavallerie. GL. Dessaix mit den Divisionen Monnier und Boudet in der Stärke von etwa 11.900 Mann war einige Stunden von Marengo entfernt, die erstere dieser Divisionen stand bei Rivoltella, die andere streifte gegen Novi.

Napoleon konnte demnach über 29.600 Streiter verfügen.

Am Morgen des 14. Juni 1800 griffen FML. Oreilly und Oberst Frimont die Infanterie-Division Gardanne mit Erfolg an und warfen sie, nachdem dieselbe grosse Verluste erlitten, über den Fontanagraben zurück. Die übrigen österreichischen Colonnen gingen nun über die Bormida und begannen sich dort unter dem Schutze eines starken Artilleriefeuers, aber nicht ohne grosse Schwierigkeiten, auf dem engen Raume zu entwickeln. Die Colonne des FML. Haddik stellte sich mit der gleichnamigen Division im ersten Treffen und der Division des FML. Keim, bei welcher sich das Regiment Erzh. Josef mit 3 Bataillonen in der Stärke von 1100 Mann befand, im zweiten Treffen gegen den Graben des Fontanabaches auf; die Colonne des FML. Ott bewegte sich gegen Castell Ceriollo, jene des FML. Oreilly gegen la Stontigliona, später avancirte sie gegen Frugarolo.

FML. Haddik griff den Feind, welcher nun jenseits des Fontanagrabens eine sehr feste Stellung genommen hatte, mit der grössten Entschlossenheit an; ungeachtet eines verheerenden Feuers boten die tapferen Bataillone alle Kräfte auf, um über den Graben zu kommen, und den Feind aus dieser wichtigen Position zu verdrängen. Schon schien es nach grossen Opfern gelungen zu sein, da erhielten die Franzosen Verstärkung; FML. Haddik wurde tödtlich verwundet, das erste Treffen musste sich zurückziehen. FML. Keim rückte mit dem zweiten vor und erneuerte den furchtbaren Kampf, doch wieder vergebens.

Einige Escadronen Kaiser-Dragoner fanden seitwärts eine Furth über den Bach; mühsam kommen die Reiter nur einzeln hinüber, attaquiren, werden aber von der ganzen Reiterbrigade Kellermann angegriffen und in den Bach hinabgeworfen, nur wenige retten das Leben.

Nach dem abgeschlagenen zweiten Angriffe sammelt FML. Keim die Truppe zum dritten Sturme, die Grenadirbrigade Baron Lattermann unterstützt ihn mit fünf Bataillonen. Neue Opfer fallen, hartnäckig und erbittert ringet der Kampf, dann aber bricht das Regiment Erzh. Josef die feindliche Kraft. Eine halbe Stunde lang dauern die ungeheueren Anstrengungen von beiden Seiten; der aufopfernden Tapferkeit des Regiments setzt der Feind einen furchtbaren Widerstand entgegen und in der eben erwähnten kurzen Zeit waren in den Reihen der Stürmenden Hauptmann La Chapelle, Capitainlieutenant Kutschera, Oberlieutenant O'Sulivan und 191 Soldaten getödtet, von der dem Regimente beigegebenen Artillerie die Bedienungsmannschaft bis auf 2 Artilleristen und einige Handlanger nebst dem grössten Theile der Bespannung erschossen; Oberst Soudain verlor ein Pferd unter dem Leibe und wurde zweimal blessirt, ausserdem wurden Major Prinz von Ahrenberg, die Hauptleute Strauch, Billek, Jamez, Pressin, Lelouchier, die Capitainlieutenants Hemmers und Ravinelle, die Oberlieutenants Jeremich, Ehlert, von Flettenfeld, Dejardin, die Unterlieutenants Malherbe, Dufort, Cabannes, Colson, Cordemans, Graf Traverges und Melzer, die Fähnriche Blümlein, Graf Ponchy, Herden und Conde und 427 Soldaten verwundet.

Endlich dringt das Regiment über den blutgetränkten Graben, wirft unter Mitwirkung des vom General La Marseille schnell herbeigeschafften Geschützes den Feind zurück, setzt sich fest, und behauptet sich mit unerschütterlicher Standhaftigkeit gegen neue Anstrengungen des Gegners, öffnet den Gefährten die Bahn zum Nachrücken und deckt mit seiner Brust das Schlagen von drei Laufbrücken über den Bach, während die Batterien die Arbeit der Pioniere kräftigst unterstützen. Nun kommen die übrigen Abtheilungen der Divisionen Keim und Haddik nach, die Brigade Lattermann nimmt bald darauf das Dorf Marengo, und obgleich dieses auf eine Zeit wieder verloren geht, vermögen doch alle Anstrengungen des Feindes nicht mehr, die Österreicher über den Fontanagraben zurückzudrängen.

Während diess hier vorging, waren die beiden anderen Colonnen nach manigfachen Wechselfällen, ungeachtet ein Theil des Dessaix'schen Corps unter General Monnier schon am 11 Uhr auf dem Schlachtfelde angekommen war, des Feindes Meister geworden. Um 1 Uhr Nachmittags begannen die Franzosen den Rückzug, nur die 800 Mann starke Consulargarde stellte sich noch zwischen Villanuova und Castell Ceriolo mit heroischem Muthe der Brigade Gottesheim entgegen, und wurde endlich von dieser und 4 Eskadronen unter Obersten Frimont vernichtet.

Der Sieg der Österreicher schien gesichert. G. d. C. Baron Melas verliess verwundet das Schlachtfeld und begab sich nach Allessandria. FML. Keim übernahm das Commando und der Chef des Generalstabes GM. Zach bildete eine neue Avantgarde des verfolgenden Hauptkorps, deren erstes Treffen aus der Brigade Saint Julien, das zweite aus der Brigade Lattermann bestand. Das Regiment Erzh. Josef-Infanterie befand sich bei der nach-

rückenden aus den Brigaden La Marseille, Bellegarde und Knesevich bestehenden Hauptcolonne, welcher die Grenadirbrigade
Weidenfeld folgte.

Während des fluchtähnlichen Rückzuges der Franzosen traf
um 5 Uhr Nachmittags Dessaix mit der noch ungeschwächten
Division Boudet bei der geschlagenen Armee ein. Ohne dass die
Österreicher seine Ankunft wahrnahmen, stellte er sein erstes
Treffen bei San Giuliano hinter dichten Weinpflanzungen auf,
Monnier und Lannes sammelten so viel als möglich die Reste ihrer
Divisionen, und schlossen sich rechts an ihn an. Als nun die Brigade Saint Julien in ihrem Vorrücken gegen San Giuliano in den
Schussbereich der Franzosen kam, wurde sie plötzlich von einem
furchtbaren Geschütz- und Kleingewehrfeuer empfangen. Hiedurch
in Unordnung gebracht, zog sie sich auf die Brigade Lattermann
zurück, welche sie aufnahm und den anstürmenden Franzosen fest
und entschlossen die Stirne bot, während sich das erste Treffen
hinter ihr wieder ordnete und neuerdings vorrückte.

Dessaix fand an der Spitze seiner Truppen zwar den Tod,
aber die Österreicher waren in ihrem Siegeslaufe verhängnissvoll
aufgehalten und ein Missgeschick traf sie nun nach dem anderen.
Die Division Boudet griff nach dem Falle des geliebten Führers
um so erbitterter an, Monnier und Lannes rückten vereint mit
ihr zum neuen Angriffe vor, General Kellerman warf mit seiner
Reiterbrigade das Dragonerregiment Lichtenstein und während
er es durch einen Theil der Brigade verfolgen liess, sprengte
er mit dem anderen die sich mit aller Anstrengung gegen die
Infanterie vertheidigende österreichische Avantgarde und nahm
einen Theil derselben sammt dem GM. Zach gefangen. Ein neuer
Angriff auf die österreichische Cavallerie brachte diese in eine
unbegreifliche heillose Unordnung, so dass sie auf ihrer rathlosen
Flucht die Reihen der eigenen Hauptcolonne niederritt und die
Verwirrung auch hieher trug, welche um so grösser wurde, als die
feindliche Cavallerie diesen Moment benützte, und in die österreichische Infanterie einhieb. Alles drängte zurück, die Retirirenden
rissen auch jene Bataillone mit, die sich noch in Schlachtordnung
aufstellen wollten. Nur die Grenadirbrigade Weidenfeld hielt sich
mit Festigkeit, und das Regiment Erzh. Josef unter Commando des
rangsältesten Hauptmanns Chevalier de Barst unterstützte ent-

schlossen in diesem wichtigen Momente ihren Widerstand gegen die anstürmenden Franzosen. Später kam noch die Division D'Oreilly, welche aus ihrer letzten Stellung bei Frugarolo zurückkehrte dazu, und dem weiteren Vordringen der Feinde wurde hinter Marengo ein Ende gemacht.

Am Schlachttage von Marengo war die Tapferkeit des Regiments Erzh. Josef-Infanterie so gross, wie das Unglück der Armee. Die Verluste, die es hier erlitt, sind laute Beweise für seine todesverachtende Hingebung.

Das Regiment hat an diesem Tage auf dem gefährlichsten Punkte den Weg zum Siege geöffnet und als dieser verloren ging, dazu beigetragen, den Rückzug der Armee mit fester Haltung zu decken, und die Absicht der Franzosen mit den Österreichern zugleich in Alessandria einzudringen, zu vereiteln. Erst nach 11 Uhr Nachts überschritt auch das Regiment Erzh. Josef das letzte unter allen die ihm mit grosser Aufopferung vertheidigte Bormida.

Es sind uns leider einzelne auszeichnende Thaten der Abtheilungen oder Individuen des Regiments in der denkwürdigen Schlacht bei Marengo nicht weiter überliefert worden, und nur so viel ist erhoben, dass Feldwebel Dietz sich an diesem Tage die goldene und Gefreiter Ballabas die silberne Tapferkeitsmedaille erwarb. Ausser diesen zwei Auszeichnungen konnten wir nur die Zahl der Verwundeten und Todten berichten, und diese muss genügen, das sprechendste Monument des Heldenmuthes zu bleiben, mit dem das Regiment auf den Feldern von Marengo kämpfte.

Am anderen Tage um 4 Uhr Morgens, nach kaum einigen Stunden der Ruhe, marschirte das Regiment an die Ausmündung der Bormida in den Tanaro, um dort einen beabsichtigten Uebergang des Feindes zu hindern und die linke Flanke der Armee zu decken.

Kurze Übersicht der Ereignisse in Italien nach der Schlacht bei Marengo. Thätigkeit des Regiments auf dem Rückzuge der Österreicher bis hinter die Brenta.

Nach der Schlacht bei Marengo erfolgte die Convention vom 16. Juni 1800 zwischen beiden Armeen, mit welcher eine einstweilige Waffenruhe eintrat. G. d. C. Baron Melas zog sich hinter den Mincio, die Gefangenen kehrten allmählig zurück und füllten die Lücken, welche in den österreichischen Reihen entstanden waren, Mantua, Peschiera, Legnago, Venedig, Verona und Ferrara erhielten die erforderlichen Besatzungen, bei Ochiobello wurde eine Schiffbrücke geschlagen und mit einem befestigten Brückenkopfe versehen. Die Franzosen sammelten sich dagegen am Oglio. Ausser einzelnen Reibungen wegen Verletzung der Convention durch die Franzosen, welche widerrechtlich einzelne Gebiete besetzten und mehrmaligen näheren Feststellungen der Demarcationslinie ereignete sich während der zwischen den Regierungen fliessenden Friedensunterhandlungen zwischen beiden Heeren nichts Erhebliches.

Seine Majestät der Kaiser gaben der Armee seinen Dank für ihre tapferen Anstrengungen in dem wenn auch nicht glücklichen Feldzuge kund und drückten die Zuversicht aus, dass ein augenblicklicher Wechsel des Glückes den Muth der Armee nicht beugen könne.

Das Regiment blieb bis 3. Juli 1800 in Alessandria, marschirte dann nach Venedig und von da am 19. Juli nach Pavia. Die Friedensunterhandlungen konnten wegen des Einspruches der Engländer lange nicht vorwärts schreiten, inzwischen übernahm General der Cavallerie Graf Heinrich Bellegarde am 12. September 1800 vom G. d. C. Baron Melas das Commando über die Armee in Italien.

Nach wiederholter Aufkündigung des Waffenstillstandes sollten endlich die Feindseligkeiten am 24. November wieder beginnen, ungeachtet bei der deutschen Armee schon in Folge der zu Hohenlinden geschlossenen Convention vom 20. September 1800 die Waffen ruhten. Die Generäle Schustek, Somariva und Spanochi führten eine Zeit lang erfolgreich den kleinen Krieg, Cesarea, Bodeno, Stellata, Pesaro, Rimini, Sinigaglia, Centa, Cortona und andere Orte fielen in ihre Hände. Das Regiment Erzh. Josef marschirte am 15. November 1800 von Pavia ab und bezog bei Ficarolo ein Lager im Angesichte des Feindes; am 25. November besetzte es die Brückenschanze bei Ochiobello, darauf marschirte es zur Verstärkung der Besatzung mit dem 1. und 2. Bataillone und der Grenadirdivision nach Mantua. Am 4. Dezember 1800 wurde auch das 3. Bataillon dahin in Marsch gesetzt und hatte gleichzeitig einen Transport von Getreide und Salz von Lagoscuro bis in die Festung zu geleiten. Um die Frachtschiffe zu sichern, liess der Bataillonscommandant Major Albert de Best am 5. Dezember den feindlichen Posten bei Carbonaro angreifen und vertreiben, was auch nach kurzem Widerstande des Feindes erfolgte. Als FML. Baron Milius das Commando am unteren Po übernahm und sich mit General Somariva, welcher Bologna zu nehmen trachtete, vereinte, rückten starke feindliche Heerhaufen gegen diesen letzteren heran. Zu seiner Verstärkung führte General Stefaicz das Regiment Erzh. Josef aus Mantua herbei; am 22. Dezember stiess es zu Ferrara zu General Somariva's Colonne.

Am 25. und 26. Dezember 1800 lieferte G. d. C. Graf Heinrich Bellegarde dem französischen Obergeneral Brune die Schlacht am Mincio. Die Österreicher schlugen sich mannhaft gegen den um 20.000 Mann stärkeren Feind. Sie hatten die Schlacht nicht verloren, dessungeachtet zog sich der österreichische Feldherr vom Feinde nicht belästigt hinter die Etsch zurück, weil die ungünstigen Ereignisse in Deutschland ihn dazu dringend bewogen.

Für Deutschland wurde der Waffenstillstand zu Steyer am 25. Dezember 1800 geschlossen, in Italien dauerten die Feindseligkeiten noch fort, weil Brune anfänglich von jenem Uebereinkommen nichts wusste, und als er es erfuhr, sich in seiner günstigen Stellung und bei seiner Ueberlegenheit an Truppen daran nicht kehren wollte. Er folgte demnach den Österreichern mit aller Macht. G. d. C. Graf Bellegarde bewirkte den Rückzug in voller Ordnung, die aufopfernde Nachhut schirmte ritterlich die Sicherheit der Armee. Zu dieser Nachhut gehörte auch das Regiment Erzh. Josef - Infanterie. Graf Bellegarde zog nämlich auch den General Marquis Somariva an sich und am 28. Dezember 1800 erhielt das Regiment den Befehl, eine Stellung zwischen Verona und Villafranca zu nehmen. Inzwischen musste sich G. d. C. Graf Bellegarde bis gegen Caldiero zurückziehen und das Regiment, welches dem zu Folge seine Marschdirection geändert hatte, stiess dort sammt seiner Grenadirdivision, die es an sich gezogen hatte, zur Hauptarmee, wo es allsogleich in die Kette des Nachtrabes eingetheilt, vom 5. bis 11. Jänner 1801 ununterbrochen in rühmliche Kämpfe verwickelt, sich täglich wiederholte Anerkennungen

2*

seiner entschlossenen Tapferkeit gegen die hartnäckig verfolgenden französischen Colonnen erwarb.

Am 5. Jänner 1801 griff der Feind die österreichischen Vorposten bei Bonifaccio an; zu ihrer Unterstützung wurde das Regiment nach San Martino vorgeschickt. Als dies das Husarenregiment Erzh. Josef sah, erbat es sich die Erlaubniss an dieser Expedition Theil zu nehmen, und freudig riefen die Reiter „die beiden Regimenter Erzh. Josef ziehen mit einander, um vereint zu siegen." Dieser Zuruf wurde von den Kameraden der Infanterie begeistert erwiedert, der Feind in dieser gehobenen Stimmung bald darauf angegriffen, geworfen und ihm mehr als 100 Gefangene abgenommen.

Noch an demselben Tage erhielt das Regiment den Befehl, den Berg bei Soave, einen sehr wichtigen Punkt, mit zwei Bataillonen zu besetzen.

Am 6. Jänner 1801 war ein so dichter Nebel eingefallen, dass es gänzlich unmöglich war, auch nur in geringer Entfernung einen Gegenstand zu erkennen. Unter seinem Schutze wäre es dem französischen General Casagne beinahe gelungen, die Österreicher zu überfallen. Noch bei Zeiten zog sich die Armee zurück, aber ohne den Obersten Soudain davon zu verständigen. Erst um drei Uhr Nachmittags, als sich der Nebel zerstreute, sah sich der Oberst von der Armee abgeschnitten. In diesem gefahrvollen Momente ordnete er den Rückzug mitten durch die französischen Stellungen mit solcher Meisterhaftigkeit an, dass er den Feind in beständigem Gefechte von sich abwehrend, ohne viele Leute zu verlieren, sich durchschlug; leider wurde hierbei Hauptmann Lelouchier gefangen. Oberst Soudain unterhielt das Gefecht den ganzen Nachmittag bis zum späten Abende, deckte den Rückzug der Hauptarmee mit ausgezeichnetem Erfolge, machte es möglich, dass General Bussy Torre dei Cassini und General Knesevich Lonigo ungefährdet erreichten, und vereinigte sich bei Montebello wieder mit der Armee.

Am 7. Jänner um 5 Uhr Früh rückte die Armee in die Stellung von Montechio maggiore ab, die Brigadiere Schauroth, Somariva und Bussy bildeten die Nachhut. Als der Feind die Vorposten gegen Montebello drängte, wurde das Regiment zu deren Unterstützung vorgeschickt. Das Oberstbataillon und eine halbe Compagnie Grenadire unter Major Albert de Best rückten vor und warfen den Feind mit einem Gewehrfeuer von seltener Lebhaftigkeit zurück. Als er aber mit neuen Truppen verstärkt wieder angriff, zog sich Major de Best unter beständigem Feuer auf die rückwärts gestandenen Bataillone zurück und nun rückte das ganze Regiment vor. Offizire und Mannschaft wetteiferten in Ausdauer, ungeachtet der heftigen Kanonade des Gegners stand das Regiment wie eine Mauer, sein Feuer wirkte verderblich in den französischen Reihen, und es verliess den Kampfplatz nicht eher, bis das Hauptquartier Zeit gewann, sich in Ordnung zurückzuziehen.

In der Nacht vom 7.—8. Jänner 1801 verliessen die Österreicher auch die Stellung bei Montecchio maggiore und wendeten sich gegen Vicenza. Dort wurde das Regiment zuerst in Schlachtordnung vor der Stadt aufgestellt; die Grenadirdivision aber mit der Brigade Bussy in die Stadt selbst gelegt, um diese auf das Äusserste zu vertheidigen. Gegen Mittag bekam das Regiment den Befehl, die linke Flanke der Armee zu decken, welche der Feind durch die Berge zu umgehen suchte. Kaum war es abmarschirt, so griffen die Franzosen unter GL. Delmas Vicenza an. Die Besatzung leistete den entschlossensten Widerstand; erst eine starke über Madonna del Monte entsendete feindliche Umgehungscolonne, welche der Brigade Bussy den Rückzug abzuschneiden drohte, bestimmte diese, der Uebermacht zu weichen; sie vereinte sich mit dem hinter Verona gestandenen Generalen Schauroth und stellte sich vereint mit diesem den Franzosen nochmals festen Fusses entgegen; denn die Strasse nach Lissera war noch mit dem Armeetrain bedeckt, welcher dem Feinde nicht Preis gegeben werden durfte. Ungeachtet dieser alle möglichen Anstrengungen machte, die Brigaden durchzubrechen und obgleich er sie mit mehr als 20 Kanonen heftig beschoss, wiesen sie alle seine Angriffe mit heldenmüthiger Tapferkeit zurück und wichen nicht früher, bis der Train in vollkommener Ordnung abgezogen war. Bei diesem Kampfe hat sich die Grenadirdivision des Regiments durch besondere Bravour rühmlichst ausgezeichnet, und rückte mit den beiden Brigaden Abends in Lissera ein.

Oberst Soudain widmete inzwischen der ihm aufgetragenen Expedition den vollsten Eifer. Es gelang ihm zu erfahren, dass sich der Feind in der That in bedeutender Stärke zwischen den

Bergen bei Vicenza durch einen Hohlweg herausschleichen wolle, um die Österreicher in der Flanke anzugreifen. Oberst Soudain erreichte durch einen beschleunigten Marsch den Ausgang des ihm bezeichneten Hohlweges, noch bevor der Feind dort ankam. Oberlieutenant von Flettenfeld und 100 Mann meldeten sich freiwillig zum Vorgehen, und vertheilten sich in der Schlucht zweckmässig an den geeignetesten Stellen, das Oberstbataillon unter Major de Best nahm, als der Feind in dem Hohlwege vordringend von den Tirailleurs des Oberlieutenant Flettenfeld mit einem wohlgezielten Feuer empfangen wurde, die entsprechende Stellung, benützte jeden möglichen Vortheil des Terrains, und es entspann sich nun einer der heftigsten Kämpfe, denn beide Theile, die Wichtigkeit des Momentes vollkommen erkennend, stritten mit der grössten Hartnäckigkeit und je mehr Streitkräfte der Feind abwechselnd in das Gefecht brachte, desto mehr wuchs die entschlossene Ausdauer jedes einzelnen Vertheidigers der Mündung der Schlucht; eine Abtheilung des Feindes nach der anderen wurde mit grossem Verluste zurückgeworfen und seine der Armee sehr leicht höchst verderbliche Absicht vereitelt. Das Oberstbataillon, welches allein ins Gefecht kam, weil dort nicht viele Mannschaft entwickelt werden konnte, hatte ungeachtet des Vortheiles seiner Stellung, dennoch 5 Offizire und 171 Mann an Verwundeten und Todten verloren; ein unverkennbares Zeugniss von den Anstrengungen des Feindes und der aufopfernden Tapferkeit des Bataillons.

Am 9. Jänner war das Regiment in der Arriergarde den ganzen Nachmittag einem sehr heftigen Kanonenfeuer des Feindes ausgesetzt; die ganze kaiserliche Nachhut musste zwar etwas weichen, hielt aber dennoch fest zusammen, und deckte vollständig den Rückmarsch des Hauptcorps. Abends kam das Regiment nach Ospitaletta della Brenta.

Am 10. Jänner verliess G. d. C. Graf Bellegarde, nachdem er den FML. Vukassovich aus Tirol an sich gezogen hatte, auch die Brenta, das Regiment Erzh. Josef kämpfte abermal in der Nachhut den ganzen Tag gegen den französischen Generalen Michaud, welcher sich unter dem Schutze zahlreicher Artillerie den Uebergang über die Brenta erzwungen hatte, und erreichte am Abende müde aber nicht gebeugt Galiera.

Am 11. Jänner 1801 marschirte das Regiment bis Treviso, wo es nach den siebentägigen Anstrengungen, während deren es nicht ein einziges Mal abgekocht hatte, von der Arriergarde abgelöst wurde. Es hatte in diesen Tagen in fester Ruhe seine bewährte Tapferkeit unter Umständen wieder erprobt, in welchen nicht jubelnder Sieg die glücklichen Erfolge 'mit seinem Lorbeer krönet, das schwer heimgesuchte Vaterland aber seinen standhaften Kriegern für den nicht weniger ruhmvollen ungeschwächten Muth und die beharrliche Ausdauer, mit welcher sie bei hereingebrochenem Missgeschicke mit klarer Ueberschau auf die sie umgebenden Gefahren blicken und dem drohenden noch grösserem Unglücke sich als schützender Damm entgegen stellen, dankbar eine. um so grössere Anerkennung widmet.

Am 12. Jänner 1801 brach das Regiment aus dem Lager bei Treviso auf, überschritt die Piave und bivouakirte vom 13. bis 15. Jänner bei Bona d'Estrada.

Am 14. Jänner wurde Major Dumoulin zum Oberstlieutenant befördert.

Am 16. Jänner marschirte das Regiment über Ponte buffolo nach Krain, wurde nach Adelsberg und Zirknitz verlegt und blieb dort nach dem am 9. Februar 1801 geschlossenen Frieden von Luneville bis Ende März dieses Jahres.

Ausgezeichnetes Verhalten des Oberstlieutenants Prinzen de Ligne bei Hohenlinden.

Während das Regiment in Italien dem Feinde gegenüberstand, leistete Oberstlieutenant und Grenadirbataillons-Commandant Ludwig Prinz de Ligne mit den Divisionen Murray und Würtemberg seines Bataillons in Deutschland vorzügliche Dienste und erwarb sich insbesondere in der Schlacht bei Hohenlinden den Dank der Armee, wo er in dem Momente, als die österreichische Infanterie von den Franzosen beinahe ganz eingeschlossen war, sich mit seinen beiden Divisionen und dem Grenadirbataillone Morowitz ungeachtet des auf ihn gerichteten mörderischen Kanonenfeuers dem Feinde entgegen warf. und dessen weiteres Vordringen zum entschiedenen Vortheile der Armee aufhielt. Er wurde desshalb auch unter den Ausgezeichneten dieses Tages rühmend genannt. und zum zweiten Obersten im Regimente befördert.

Ereignisse im Regimente vom 1. April 1801 bis Ende September 1805.

Am 1. April 1801 marschirte das Regiment aus Krain nach Padua ab und erhielt, weil die Niederlande für Österreich verloren gegangen waren, den Landstrich zwischen der Etsch und Piave zum Werbbezirke. Während es da allmälig seine gelichteten Reihen wieder ergänzte, wurde Oberstlieutenant Dumoulin am 30. April 1801 zu dem Infanterie-Regimente Würtemberg Nr. 38 übersetzt, an seine Stelle wurde am 1. Mai 1801 Oberstlieutenant Weichhard Graf Gallenberg vom Wiener Freiwilligen-Corps, und mit 1. Juni 1801 Major San Ambrogio aus toskanischen Diensten in das Regiment eingetheilt. In dem darauf folgenden Jahre 1802 wurden Oberstlieutenant Graf Gallenberg unterm 15. Mai zum Infanterie-Regimente Reiski Nro. 13, bald darauf unterm 31. Mai 1802 Major Albert de Best zum Infanterie-Regimente Kray Nro. 34, Major Prinz Ahrenberg zum Infanterie-Regimente Fröhlich Nro. 28 transferirt und ihre Stellen durch Oberstlieutenant Josef Czerwinka vom Infanterie-Regimente Reiski mit 16. Mai und durch die Majore Wenzel Freiherr von Wattlet vom Regimente Fröhlich und Andreas Gyurkovich vom Regimente Kray unterm 1. Juni 1802 besetzt.

Im Jahre 1804 erhielt das Regiment Ergänzungen durch freie Reichswerbung und bezog im Dezember den Sanitätscordon gegen die italienische Republik, wo das gelbe Fieber ausgebrochen war.

Am 5. Mai 1805 trat der vielfältig verdiente Oberst Prinz de Ligne aus dem k. k. Militärdienste.

Am 21. Mai marschirte das dritte Bataillon nach Chioggia zum Festungsbaue.

In Folge Auftrages des k. k. Hofkriegsrathes vom 22. Juni 1805 errichtete das Regiment aus seinen 18 Fus.-Compagnien

4 Bataillone zu 4 Compagnien und 2 Grenadircompagnien, letztere beide bildeten mit der schon bestandenen Grenadirdivision ein Grenadirbataillon, welches vom Major von Gyurkovich commandirt wurde.

Am 22. August 1805 marschirte das vierte Bataillon nach Venedig, am 28. darauf das erste und zweite nach Chioggia, das Grenadirbataillon blieb in Padua.

Mit allerhöchster Entschliessung vom 27. August 1805 wurde dem Obersten Carl Soudain, dessen Name mit den ersten Geschicken des Regimentes so ehrenvoll verknüpft ist, die Beförderung zum General-Major zu Theil, Oberstlieutenant Czerwinka wurde zum Obersten und Regiments-Commandanten, Major Wenzel Freiherr v. Wattlet zum Oberstlieutenant und die vielfach verdienten Hauptleute Caspar Strauch, Stanislaus de Best und Heinrich Scovaud zu Majoren im Regimente ernannt.

Ausbruch der neuen Feindseligkeiten in Italien.
Schlacht bei Caldiero am 30. October 1805.

Im Herbste 1805 wurde wieder zum Kriege gerüstet und am 14. Oktober 1805 sollten die von dem französischen Marschall Massena angekündigten neuen Feindseligkeiten in Italien beginnen.

Das Regiment Erzh. Josef Nr. 63 gehörte damal mit seinen 4 Fus.-Bataillonen zur Division Davidovich, das Grenadirbataillon zur Grenadir-Division des FML. Vogelsang. Die französische Armee unter Massena stand am rechten, die österreichische unter Erzh. Carl am linken Ufer der Etsch.

Die Unfälle der Österreicher in Deutschland veranlassten den Erzh. Carl sich hinter den Isonzo zurückzuziehen und bei Caldiero Stellung zu nehmen. Auf den dortigen ausgedehnten Anhöhen, den Ausläufern der Tiroler Alpen zwischen den Thälern von Ilassi und der Tromego, gegen Ilassi durch mehrere steile Abfälle des Terrains und in der übrigen Ausdehnung durch Schanzen gedeckt, war die Fronte der kaiserlichen Armee gegen Caldiero gerichtet. Massena war dem Erzherzoge auf das linke Etschufer gefolgt und drängte dessen Vorposten am 29. Oktober bis hinter Caldiero, welches er nahm, aber spät Abends wieder verliess. Beide Heere bereiteten sich nach diesem kleineren Gefechte für den folgenden Tag zum grösseren Kampfe.

Am 30. Oktober 1805 stand der linke Flügel der Österreicher mit 21 Bataillons und 16 Eskadronen unter FML. Davidovich bei Bevilaqua, das Centrum unter G. d. C. Grafen Bellegarde hinter Caldiero auf den Höhen von San Mathia, la Rocca und in der Schanze von Ponte rotta; weiter rückwärts die Grenadire und noch weiter zurück die Cavallerie-Reserve an der von Vicenza nach Verona führenden Strasse. Der linke Flügel des Centrums unter FML. Fürsten Reuss bei Madonna di Stra, Chiavicca di Christo und in der Schanze Ponte Zerpan, mit seiner Reserve bei San Gregorio zählte 52 Bataillone und 32 Eskadronen; der rechte Flügel des Centrums unter FML. Baron Simbschen nahm mit 27 Bataillonen und 20 Eskadronen die Stellung auf den Höhen von Colognola bis Fort Ilassi ein, in der Mitte zwischen ihnen war die Cavallerie bis San Zeno vorgeschoben.

Die Franzosen standen jenseits Coldiero; die Infanterie-Division Gardane bildete an der Strasse von Verona das Centrum, links davon stand die Infanterie-Division Molitor ihren linken Flügel etwas zurückgenommen und an eine sich weit ausdehnende Anhöhe gestützt; rechts von Gardane befand sich die Infanterie-Division Duchesme; die Grenadier-Division Porteneaux und die Cavallerie-Divisionen Espagne und Mermet bildeten die Reserve hinter dem Centrum.

Die Division Verdier sollte am 30. Oktober mit Tagesanbruch bei Persacco über die Etsch gehen, den nach Arcole führenden Damm besetzen, im Rücken der Österreicher eine feste Stellung nehmen und deren linken Flügel sammt den Reserven bei San Gregorio von der übrigen österreichischen Aufstellung abschneiden, die Cavallerie-Division Pully sollte zur Unterstützung Verdiers nachfolgen, die Reserve-Division Mermet über Pantera von Sabionara zu demselben Zwecke mitwirken.

Dagegen hatte aber auch FML. Davidovich am österreichischen linken Flügel in der Nacht vom 29. zum 30. Oktober auf Befehl des Erzherzogs die 4 Bataillone des Regiments Erzh. Josef auf das rechte Etschufer detachirt, um dort die vorfindigen Schiffe wegzunehmen, alle Blössen des Feindes zu benützen und denselben zu beschäftigen und aufzuhalten.

Am Morgen des 30. Oktobers deckte dichter Nebel die ganze Gegend und hinderte den Erzherzog die Franzosen mittelst Vorrückung der Flügel in beiden Flanken anzugreifen. Erst gegen 11 Uhr Vormittag wurde es hell und gleich darauf ertönten vom linken Flügel des österreichischen Centrums Kanonenschüsse. General Nordmann von der Division Reuss hatte die Bewegung Verdiers entdeckt, griff den General Brun, welcher mit 2 Regimentern die Etsch unter dem Schutze des Nebels überschifft hatte, mit solchem Erfolge an, dass der feindliche General blieb und seine Truppe zurückgeschlagen wurde. Nicht besser erging es der französischen Brigade Canus, welche von der Division Duchesme entsendet dem Generalen Nordmann in den Rücken fallen sollte, jedoch vom FML. Fürsten Reuss zurückgeworfen wurde. Das Regiment Erzh. Josef wirkte zu diesem für das Ganze so wichtigen Ergebnisse sehr thätig mit, indem es die übrigen Abtheilungen Verdiers mit wiederholten kühnen Angriffen unablässig beschäftigte, alle ihre Bewegungen fortan bedrohte, an dem rechtzeitigen Vollzuge ihrer Aufgabe so lange verhinderte, bis es zu spät wurde eine Überschiffung der Etsch zu wagen, sie auch während des weiteren Kampfes dort festhielt und es ihnen unmöglich machte, auf anderen Punkten eine den österreichischen Waffen gefährliche Verwendung zu finden.

Die Einzelnheiten des Kampfes, welchen das Regiment hier bestand, sind uns nicht überliefert worden, dasselbe hat aber mehrere hundert Mann an Todten und Verwundeten verloren, was hinreichend dafür spricht, dass es die errungenen Erfolge nur nach blutigem Streite gewonnen hatte.

Als die Geschütze des Generals Nordmann ihr Feuer eröffneten, glaubte Massena, Verdier habe seine Aufgabe gelöst und griff nun das österreichische Centrum zuerst zwischen Caldiero und Stra mit aller Heftigkeit an, worauf der Kampf auf der ganzen Linie der Mitte entbrannte und durch einige Stunden zwar mehr zum Vortheile der Österreicher, aber noch immer unentschieden fortwüthete. Endlich gelang es der aus der Reserve herbeigerufenen Grenadir-Division Porteneaux die rechte Flanke des Erzherzogs zu überflügeln und den Kamm der verschanzten Höhen zu ersteigen.

Die Österreicher dort meist in Plänkler aufgelöst, vom heissen Streite ermüdet und nur noch spärlich mit Munition versehen, vermochten dem Andrange der frischen und geschlossenen feindlichen Bataillone ungeachtet der hartnäckigsten Gegenwehr endlich nicht mehr zu widerstehen und zogen sich von den Höhen herab; mit ihnen zugleich stürmten die Feinde nach, wodurch das österreichische Geschütz in seiner Wirksamkeit gehindert wurde, weil es den eigenen Leuten verderblich geworden wäre.

Schon hatte es den Anschein, der Tag werde für die Österreicher verloren gehen, da stellte sich Erzherzog Carl an die Spitze der Grenadir - Division Vogelsang, führte sie gegen den Feind und warf ihn mit den durch sein Vorbild begeisterten Schaaren vollständig zurück.

Die Grenadire des Regimentes Erzherzog Josef hatten ihren ehrenvollen Antheil an dieser glänzenden Waffenthat.

Der Feind hoffte noch eine günstige Wendung des Waffenglückes. Nach vergeblichem Versuche auf die Schanzen von Colognola griff er abermal das Centrum an, wurde aber wieder durch die Grenadire und durch das Geschütz mit solchem Verluste zurückgeworfen, dass er das Feld räumen und sich nach Vago zurückziehen musste.

Am Abende des 30. Oktobers rückte der Major Gyurkovich mit seinem Grenadirbataillone und das Grenadirbataillon Croll gegen Stra vor. Dem vorausgegangenen blutigen Kampfe folgte für diese vorgeschobenen Truppen eine ruhelose Nacht. Am Morgen des 31. Oktober empfingen die Grenadire die wieder andringenden zahlreichen Schwärme feindlicher Tirailleure mit lebhaftem Feuer. Major Gyurkovich leitete das Gefecht mit kaltblütiger Ruhe und verständiger Führung, warf den Feind aus den Gärten und den vordersten Häusern, und als derselbe diese schützenden Positionen aufgeben musste, fand er auch keinen weiteren Halt mehr. Offizire und Mannschaft des Grenadirbataillons überboten sich an Hingebung und Eifer, das ganze Gefecht zeigte ein so vortreffliches Zusammenwirken, dass es einer Produktion auf dem Exerzierplatze gleichsah.

Das Grenadirbataillon hatte in dieser Affaire 9 Todte und 29 Verwundete, unter den letzteren den Oberlieutenant Dufort

und Lieutenant Cogny, welche sich dem feindlichen Feuer besonders ausgesetzt hatten.

Am 2. November 1805 hatte sich der Feind bis Verona
zurückgezogen. Die schon erwähnten in Deutschland erlittenen
Unglücksfälle lähmten aber die weiteren Operationen der Österreicher in Italien, der Erzherzog musste den besiegten Feind verlassen und zum Schutze der deutschen Provinzen zurückmarschiren.

Das Regiment Erzh. Josef schloss sich der Hauptarmee nicht
an, sondern blieb in Italien und ging am 5. November nach
Chioggia. Dort wurde am 9. Dezember Hauptmann Hubert Della-
motte zum Major im Regimente, darauf am 31. Jänner 1806
Major Gyurkovich zum Oberstlieutenant im Regimente Auersperg
Infanterie Nr. 24 befördert und am 24. März Major S. Ambrogio
in den Ruhestand versetzt.

Ereignisse im Regimente vom Anfange des Jahres 1806 bis 1808. Das Regiment erhält den Namen des Inhabers Grafen Latour-Baillet.

Nach Abschluss des Pressburger Friedens trat für einige
Jahre Waffenruhe ein. Das Regiment kam am 5. März 1806 nach
Triest und noch in demselben Jahre nach Gratz, formirte sich
wieder in 3 Bataillone zu 6 Compagnien, das 3. Bataillon konnte
aber wegen der bei Caldiero erlittenen grossen Verluste nur
4 Compagnien erhalten, das Grenadirbataillon wurde aufgelöst,
und blieb wieder nur eine Grenadirdivision bestehen.

Im Jahre 1807 kam das Regiment nach Raab und Ofen.
Laut des h. kr. Reskriptes vom 20. Juli 1807, Z. 3032, geruhten
Seine Majestät der Kaiser zu befehlen, dass das Regiment Erzh.
Josef nach dem inzwischen eingetretenen Tode seines erlauchten
ersten Inhabers den Namen des zweiten Inhabers Grafen Baillet
zu führen habe. In Folge Armeebefehls vom 16. Jänner 1808
erhielt das Regiment seinen Werbbezirk in Galizien, obgleich es
noch Wallonen in seinen Reihen hatte, und noch lange nachher
ein Wallonen-Regiment hiess.

Am 21. Februar 1808 wurde Oberstlieutenant Wenzel Freiherr v. Wattlet zum Obersten und Commandanten des Infanterie-

Regiments Czartoriski Nr. 9 und an seine Stelle Major Strauch
am 28. Februar zum Oberstlieutenant im Regimente ernannt.

Das Regiment marschirte nach Kaschau, darauf wieder nach
Ofen und am 14. August 1808 zum Festungsbaue nach Comorn,
dort kampirte es zwischen Alt- und Neu-Szöny und rückte am
18. November in Tyrnau ein.

Thätigkeit des Regiments während des Feldzuges im Jahre 1809.

Das Jahr 1809, unvergesslich in der Geschichte Österreichs,
brach unter sehr ernsten Verhältnissen an. Alle benachbarten
Staaten rüsteten. Österreich konnte nicht müssig zusehen und der
Generalissimus Erzh. Carl traf unterm 16. Februar 1809 seine
Massregeln, um die österreichische Monarchie vor jedem feind-
lichen Einfalle zu schützen.

Insbesondere wurde der G. d. C. Erzh. Ferdinand beauftragt,
das 7. Armeekorps unter seinem Befehle bei Krakau aufzustellen.
Das Regiment Graf Baillet Nr. 63 mit seinen 3 Fus-Bataillonen
wurde dahin eingetheilt, und trat seinen Marsch am 28. Februar
1809 nach Galizien an; die Grenadirdivision marschirte nach
Wien, bildete mit den Divisionen Kerpen und Deutschmeister
ein Bataillon, welches Major Scovaud des Regiments befehligte,
und kam zur grossen Armee nach Deutschland.

Das Regiment traf am 12. März 1809 bei Krakau ein, marschirte am 3. April in das Lager bei Opoczno und kam von da
nach Sadkovice und Osuchow.

Am 19. April 1809 lieferten die Österreicher ein glückliches
Treffen bei Raczin; das Regiment stand aber dabei in der Reserve
und kam nicht in das Feuer. Es war in der Brigade des G. M.
Baron Trautenberg und in der Division des FML. Mondet eingetheilt, nahm weiters nur an einigen kleineren Gefechten Theil und
rückte am 23. April 1809 in Warschau ein.

Vertheidigung des Brückenkopfes bei Gora am 3. Mai 1809.
Weitere Ereignisse bis August 1809.

Erzh. Ferdinand fand es nothwendig, bei Gora, einem Städtchen an der Weichsel, etwa 4 Meilen östlich von Warschau entfernt, einen Übergang über den Strom mittelst einer Schiffbrücke
herzustellen und diese durch einen festen Brückenkopf am rechten
Ufer zu sichern.

Zur Herstellung der Verschanzung wurde das Regiment Baillet
ausersehen und brach am 25. April 1809 nach Gora auf. Gleich
nach der Ankunft daselbst wurde das erste Bataillon auf Fahr-
zeugen über den Strom gesetzt und begann die mühevolle Arbeit
im losen Sande, während der Brückenschlag aus verschiedenartigen
Schiffen, welche erst aus anderen Orten herbeigeschafft wurden,
gleichzeitig begonnen wurde.

Da das erste Bataillon zu der beschwerlichen und ausgedehnten Arbeit, welche wegen der Nähe des Feindes sehr schnell
bewirkt werden sollte, nicht auslangte, so wurde auch das zweite
und dritte Bataillon theilweise hinübergeschifft; Oberstlieutenant
Strauch führte das Commando.

Es war dem Regimente zwar nicht gegönnt, ein festes Bollwerk aus Erde und Stein zu vollenden; aber ist auch längst keine
Spur von den schwachen Linien zu sehen, welche sich dort kaum
aus dem Sande zu erheben anfingen, so wurde schon nach wenigen Tagen daselbst die Brust der braven Soldaten zum Bollwerke
und das Regiment hat einen Wall aus erschlagenen Feinden um
sich gezogen, bis es löwenmuthig unterlag; der Platz, wo es den
Stromübergang vertheidigte, wird unvergänglich von einer Tapferkeit Kunde geben, welche der Spartanertugend gleichkam und
Gora wurde, was aufopfernde Standhaftigkeit und das Los der
tapferen Streiter anbelangt, ein Termopylä des Regiments.

Am 2. Mai war der Brückenkopf ungeachtet aller Anstrengungen kaum zur Hälfte fertig, der Graben um denselben erst
etwa Einen Schuh tief ausgehoben, die Bekleidung mit Faschinen
oder Wasen war nicht zu Stande gekommen, weil es an Materiale
fehlte, die Brustwehren waren wenig haltbar, die Brücke selbst
würde erst am 3. Mai practikabel geworden sein.

Unter solchen Umständen war die Mannschaft am rechten Weichselufer weder durch eine entsprechende Verschanzung gedeckt, noch mit dem linken Ufer in Verbindung, daher nur auf sich selbst angewiesen.

Der Feind hatte die Wichtigkeit der beabsichtigten Befestigung des Weichselüberganges nicht übersehen und zögerte nicht, das begonnene Werk zu zerstören. Am 1. Mai hatte der feindliche Oberst Turno die zur Vollendung der Brücke auf der Weichsel hinabschwimmenden Schiffe weggenommen. Am 2. Mai sah man von den Höhen, die Gora gegenüberliegen, die Polen kommen, und um 10 Uhr Abends liess der feindliche Oberbefehlshaber Fürst Poniatowsky durch den Generalen Sokolnicki die Besatzung der unvollendeten Schanze zur Übergabe auffordern, da er recht wohl wusste, dass sie von jeder Verbindung abgeschnitten war. Diese Aufforderung wurde zurückgewiesen, und der Rest des zweiten Bataillons in den Brückenkopf überschifft, dessen Commando nun Oberst Czerwinka übernahm. 1628 Mann des Regiments mit nur 3 Kanonen erwarteten todesmuthig, keinen Rückzugsweg hinter sich, den Angriff von 4 – 5000, mit acht Geschützen versehenen Feinden. Um halb zwei Uhr nach Mitternacht griffen die Polen mit 3 Bataillonen stürmend an. Es war sehr finster, daher wurde wenig geschossen, der Kampf, fast ausschliesslich mit dem Bajonette geführt. Der Sturm wurde blutig abgeschlagen; wie die Feinde später selbst eingestanden, kamen von den stürmenden 3 Bataillonen nur wenige Leute davon, fast alle blieben auf dem Platze oder schleppten sich verwundet mühsam zurück.

Nach 2 Uhr erfolgte der zweite Sturm. Die Brustwehren begannen zu zerfallen, eine Colonne Polen drang schon in die Schanze, wurde aber grösstentheils niedergemacht, die anderen vertrieben, ein feindlicher Oberstlieutenant, mehrere Offizire und bei 100 Mann wurden gefangen und auf das linke Ufer gebracht, der Feind mit grossem Verluste zurückgewiesen. Die feindlichen Geschütze suchten nun die Besatzung zu erschüttern und 2 Kanonen im Brückenkopfe wurden demontirt. Dennoch wurde auch der dritte Sturm mit ungeschwächtem Muthe abgeschlagen. Der Feind hatte jedesmal frische Massen in das Gefecht gebracht, während die tapfere Schaar der Vertheidiger schmolz; sie hatte bereits über 300 Todte und doppelt so viele Verwundete, alle Brustwehren waren vollends zusammengesunken. Dessungeachtet stand das kleine Häufchen der noch Kampffähigen aufrecht, als die Polen um 5 Uhr Morgens mit Übermacht den vierten Sturm unternahmen und endlich über die Leichen der Ihrigen nach heldenmüthiger Gegenwehr der Vertheidiger in die Schanze drangen.

Das Regiment verlor 499 Mann an Todten und Vermissten, unter ersteren waren die Capitainlieutenants Passerini und Bernthal, die Oberlieutenants Landel und de la Hamaide, die Lieutenants Scheda und Graf Caraciolo, Oberstlieutenant Strauch, Hauptmann Defrenois, Oberlieutenant Heer, Lieutenant Lerat und Fähnrich Prinz nebst 31 Mann wurden schwer verwundet während des Kampfes zum Verbande auf das linke Ufer gebracht. Der Rest 29 Offizire und 1074 Mann fast keiner von ihnen ohne irgend eine Wunde, wurden gefangen.

Am 6. Mai 1809 brach die am linken Ufer gebliebene Abtheilung des Regiments, etwa 800 Mann stark, nach Nowemiasto auf, wohin am 14. Mai der Oberst und die meisten Offiziere, von den Polen auf Ehrenwort bis zur Auswechslung entlassen, aus der Gefangenschaft einrückten.

Am 16. Mai marschirten 4 Compagnien unter Major de Best nach Sandomir ab, um den dortigen Brückenkopf zu besetzen. Dieser Platz war aber noch früher vom Feinde genommen worden und Major de Best wurde durch einen Courier angewiesen, sich an einem passenden Orte mit dem nachrückenden FML. Schauroth zu vereinigen. Bevor dies gelang musste er sich durch 6 Tage mit überlegener Feindesmacht herumschlagen, was zwar mit vieler Tapferkeit aber nicht ohne erheblichen Verlust geschah. Die vier Compagnien rückten endlich vor Sandomir. Am 27. Mai machte die feindliche Besatzung einen Ausfall. Das Bataillon Baillet begann sogleich das Gefecht, liess sich jedoch vom Ungestüme des Angriffes allzusehr hinreissen, so dass Hauptmann Müller und Fähnrich Perixhof, welche unter den Vordersten waren, mit noch 25 Soldaten in feindliche Gefangenschaft geriethen. Das Bataillon hatte bei diesem Kampfe ausserdem 11 Todte und 16 Verwundete, unter den letzteren den Lieutenant Rosenhayn.

Als Sandomir am 18. Juni capitulirte, blieb das Bataillon dort als Besatzung; nach der Demolirung der Befestigungen des Ortes kamen die 4 Compagnien nach Krakau, wo mit Ende Juni auch die 2 in Nowemiasto gebliebenen Compagnien, nachdem sie zu Ende Mai bei Rawa und im Juni bei Inowlodz rühmlich gegen die Polen gefochten, eintrafen und nun alle sechs das einzige Bataillon des Regiments bildeten.

Am 4. Juni 1809 wurde Hauptmann Thomas Mosaner von Mosberg von Chasteler-Infanterie Nr. 46 zum Major befördert und zu Baillet eingetheilt, am 7. Juli darauf erhielt das erwähnte Bataillon des Regiments den Befehl nach Olmütz aufzubrechen, gelangte aber nur bis Teschen, wo es in Folge Befehles vom 14. Juli stehen blieb, bis es am 14. August nach Policzka aufbrach, wo aus neu ausgehobenen Rekruten und 400 Mann, welche der bei Gora gefangene Feldwebel Sigmund aus der polnischen Gefangenschaft als selbst ranzionirt zurückgebracht hatte, das zweite Bataillon gebildet wurde.

Die Grenadire des Regiments beim Rückzuge der deutschen Armee nach Landshut am 21. April 1809.

Inzwischen hatte auch die Grenadirdivision des Regiments zuerst in Deutschland und dann bei Aspern, Deutschwagram und bei Znaim Gelegenheit gefunden, in diesem Feldzuge heldenmüthig verdiente Lorbeern zu pflücken.

Unter dem Major Franz Friedrich Scovaud de la Bastide, der seine Kriegstüchtigkeit schon früher durch zahlreiche glänzende Proben in den Kämpfen gegen die Insurgenten in den Niederlanden bewährt hatte, erhielt das Bataillon, als sich die österreichische Armee nach Landshut zurückzog, am 21. April 1809 den Auftrag, die Höhen rechts von der Neumarkter Strasse zu halten, um den Rückzug der Armee zu decken und gleichzeitig den einzelnen versprengten Soldaten zum Sammelpunkte zu dienen.

Dieser Auftrag wurde mit Entschlossenheit ausgeführt und eine Zeit lang durch das Grenadirbataillon Scharlach kräftig unterstützt. Nachdem bei dieser Affaire der Feind aus einem festen Gebäude, aus welchem er den Kaiserlichen sehr viel Schaden zufügen konnte, rasch geworfen war, wurde der weitere Rückzug

nur durch das Bataillon Scovaud gedeckt, zu dessen Vernichtung
der Feind zuerst durch Fussvolk und zuletzt bei Greisenhaussen
durch zahlreiche Cavallerie ununterbrochene Versuche machte.
Major Scovaud hielt jedoch auch die Reiter durch wohlgenährtes
Feuer von sich ab, verbarrikadirte die Strassen des Dorfes und
zog sich dann seiner Aufgabe gemäss zurück. Kaum hatte er aber
Greissenhausen verlassen, als ein feindliches Cavallerie-Regiment,
welches inzwischen rasch vorgeritten war und sich auf der Rückzugslinie des Bataillons aufgestellt hatte, Miene machte, die Grenadire in dem kritischen Momente des Vormarsches aus dem
Dorfe anzugreifen. Major Scovaud formirte jedoch schnell Massen
und als die Cavallerie attaquirte, liess er sie ruhig bis auf fünfzig
Schritte heranstürmen, commandirte dann Feuer, welches so verheerend wirkte, dass die Cavallerie keine zweite Attaque wagte.
Eben so entschieden wies das Bataillon auch noch weitere Angriffe des Feindes auf diesem Rückzuge zurück.

Die Grenadire des Regiments bei Aspern.

Einen Monat später stand das Grenadirbataillon Scovaud
in der Schlachtlinie bei Aspern. Scovaud, inzwischen zum Oberstlieutenant befördert, hatte den Auftrag, die Grenadirbataillone
Scharlach und Kirchenbetter beim Sturme auf das Dorf Esslingen
zu unterstützen. Die ebengenannten Bataillone hatten einen fest-
gemauerten Schüttkasten und den Friedhof des Ortes zu nehmen,
welche beide von einer 15 Fuss hohen Mauer, in welche Schiess-
scharten gemacht waren, umgeben und hiedurch zu einer sehr
haltbaren Verschanzung umgestaltet waren. Französische Garden
hielten diese Position stark besetzt, eine Batterie war zu ihrer
Vertheidigung aufgefahren. Als das Bataillon Scharlach angriff,
musste es sich vor dem mörderischen Feuer zurückziehen, Scovaud
aber, der von demselben Feuer selbst bereits ausserordentlich
gelitten hatte, zog etwas über 40 Mann von dem Bataillone
Kirchenbetter, welches bei demselben Angriffe fast gänzlich vernichtet worden war, an sich und stürmte mit diesen und etwa
noch 160 eigenen, kampffähig gebliebenen Grenadiren ohne Befehl

3*

die Stellung des Feindes, warf die französischen Garden mit dem Bajonette hinaus und behauptete den eroberten Platz, dessen Wichtigkeit für das feindliche Centrum er sehr richtig erkannte, so lange, bis Mangel an Munition ihn zwang, das Errungene wieder aufzugeben. Diese That bleibt jedoch für immer ein schönes Blatt in dem Lorbeerkranze des Regiments, dessen Grenadirdivision mit den verbrüderten Divisionen Kerpen und Deutschmeister den gleichen Ruhm theilte.

Die Hauptleute Cammerlander und de Lacroix, die Oberlieutenants Corron und dé Blois wurden an diesem Tage verwundet.

Die Grenadire von Graf Baillet in der Schlacht bei Deutschwagram und bei Znaim.

Eben so tapfer fochten die braven Grenadire des Regiments am 6. Juli 1809 in der Schlacht bei Deutschwagram in der Brigade des ausgezeichneten Generals Carl von Stutterheim. Oberstlieutenant Scovaud griff den Feind mit heldenmüthiger Tapferkeit an und entriss ihm nach hartnäckigen Kampfe das Dorf Aderklaa. Unter den Tapfersten fand hier Lieutenant Parsin den Tod. Die Franzosen verloren an diesem Punkte 1500 Mann und 2 Adler; ihre wiederholten Anstrengungen, sich des Dorfes wieder zu bemächtigen, scheiterten an der Standhaftigkeit der Grenadire, welche ihren Posten behaupteten, bis sie von dem Commandirenden abberufen wurden.

Der bekannte Ausgang der Schlacht bei Wagram nöthigte den Erzh. Carl sich gegen Znaim zu wenden. Auf diesem Rückzuge leisteten Oberstlieutenant Scovaud und die Grenadire des Regiments mit dem übrigen Grenadircorps Ausserordentliches. Die Brücke zwischen Oblass und Schallersdorf über die Thaya bei Znaim war für die österreichische Armee von entscheidender Wichtigkeit. Die Franzosen trachteten dieselbe früher zu gewinnen und Znaim, noch bevor es die Österreicher erreichen konnten, zu besetzen. Am 10. Juli versuchte eine feindliche Abtheilung die Österreicher von Naschetitz aus zu flankiren und machte die grössten Anstrengungen um vorzudringen. Ihr stand Scovaud bei

Pumlitz und Oblass mit seinen Grenadiren und einer Batterie gegenüber. Er verwendete seine Streitkräfte mit solcher Umsicht und Ausdauer, dass der Feind durch das Feuer der Artillerie und die entschlossene Haltung der Grenadire aufgehalten ungeachtet seiner wiederholten Angriffe und seiner zahlreichen Geschütze zurückgedrängt; und sogar bis Naschetitz verfolgt wurde, wodurch die kaiserliche Armee Zeit gewann, die Thayabrücke in ihren Besitz zu bekommen, mit dem ganzen Train auf das linke Flussufer zu gelangen und dieses zu besetzen.

Erzh. Carl musste bei Znaim obwohl unter ungünstigen Umständen eine Schlacht annehmen, weil er sonst zu besorgen hatte, auf seinen linken Flügel debordirt und in seinem Plane Iglau zu erreichen, durch die Stockung des Trains gehindert zu werden.

Am 11. Juli 1809 waren die k. k. Truppen mit Tagesanbruch unter den Waffen. Das fünfte Corps hielt Znaim besetzt und bildete den rechten Flügel, an dieses schloss sich links das erste Corps als Centrum an, an dieses weiter hinaus gegen das östlich von Znaim gelegene Dorf Zuckerhandel reihte sich das dritte, hinter diesem stand das zweite als Unterstützung, das sechste hatte die Strasse nach Iglau als Rückzugslinie zu sichern, das Grenadircorps endlich, bei welchem sich auch das Bataillon Scovaud befand, war im zweiten Treffen nordöstlich von Znaim hinter dem Dorfe Brenditz aufgestellt.

Die Schlacht begann um 7 Uhr Morgens. Napoleon bot alle Kräfte auf, um den Österreichern die Rückzugslinie abzuschneiden und sie mit Verlust ihrer Artillerie und ihres Gepäckes in die Defileen der Thaya zu werfen. Nachdem er den Übergang über diesen Fluss erzwungen, entwickelte sich die Schlacht auf dem aufsteigenden Terrain bei Znaim. Mit den heftigsten Angriffen versuchte der Feind die kaiserliche Mitte zu sprengen; das erste Corps vereitelte zwar alle diese Anstrengungen, musste sich aber, wenn auch nur langsam und jede neue Stellung tapfer vertheidigend, dennoch gegen die Stadt zurückziehen. Auf dem linken Flügel versuchten die Franzosen mit dreimaligen heftigen Angriffen das Dorf Zuckerhandel zu nehmen, das dritte Corps wies jeden Anfall zurück. Auf dem rechten Flügel wurde das fünfte Corps über Schallersdorf und Klosterbruck bis nahe an die Stadt zurückgedrückt. Inzwischen aber hatte Erzh. Carl die Grenadire vor-

rücken lassen. Sie erschienen in fester Falanx auf dem Kampfplatze. Da wegen des eingetretenen Regens kein Gewehr losging,
griffen sie den Feind mit dem Bajonette an, warfen ihn zurück
und gewannen wieder Terrain. Ihren weiteren Fortschritten in
diesem Kampfe machte die Verkündigung des Waffenstillstandes
ein Ende.

Oberstlieutenant Scovaud that sich auch an diesem Tage
durch Entschlossenheit und Umsicht, die Grenadirdivision des
Regiments durch neuerdings bewährte Tapferkeit hervor. Scovaud
und Hauptmann Carl Keibel wurden unter jenen, welche sich an
den Tagen vom 6. bis 11. Juli besonders auszeichneten, rühmlichst
genannt, dem Oberstlieutenant Scovaud wurde für seine That bei
Aspern im Ordenskapitel vom Jahre 1810 das Ritterkreuz des
Marien-Theresien-Ordens zuerkannt, und als er im Jahre 1811
wegen seiner Wunden aus den Reihen des Regiments in den
Ruhestand treten musste, ehrte der gnädige Monarch seine militärischen Verdienste durch die Verleihung des Oberstencharakters.

Ereignisse im Regimente vom August 1809 bis Ende Jänner 1811.

Mit dem h. kr. Reskripte vom 9. August 1809 wurde
Oberst Czerwinka zum General-Major, Oberstlieutenant Caspar
von Strauch zum Obersten und Regimentscommandanten, Major
Stanislaus de Best zum Oberstlieutenant und Hauptmann Baron
Cammerlander zum Major im Regimente ernannt.

Mit Anfang Jänner 1810 kam das Regiment Graf Baillet nach
Pressburg, wo es sein drittes Bataillon aufstellte. Major Max
Ungerhofer vom zweiten Mühlviertel-Landwehr-Bataillone wurde
in das Regiment mit 21. Jänner 1810 eingetheilt, die Grenadirdivision nach Wien verlegt.

Am 10. Juli wurde zu Pressburg der Feldwebel Sigmund
für die Befreiung der 400 Mann, die er aus der polnischen Gefangenschaft zurückgebracht, vor der in Parade ausgerückten
Truppe mit der goldenen Tapferkeitsmedaille decorirt.

FZM. Graf Baillet legt die Inhaberstelle nieder, das Regiment wird zuerst dem FML. Baron Bourgeois und darauf dem FML. Baron Bianchi verliehen.

Gegen Ende Jänner 1811 trat der bisherige Regimentsinhaber FZM. Graf Baillet aus den österreichischen Diensten, kehrte nach seinem Vaterlande den Niederlanden zurück und legte auch die Inhaberstelle nieder.

Sein an das Regiment gerichteter Abschiedsgruss sprach die lebhafte Anerkennung der erworbenen Verdienste des Regimentes und die Überzeugung aus, dasselbe werde keine Gelegenheit versäumen, um zu den schon erworbenen noch neue Lorbeeren hinzuzufügen.

Am 31. Jänner 1811 verliehen Seine Majestät Kaiser Franz I. das 63. Linien-Infanterie-Regiment dem gewesenen Director der k. k. Ingenieur-Akademie und um die Armee hochverdienten Feldmarschall-Lieutenant Tousaint Freiherrn von Bourgeois. Weil sich aber der Herr Feldmarschall-Lieutenant wegen seines hohen Alters nicht mehr im Stande fühlte, für das Regiment mit jener Thätigkeit wirken zu können, welche die ihm zugedachte Stellung erforderte, geruhten Seine Majestät der Kaiser über seine Bitte anders zu verfügen und das Regiment am 2. März 1811 dem k. k. Feldmarschall-Lieutenant und Truppen-Inspecteur in Ungarn Friedrich Freiherrn Bianchi für seine schon bis dorthin mit Eifer und Auszeichnung geleisteten vielseitigen Dienste und als Beweis der Allerhöchsten Zufriedenheit und des Zutrauens in seine Person zu verleihen.

Der neue Herr Regimentsinhaber, seit dem 1. Oktober 1787 der k. k. Armee angehörend, hatte sich schon in dem Kriege gegen die Türken in den Jahren 1788 bis 1790 und namentlich bei der Eroberung der festen Plätze Novi und Czetinie, darauf in dem Kriege in den Niederlanden in den Jahren 1792 bis 1795, in Oberitalien in den Jahren 1796 und 1797, in den Feldzügen in Deutschland in den Jahren 1799, 1800, 1805 und 1809, in dem letzteren namentlich bei Aspern in allen Rangstufen als einer der einsichtsvollsten und tapfersten Offizire hervorgethan und durch seine ausgezeichnete Vertheidigung des Brückenkopfes bei Pressburg das

Ritterkreuz des Marien-Theresien-Ordens erworben. Das Regiment hatte demnach einen schon damal in der k. k. Armee glänzenden Namen zu führen, aber auch die Aufgabe, eines solchen Namens würdig zu sein.

Diese Verleihung wurde allgemein mit der lebhaftesten Freude begrüsst. und der Herr Regimentsinhaber wegen dieser Allerhöchsten Auszeichnung beglückwünscht. Unter den vielseitigen Kundgebungen aufrichtiger Theilnahme muss insbesondere ein Schreiben Seiner kaiserlichen Hoheit des Herrn Erzherzogs Maximilian von Este hervorgehoben werden, in welchem ebensosehr der Regimentsinhaber ausgezeichnet. wie das Regiment selbst geehrt wurde. Der Herr Erzherzog fügte darin dem, wie er sagte, aus tiefgefühlter Achtung und Hochschätzung entsprungenen Ausdrucke seines Glückwunsches folgende Worte bei:

„Die Inhabersstelle ist heut zu Tage eine derjenigen, in welcher auf den Geist der Truppen am meisten gewirkt werden kann und insbesondere gratulire ich Ihnen, dessen edle Tendenz ich kenne, der Truppe jenes moralische Gefühl immer zu erhalten, welches ihren wahren Werth ausmacht und ich gratulire jenem braven Regimente, welches einen solchen Inhaber verdiente."

Für das Regiment wurde die Verleihung der Inhabersstelle an den Herrn Feldmarschall - Lieutenant Freiherrn Bianchi das glücklichste Ereigniss, das ihm zu Theil werden konnte. Durch mehr als 44 Jahre förderte der Herr Regimentsinhaber in unvergesslicher Weise das Beste des Regiments. So wie sein edler Geist in den Reihen dieses Truppenkörpers dem ritterlichen Sinne für Ehre, treue Pflichterfüllung und Hingebung für Thron und Vaterland begegnete, so pflegte und stärkte er diese vortrefflichen Elemente durch ununterbrochene thätige und weise Einflussnahme, er wurde des Regimentes väterlicher Freund, dieses ihm zur angehörigen Familie.

Seine einsichtsvollen Maassregeln förderten die Ausbildung des Offizirscorps und unterstützten dieses häufig mit den nöthigen wissenschaftlichen Mitteln, wirkten auf die gute Mannszucht und die Harmonie; zu allen Erfordernissen in dieser Richtung flossen aus seiner stets freigebigen Hand reiche Beiträge; gerecht gegen jedes Verdienst war es ihm stets eine wahre Befriedigung, das-

selbe zur Anerkennung zu bringen. er nahm Theil an den persön-
lichen Verhältnissen der Offizire, und traf einen von ihnen
Krankheit oder sonstiges unverschuldetes Unglück, so war es der
Herr Regimentsinhaber, der mit eben so zarter als namhafter
Hilfeleistung zu unterstützen eilte.

Im Mai 1811 besuchte der Herr Inhaber zum ersten Male
das Regiment zu Pressburg, wo ihn die Truppe und die Bevölkerung mit wahrer Freude begrüsste.

Ereignisse im Regimente vom Sommer 1811 bis Ende September 1813.

Im Sommer 1811 wurden 1400 Mann des Regimentes theils
mit Abschied entlassen, theils in die Heimat beurlaubt und nur
ein sehr geringer Stand von 600 Mann beibehalten. Im August
1811 wurde das Regiment nach Brünn verlegt, ein Bataillon davon
kam nach dem nahen Karthaus, die Cadres des dritten Bataillons,
welches damal gar keine sonstige Mannschaft hatte, lagen in
Austerlitz. Major Delmotte, ein würdiger Veteran des Regiments,
wurde mit Oberstlieutenantscharakter in den wohlverdienten Ruhestand versetzt und Major Ludwig Jamar de Libois, supernumerär
bei dem Infanterie-Regimente Lindenau Nro. 29 in seine Stelle
eingetheilt.

Am 23. Dezember 1811 marschirte das Regiment mit dem
ersten und zweiten Bataillone nach Wien ab, die Cadres des
dritten Bataillons blieben in Mähren zurück.

An dem russischen Feldzuge im Jahre 1812 konnte das
Regiment nicht selbst Theil nehmen und durfte sich nur jenes
Ruhmes erfreuen, den sein Regimentsinhaber als Commandant der
Reserve-Infanterie-Division vielfältig, namentlich bei Podubine und
Wyzna seinen früheren Verdiensten hinzufügte.

Im Jahre 1813 wurde das Regiment wieder auf Kriegsfuss
gesetzt, erhielt im August 1300 Rekruten und den Auftrag, dieselben binnen sechs Wochen vollständig einzuüben. Sämmtliche
Stabs- und Oberoffizire waren dabei unermüdet thätig, die Ab-
richtung wurde auf dem Marsche und in der Garnison zweckmässig

betrieben. Die Lernbegierde der jungen Soldaten blieb hinter der aufopfernden Mühe ihrer Lehrer nicht zurück; bald darauf bewährten diese Neulinge auf den Schlachtfeldern die Tugenden alter Soldaten.

Am 26. Juli 1813 marschirte die Grenadirdivision zur Donauarmee ab. In Folge h. kr. Verordnung vom 8. August 1813 wurde zu den 3 Bataillonen des Regiments noch ein Reservebataillon von 6 Compagnien errichtet, und dessen Commando dem Major Paul Laloss, welcher früher Hauptmann bei Jelachich - Infanterie Nr. 53 am 19. August in seine neue Charge befördert worden war, anvertraut.

Major v. Mosaner wurde am 6. August pensionirt, Oberstlieutenant Stanislaus de Best übernahm das Grenadirbataillons-Commando, Major Jamar de Libois rückte mit 15. September 1813 zum Oberstlieutenant und Hauptmann Ignaz Graf Prank zum Major im Regimente vor.

Am 14. September verliess das Regiment die Residenzstadt und rückte am 29. September im Lager von Levintschay ein. Kurze Zeit darauf stand es in fast ununterbrochenen Kämpfen dem Feinde gegenüber.

Die 11. Compagnie bei Feistritz.

Am 5. Oktober in der Nacht erhielt die 11. Compagnie des Regiments den Befehl, auf einem Holzrechen über die Gail zu gehen, um den Feind, der sich in Feistritz verschanzt hatte, zu beunruhigen. Sie führte diesen Auftrag schnell und entschlossen aus, und setzte sich am feindlichen Ufer fest. In kürzester Zeit wurde sie von den Franzosen mit Uebermacht angegriffen, trieb sie aber mit empfindlichen Verluste zurück. Zahlreiche Gewehre und Czako's, welche auf dem Kampfplatze von dem Feinde zurückgelassen wurden, zeugten deutlich von der Eile, mit welcher ihn die Franzosen verlassen mussten, um nicht noch mehr zu verlieren. Die Compagnie hatte 2 Todte, 5 Verwundete; 9 Mann, welche sich zu kühn vorgewagt, geriethen dabei in Gefangenschaft. Die Compagnie kehrte erst über höheren Befehl wieder zurück.

Forcirung des Bartolograbens am 7. Oktober 1813 und weitere
Verfolgung des Feindes.

Der commandirende General FZM. Baron Hiller befahl dem
Commandanten der Avantgarde seines rechten Flügels FML. Marschall, in dessen Division das Regiment Baron Bianchi in der
Brigade Eckhardt eingetheilt war, die Franzosen aus ihrer sehr
festen Stellung bei Tarvis schleunigst zu vertreiben. FML. Marschall sammelte seine Division zu Feistritz, und weil die Franzosen
bei Tarvis nicht leicht in der Fronte anzugreifen waren, sollten
sie durch eine Umgehung zum Weichen gebracht werden. FML.
Marschall ging demnach am 7. Oktober 1813 mit einer Brigade
über die Goriacher Alpen bis Sonnenwirth, die Brigade Eckhardt
bestehend aus 4 Compagnien des 8. Jägerbataillons, dem 1. Bataillone Bianchi, einem Bataillone Reiski und 2 Bataillonen Jelachich-Infanterie über die Gebirge in den Bartolograben, um durch
diese 2 Stunden lange und von steilen Felsen eingeengte Schlucht
Tarvis im Rücken zu bedrohen; das zweite Bataillon Bianchi bildete die Reserve.

Der Feind hatte die natürlichen Hindernisse des Terrains
durch künstliche vermehrt, ungeheure Felsstücke auf den Weg
gerollt, die Strasse an mehreren Orten abgegraben. Die Brigade
Eckhardt überwand alle Schwierigkeiten und während ihre Hauptcolonne im Thale vorrückte, drangen 1 Compagnie Jäger unter
dem kühnen Hauptmanne Peter Pirquet und 5 Compagnien des
Regiments Bianchi links durch die Berge vor. Die Jäger stiessen
als Avantgarde bald auf einen vom Feinde dicht besetzten Verhau;
der Versuch über denselben hinüber zu kommen, kostete dem
Hauptmann Pirquet die Hälfte seiner Compagnie. Da eilte eine Abtheilung von Bianchi zur Unterstützung herbei, erstieg mit den Jägern
unter heftigen Feuer der Franzosen einen überragenden Felsen,
und vertrieb sie durch wohlgezielte Schüsse und herabgeschleuderte
Steine. Der Feind hatte aber auch eine zweite steile Höhe besetzt
und erneuerte von dort aus den erbitterten Kampf, in welchem
namentlich die Abtheilung von Bianchi viel litt. Während aber
diese das Gefecht mit tapferer Ausdauer fortsetzte, erstieg Hauptmann Pirquet mit etwa 50 Jägern den Rücken der feindlichen

Stellung, worauf nach einer heldenmüthigen Anstrengung der Jäger
und dem trefflichen Zusammenwirken von Bianchi die Höhen vom
Feinde gesäubert wurden.

Die im Bartolograben vorrückende Colonne stiess auf eine
sehr feste Stellung des Feindes. Der Erdaufwurf einer aufgelassenen
grossen Kalkgrube und eine Strassenabgrabung dienten ihm als
Brustwehr, auf allen Höhen standen seine Schützen. Ein Bajonettangriff warf die Franzosen aus dieser Position und drei Stürme,
welche sie versuchten, um dieselbe wieder zu gewinnen, waren
vergeblich; 1 Hauptmann und 35 Mann wurden dabei von den
Kaiserlichen gefangen genommen Der Feind wurde durch 4 Bataillone und 8 Geschütze verstärkt, und Lieutenant Kavagnagh
von Bianchi, welcher auf den Höhen streifte, liess den Anmarsch
noch weiterer feindlichen Truppen melden, anderseits aber trafen
auch verlässliche Nachrichten ein, dass die Hauptmacht des Feindes
in der Flanke und im Rücken bedroht, sich anschickte, Tarvis zu
räumen.

Besonders der letztere Umstand und der angebrochene Abend
bestimmte den Generalen Eckhardt vorläufig nicht weiter vorzugehen, und auf der Bartolowiese ein Bivouak zu beziehen.

Am nächsten Morgen langte die Nachricht ein, dass der
Feind Tarvis wirklich verlassen habe, und nur noch Malborghetto
besetzt halte. Das erste Bataillon des Regiments Bianchi hat sich
am 7. Oktober die volle Anerkennung des Brigade- und Divisionscommandanten verdient, hatte aber 20 Todte und 82 Verwundete,
unter den letzteren den Hauptmann Calzado und Fähnrich Kucher.

Die Division Marschall kehrte nach Levintschay zurück, wo
am 9. Oktober beide Bataillone des Regiments wieder vereint waren.

Die Franzosen retirirten nach Italien und die Brigade Eckhardt wurde bestimmt, dem Feinde abermal in den Rücken zu
kommen.

Sie brach am 10. Oktober auf und marschirte über Herma-
gor, Kotschah, Ober-Draubing, Lienz, Sillion nach Doblach, von
da über die Gebirge in das Piavethal und gelangte über Ampezzo
und Longarone am 19. Oktober nach Belluno, wo sie zwei Tage
blieb. Am 22. Oktober 1813 nahm das Regiment Bianchi die
Stadt Feltre weg und machte dort viele Gefangene, an eben diesem
Tage wurde eine Colonne bestehend aus der 6. und 7. Compagnie

Baron Bianchi, 3 Compagnien des 8. Jägerbataillons und 1 Flügel Hussaren unter Hauptmann de Flette vom 8. Jägerbataillone entsendet, um den Pass von Poderoba zu besetzen. Von dort aus wurden Patrouillen bis Treviso ausgeschickt, welche berichteten, dass der Brückenkopf von Narvese von 300 Franzosen besetzt sei. Um diese aufzuheben und die Brücke anzuzünden, marschirte Hauptmann Pirquet am 24. Oktober 1813 mit 70 Mann von Bianchi, 80 Jägern und 40 Hussaren dahin ab. Er stiess aber auf den Vortrab der feindlichen Division Grenïer, liess sich mit ihm in ein für ihn günstiges Gefecht ein, zog sich aber sogleich zurück, als er entdeckte, mit welcher Uebermacht er es eigentlich zu thun habe. Am 25. Oktober schlug diese kleine Colonne bei Santa Mama die sie verfolgende zahlreiche feindliche Cavallerie, brachte derselben sehr grosse Verluste bei und machte viele Gefangene, die aber wieder entliefen, weil Hauptmann Pirquet nicht Mannschaft genug hatte, um sie beisammen zu halten. Am Abende des 25. Oktober rückte er wieder in Poderoba ein. An diesem Tage hatte sich Lieutenant Hypolit Baron Wardener des Regiments bei Santa Mama besonders ausgezeichnet, als er mit einer kleinen Abtheilung in des Feindes linke Flanke fiel und denselben, unterstützt von seinem Corporalen Gamberoni, der sich hier durch Muth und Entschlossenheit gleichfalls hervorthat und die silberne Tapferkeitsmedaille verdiente, zum Weichen brachte. Er wurde dabei schwer am Arme verwundet, und als sich die Feinde auf ihn stürzten, von dem Corporalen Gamberoni befreit.

Treffen bei Resonico am 26. Oktober 1813.

Inzwischen hatte General Eckhardt am 23. Oktober 1813 Bassano besetzt, das Regiment Baron Bianchi bezog ein Lager vor dieser Stadt und stellte an den wichtigsten Punkten kleinere Abtheilungen, welche sich wechselseitig unterstützen konnten, zur Sicherung der Position auf.

Bassano, der Schlüssel zum Valsuganathale, war das Ziel der feindlichen Bemühungen. Die Franzosen griffen demnach am 26. Oktober den zur Brigade Eckhardt gehörigen ausgezeichneten

Obersten Brettschneider des Hussarenregiments Frimont Nro. 9.
welcher mit 4 Infanterie-Compagnien und einer Escadron seines
Regiments die Strasse nach Bassano deckte, mit 6000 Mann und
2 achtpfündigen Kanonen an. Der Oberst erkannte zu genau, dass
er sich in seiner damaligen Aufstellung gegen eine so ungeheure
Uebermacht nicht halten könne und zog sich besonnen in die weit
günstigere Stellung von Rosonico zurück, wo er den Feind entschlossen erwartete. Dieser zögerte nicht lange und griff die kleine
Colonne von zwei Seiten an, wurde aber an beiden Punkten mit
dem Bajonette zurückgeworfen. Noch dreimal aber immer vergebens stürmten die Franzosen heran. Oberst Brettschneider hatte
inzwischen die 9. und 10. Compagnie des Regiments Bianchi an
sich gezogen und so verstärkt den ungleichen Kampf gegen den
zehnfach stärkeren Feind siegreich bestanden. Unter dem voran-
leuchtenden Beispiele des Führers wetteiferten die Kaiserlichen
an Tapferkeit, die Hussaren attaquirten mit vorzüglicher Bravour,
Bianchi warf sich auf die beiden Kanonen, welche verderblich
wirkten, nahm eine derselben, während sich die andere nur durch
schnelles Abfahren rettete, eben so brav schlugen sich die 4 anderen Compagnien, der Feind musste sich mit Zurücklassung mehrerer
Gefangenen zurückziehen und eine andere Rückzugslinie suchen.
Die beiden Compagnien Bianchi hatten, ungeachtet sie sich sehr
aussetzten, glücklicher Weise nur 6 Verwundete.

Treffen bei Bassano am 31. Oktober 1813.

Am 31. Oktober 1813 erneuerte der Vicekönig seine Bemühungen bei Bassano durchzubrechen, und griff diessmal mit 20.000
Mann und zahlreichem Geschütze die ganze Brigade Ekhardt an,
welche aus nicht mehr als dem 1. und 2. Bataillone Bianchi, 2 Bataillons Jelachich-Infanterie Nr. 53, dem 8. Jägerbataillone, 2 Eskadronen Frimont-Hussaren und 4 dreipfündigen Geschützen bestand.
Aber je kleiner die Brigade an Zahl der Streiter, desto entschlos-
sener war jeder einzelne zum mannhaften Widerstande. Der Kampf
entspann sich bald auf der ganzen Ausdehnung der Brigade, die

hitzigen Anläufe der sich stets erneuernden französischen Angriffs-
massen, scheiterten lange an der ruhigen Festigkeit der Österreicher. Am erbittertesten wurde zwischen Bassano und San Giacomo gefochten. Endlich gelang es den Franzosen bei Romano
durchzubrechen, den Generalen Eckhardt von seinem rechten
Flügel zu trennen und ihn zu zwingen, sich über Primolano zurückzuziehen.

Der rechte Flügel bestehend aus der 5., 6., 7., 9. und der
Hälfte der 4. Compagnie Baron Bianchi, 2 Compagnien Jelachich
und 3 Zügen Hussaren unter dem Obersten Strauch und Brettschneider sollte nun die ganze Wucht des gewaltigen Feindes
fühlen, der sich um das kleine Häuflein drängte, dessen Aufgabe
nun nicht mehr darin bestehen konnte, das Vordringen der Uebermacht gänzlich zu vereiteln, sondern dasselbe nur so lange durch
festen Widerstand zu hemmen, bis der Rückzug aller Abtheilungen
geordnet und in ehrenvoller Haltung bewirkt werden konnte. Und
so geschah es auch. Die Truppe focht heldenmüthig um und in
Bassano, bis sie alle ihre vorpoussirten Posten aufgenommen hatte,
und zog sich auch so unter beständigem Gefechte und in vollkommenster Ordnung durch die Stadt zurück, nicht Ein Mann
fiel lebend in die Hände der Feinde.

In der äussersten Arriergarde beschloss Feldwebel Frerard
die glänzenden Leistungen der Brigade mit einem würdigen Kampfe
nur weniger Tapfern gegen die Menge der Verfolger. Mit nicht
mehr als 20 Mann von Bianchi vertheidigte er mit sicheren Schüssen
und theilweise mit dem Bajonette jeden Fussbreit Bodens bis zur
Brenta und wirkte mit aufopfernder Thätigkeit bei dem Abtragen
der Brücke über den Fluss mit, so dass ihm ein namhafter Theil
des Verdienstes gebührt, dass der Rückzug mit so fester Haltung
und Ordnung ausgeführt wurde.

Die beiden Bataillone hatten auch in diesem langen und
heftigen Kampfe verhältnissmässig geringen Verlust erlitten; er
bestand in 8 Todten und 19 Verwundeten.

Oberst Strauch richtete nun, vom Feinde weiter nicht mehr be-
helligt, seinen Marsch über das damal unwegsame Gebirge von Sette
comuni. Obgleich vom anstrengenden Kampfe ermüdet, und den
ganzen Tag ohne Nahrung, betrat die tapfere Schaar beherzt die
Berge, um sich mit dem anderen Theile der Brigade baldigst zu

vereinen. Weite Schneefelder, in denen die Mannschaft häufig bis an die Hüften versank, deckten das Gebirge, dazu kam die Kälte, welche die durchnässten Kleider mit Eiskrusten überzog. Es nahm weit mehr Entschlossenheit in Anspruch, sich den weiten Weg durch die Hindernisse der Natur zu bahnen, als den Kampf mit einem Feinde zu bestehen, gegen welchen die gute Waffe in starker Hand verlässlicheren Schutz bietet, während der Körper der unangreifbaren Macht einer feindseligen Natur wehrlos erliegen kann. Aber die geistige Kraft vermag viel über die körperliche des Menschen, und der ist noch lange nicht verloren, der sich nicht verloren gibt. So auch hier. Waren die Glieder auch müde. der alte glühende Muth war noch da, und nach einem mühevollen, aber sorgfältig geleiteten Marsche gelangte die standhafte Truppe am 2. November ohne weiteren Verluste nach Levigo, wo sie sich mit dem Generalmajor Eckhardt vereinigte.

Am 3. November rückte die Brigade das Regiment Bianchi an der Spitze wieder gegen Bassano vor.

Belobung des Regiments durch Seine Majestät dem Kaiser.

Am 5. November 1813 feierte das Regiment einen herrlichen Festtag. Des Kaisers Majestät geruhte dessen Leistungen in der nur kurzen Zeit der bisherigen Operationen gnädigst anzuerkennen und demselben die allerhöchste Zufriedenheit mit seiner tapferen Haltung im Bartolograben, auf dem Marsche von da durch Tirol und bei Bassano kundzugeben.

Mit welch stolzem Selbstbewusstsein mögen die Herzen der braven Vorfahren bei diesem Ausdrucke des kaiserlichen Lobes geschlagen haben, wissen wir ja aus eigener Erfahrung, wie in den neueren Zeiten der Ausdruck der Zufriedenheit eines ritterlichen Monarchen die Brust der Tapferen hob, rühmliche Thaten belohnte, zu neuen begeisterte!

Treffen bei Caldiero am 15. und 18. November 1813.

Am 6. November 1813 marschirte das Regiment in seiner bisherigen Brigadeeintheilung wieder vorwärts und stand am 14. in der Position von Caldiero; das österreichische Hauptcorps war damal noch in Vicenza.

Am 15. November 1813 bezog das zweite Bataillon des Regiments mit zwei Divisionen die Vorposten, das erste Bataillon bildete ihre Unterstützung; eine Division des zweiten Bataillons unter Hauptmann Brigido und eine Compagnie des 8. Jägerbataillons unter Hauptmann Pirquet besetzten Caldiero; der übrige Theil der Brigade hatte zweckmässige Aufstellungen genommen.

Um 9 Uhr Vormittags rückten die Franzosen unter Commando des Vicekönigs von Italien 15.000 Mann stark von Verona kommend mit zahlreichen Tirailleurs vor und richteten ihr Artilleriefeuer zuerst auf 2 Bataillone Chasteler in der Aufstellung von Ilassi, 2 feindliche Bataillone griffen die 1. und 2. Division Bianchi, welche eine Anhöhe besetzt hielten, mit wiederholten Stürmen vergeblich an, eben so wurden die Feinde bei einem Angriffe Caldieros von den dort befindlichen 3 Compagnien zurückgewiesen. Dagegen gelang es einer feindlichen Colonne die erwähnte von Bianchi besetzte Anhöhe von einer anderen Seite unvermuthet zu ersteigen und nach einem zweistündigen harten Kampfe die beiden Divisionen des Regiments zum Weichen zu bringen, was die auch sonst von der unverhältnissmässigen Überzahl des Feindes bedrängte Brigade zum Rückzuge nach Villanuova nöthigte, dem sich auch das zweite Bataillon des Regiments anschloss, welches in der Fronte und in der Flanke angegriffen durch zwei Stunden seine Stellung tapfer behauptete, bis es von da zurückberufen wurde. Das 1. Bataillon Bianchi deckte diesen Rückmarsch mit musterhafter Ordnung, dabei zeichnete sich insbesondere die fünfte Compagnie aus, welche bei Villanuova die verfolgenden Feinde mit dem Bajonette angriff und zurückwarf.

Hauptmann Brigido und Pirquet verliessen Caldiero erst, nachdem es vom Feinde ganz umringt war. Sie wiesen einen Angriff zahlreicher Cavallerie zurück und zogen sich dann begünstigt

4

durch Reisfelder und Weingärten, der Gefahr der Gefangenschaft wiederholt glücklich entgehend auf ihre Brigade zurück.

Das Regiment Baron Bianchi überschritt das letzte die wichtige Brücke bei Villanuova, machte sie gleich darauf unbrauchbar und besetzte den Damm zu beiden Seiten derselben, während die dritte Compagnie unter Hauptmann Heer eine Furth bei einer Mühle in der Nähe von Soave in der rechten Flanke der Brigade deckte.

Auf dem Damm unterhielten die Abtheilungen des Regiments von 3 bis 6 Uhr Nachmittags ein vortrefflich genährtes Feuer, wobei sich namentlich der Bataillonscommandant Hauptmann Rosenhayn durch ruhige und einsichtsvolle Anordnungen, die Mannschaft durch freudigen ausdauernden Muth auszeichnete. Die kühnsten Anstrengungen des Feindes, den Übergang bei Villanuova zu erzwingen, blieben vergeblich.

Hauptmann Heer hatte von 4 bis 7 Uhr Abends mit der 3. Compagnie den Kampf mit einem ganzen Grenadirbataillon zu bestehen, welches sich um jeden Preis der Furth zu bemeistern suchte, endlich aber nach erfolglosen Stürmen sich mit grossen Verlusten zurückzog. Dagegen waren letztere auch in den Reihen der 3. Compagnie sehr bedeutend. 16 Mann lagen getödtet auf dem Platze, 2 Offizire und 42 Mann waren verwundet, daher binnen 3 Stunden 60 Mann kampfunfähig geworden, eine Zahl, die für den Heldenmuth der Compagnie beredter spricht, als es das wärmste Lob vermöchte.

Das Regiment hatte am 15. November 1813 im Ganzen 48 Mann an Todten verloren, 78 Mann und die Oberlieutenants Johann von Rosenhayn, welcher seinen Wunden am 24. November zu Bassano erlag, und Hilarius Toussaint, Lieutenant Johann Olbrich und Fähnrich Anton Mader waren blessirt, 6 Mann gegefangen, 66 vermisst; demnach bestand der ganze Verlust in 4 Offiziren und 198 Soldaten.

Am 18. November 1813 rückten die Kaiserlichen, Bianchi als Avantgarde voran, wieder gegen Caldiero. Oberst v. Strauch hatte die Höhen von La Fontana und den Ort Vago zu nehmen und erstürmte beide Punkte an der Spitze des 2. Bataillons. Die mit glänzender Tapferkeit eroberten Stellungen wurden darauf mit fester Beharrlichkeit vertheidigt und behauptet, ungeachtet der Feind das Bataillon von den Höhen von S. Giacomo mit seiner ganzen Artillerie beschoss.

Das 1. Bataillon war inzwischen an den Vorpostencommandanten Obersten Brettschneider angewiesen und rückte auf der Hauptstrasse gegen Vago vor. Die 1. Compagnie unter Hauptmann Keibel jagte in Plänkler aufgelöst und von einer Compagnie Jäger unterstützt den in den Gräben verborgenen Feind mit einer seltenen Ruhe aus seinen Schlupfwinkeln hinaus, während ein anderer Theil des Bataillons auf die beiden vor dem Orte befindlichen verbarrikadirten Brücken losging. Diese wurden von den Franzosen mit der grössten Ausdauer vertheidigt und konnten ungeachtet der Tapferkeit der Soldaten und der vorleuchtenden Bravour der Hauptleute Rosenhayn und Jeremich, der Oberlieutenants Marco Molini, Aimé De Nave und Grafen Maldonado, so wie des Lieutenants Ludwig Schwitzer nicht zum Weichen gebracht werden.

Da gewahrte Hauptmann Keibel, welcher noch immer die feindlichen Plänkler vor sich her trieb und hinter den Pronio verjagte, den mühevollen Kampf um die Brücken und beschloss die Sache dort zu rascher Entscheidung zu bringen, ordnete schnell seine Compagnie, durchwatete mit ihr unter einem sehr heftigen Feuer den Fluss und griff den Feind in dessen Flanke mit solcher Entschiedenheit an, dass derselbe schon in der Fronte hart bedrängt und nun in der Flanke mit Ungestüm überflügelt nach grossem Verluste die Brücken räumen musste.

Bei dem Flankenangriffe hat sich Lieutenant Casimir Graf Jugny der ersten Compagnie besonders ausgezeichnet.

Das 1. Bataillon verfolgte nun die regellos gewordene Flucht des Feindes bis auf die Höhen von S. Michele, wobei sich Feldwebel Franz Kaiser hervorthat, welcher 2 feindliche Kanonen, die sich unter einer starken Bedeckung auf der Hauptstrasse sehr vortheilhaft aufgestellt hatten, mit einem einzigen Zuge so entschlossen und verständig angriff, dass sie die wichtige Position eiligst verliessen, was zum weiteren und leichteren Vorrücken des 1. Bataillons wesentlich beitrug.

Das Regiment hatte am 18. November, ungeachtet es sich so vielfach am Kampfe betheiligte, nur 7 Todte und 27 Verwundete, unter denen Hauptmann Fructus war, ausserdem noch 44 Vermisste.

4*

Treffen bei S. Martino und S. Michele am 19. November 1813.

Der weichende Feind hatte S. Martino stark besetzt gelassen. Am 19. November 1813 wurde die 1. Compagnie mit dem Befehle ausgezeichnet, den Ort Casa la Musella auf der Höhe und in der Flanke von S. Martino zu nehmen. Sie erstürmte den Ort mit dem Bajonette und verfolgte den Feind bis S. Martino, wo eben die Haupttruppe das Regiment Bianchi an der Spitze eindrang. Bei der 2. Division, welche den Feind über eine Brücke drängte, fiel der tapfere Hauptmann Heer durch eine Musketenkugel getödtet.

Die Franzosen zogen sich nun nach S. Michele, doch wurde auch dieser Ort erstürmt, wobei wieder Feldwebel Frerard eine feindliche Abtheilung aus einer Kirche, in welcher sie sich längere Zeit vertheidigte, mit einem Zuge vertrieb, in einen Graben warf, und grossen Theils gefangen nahm.

Nach der Einnahme von S. Martino stellte sich das 1. Bataillon des Regiments links von der Strasse bei diesem Orte auf, das 2. schloss sich an, die 6. Division deckte in echelonweiser Aufstellung die linke Flanke des Regimentes.

Der Feind verstärkte seinen rechten Flügel um den linken der Kaiserlichen desto leichter zum Weichen zu bringen. Als Oberst von Strauch diess gewahrte, rückte er schnell mit zwei Divisionen des 2. Bataillons gegen Madona della Campagna vor, löste 6 Züge in Plänkler auf und griff den Feind mit allem Nachdrucke an. Während sich hier das Feuer immer lebhafter entwickelte, wurde Oberst von Strauch durch eine Division Hoch- und Deutschmeister verstärkt, was ihn in den Stand setzte, auch den Rest der beiden Divisionen in die Plänklerkette zu ziehen. Der Feind wurde nun bis auf die Höhen von S. Michele zurückgedrängt, wo dessen zahlreiche Artillerie dem weiteren Vordringen der verfolgenden Bataillonsabtheilungen des Regimentes ein Ziel setzte.

Hier verlor das Regiment den braven Hauptmann Franz Grafen Brigido, welchem bei der Verfolgung durch eine Kanonenkugel beide Füsse abgeschossen wurden. Kaum war er gefallen, so eilte ein Haufen der retirirenden Feinde zurück und wollte sich auf ihn werfen. Als diess Feldwebel Johann Fritsch wahrnahm, so stürzte er mit noch 4 Mann auf die Gegner los, tödtete mehrere von ihnen, vertrieb die anderen und brachte den schwer verwundeten Offizir in Sicherheit. Leider war die treue und entschlossene Aufopferung anhänglicher Untergebenen nicht im Stande, das Leben des geliebten Commandanten zu retten, doch gewährte es ihm wenigstens den Trost, seinen Geist in der Mitte seiner braven Soldaten auszuhauchen, welche er so oft zu rühmlichen Kämpfen geführt hatte.

Feldwebel Fritsch wurde für sein schönes Benehmen mit der silbernen Tapferkeitsmedaille belohnt.

Der Feind, durch seine feste Stellung und Übermacht unterstützt, suchte nun durch ein heftiges Kanonenfeuer den kaiserlichen linken Flügel zu erschüttern, und dann durch Cavallerie zu vernichten. Lange donnerten seine Geschütze wie ein ununterbrochenes Gewitter, verursachten aber keinen erheblichen Schaden. Als darauf die feindliche Cavallerie attaquirte, sammelte Oberst v. Strauch rechtzeitig seine in der Plänklerkette aufgelöste Mannschaft, liess auch die Reserven geschlossen vorrücken und wies alle Angriffe der feindlichen Reiter mit der ruhigsten Festigkeit entschieden zurück. Viele Leute lieferten hier Proben besonderer persönlicher Tapferkeit; vor allen aber zeichneten sich der Gemeine Casimir Gausch und Feldwebel Franz Kaiser aus. Gausch wurde nebst einigen anderen Gefährten in der Plänklerkette angefallen und leistete herzhaften Widerstand. Der Offizir, welcher an der Spitze der Cavalleristen auf die wenigen Leute attaquirte, hatte es insbesondere auf Gausch, der sich als der kühnste bemerkbar machte, abgesehen, und hieb auf ihn ein. Es entspann sich zwischen beiden ein erbitterter Zweikampf. Der gewandte und muthige Reiter umkreiste Gausch und suchte ihm auf jede mögliche Weise beizukommen, dieser parirte ruhig alle Hiebe mit dem Bajonette und schoss endlich seinen Gegner vom Pferde herab.

Feldwebel Kaiser erblickte einen Klumpen von etwa 30 Mann von so vielen Reitern angegriffen und ringsum eingeschlossen, dass sie bei aller tapferen Gegenwehr kaum der Gefangenschaft oder Niedermetzelung entgangen wären. Mit seltener Geistesgegenwart raffte Kaiser die nächsten Leute zusammen, fiel mit ihnen die Cavalleristen im Rücken an, tödtete viele, sprengte die anderen auseinander und befreite die bedrängten Kameraden.

Gausch und Kaiser wurden für dieses ausgezeichnete Benehmen mit der silbernen Tapferkeitsmedaille belohnt.

Der Feind sah alle seine Versuche, die verlorene Stellung wieder zu gewinnen scheitern, und zog sich mit Einbruch der Nacht gänzlich zurück.

Das Regiment hatte die am 19. November errungenen Vortheile nur mit schweren Verlusten erkämpfen können; es hatte ausser den beiden Hauptleuten Heer und Brigido noch 58 Todte, 81 Verwundete, 131 Vermisste und 9 Gefangene.

Abermalige Belobung des Regiments.

Mit dem Armeebefehl vom 2. Dezember 1813 wurde die Tapferkeit des Regimentes mit besonderer Auszeichnung belobt; insbesondere wurden die Verdienste des Obersten v. Strauch, des Hauptmanns Carl Keibel und des Oberlieutenants Kavagnagh in den Gefechten vom 15., 18. und 19. November hervorgehoben. Leider konnte es uns nicht mehr gelingen, die Einzelnheiten der verdienstlichen Thaten des Oberlieutenants Kavagnagh ersichtlich zu machen, sie mussten aber ganz vorzüglich gewesen sein, weil er dafür von Seiner Majestät dem Kaiser ausser der Tour zum Hauptmanne ernannt wurde.

Leistungen des Herrn Regimentsinhabers FML. Baron Bianchi bei Dresden, Kulm und Leipzig.

Während das Regiment Baron Bianchi auf dem Boden Italiens sich des ruhmvollen Namens, den es trug, würdig zu bewähren bemüht war, glänzte der Herr Regimentsinhaber selbst als einer der vorzüglichen Generale in dem Riesenkampfe gegen die Macht Napoleons auf den Schlachtfeldern in Deutschland. Er zeichnete sich namentlich am 26. August 1813 bei Dresden eben so sehr durch einsichtsvolle Führung und Ausdauer, wie durch persönliche Tapferkeit aus, Feldmarschall Fürst Carl Schwarzenberg berichtete über ihn an Seine Majestät den Kaiser mit den eben so einfachen als bezeichnenden Worten:

„FML. Bianchi hat sich am 26. auf eine seines Ruhmes würdige
Art benommen."

Am 28. August 1813 trug der Herr Regimentsinhaber durch
sein entscheidendes Vorgehen gegen den linken Flügel Van-
dammes zum Siege bei Kulm wesentlich bei. Seine Majestät Kaiser
Alexander I. von Russland verlieh ihm für die höchst wichtigen
Dienste, welche er an diesem Tage geleistet, den S. Annenorden
1. Classe. Die Schlacht bei Leipzig bot dem Herrn Regimentsinhaber
neue Gelegenheit zu ausgezeichneten Diensten. Am 16· October 1813,
dem ersten Tage jener Völkerschlacht, deckte er mit seiner Division
den rechten Flügel der Alliirten bei Wachau, und nahm dem Feinde
12 Kanonen weg; seine talentvollen in den grossen Plan des FM.
Fürsten Schwarzenberg vollständig eingehenden Dispositionen, seiner
beharrlichen Ausdauer gelangen die Angriffe auf Gröbern und Gossa
und die Zurückschlagung des bereits siegreich gegen den linken
Flügel unter Napoleons persönlicher Leitung vordringenden Feindes.
Kaiser Alexander von Russland, welcher von den Höhen bei Gossa
selbst gesehen, wie FML. Bianchi in einem Augenblicke, wo man
wenig Hoffnung zum Siege hatte, mit aufopfernder Tapferkeit den
Gang der Schlacht günstig änderte und das Schicksal des Tages
entschied, sendete ihm noch am Abende dieses Tages das S.
Georgskreuz 3. Classe als dankende Anerkennung seiner Leistungen.

Am 2. Schlachttage den 18. Oktober 1813 entriss der Herr
Regimentsinhaber dem Feinde die Dörfer Lösnig und Dölitz, behauptete sich im erbitterten Kampfe gegen Murat, Poniatowsky
und Oudinot, und trug zum grossen Siege unter den Augen der
Monarchen so wesentlich bei, dass FM. Fürst Schwarzenberg über ihn
mit Recht sagen konnte, er gehöre zu jenen höheren Führern,
welche sich durch einsichtsvolles Benehmen, durch unermüdete
Thätigkeit und ausgezeichnete Tapferkeit vorzügliche Ansprüche
auf den Dank des Vaterlandes erworben haben. In einem besonderen Schreiben sagte ihm der Marschall noch am Abende des
18. October:

„Ich erkenne mit dem wärmsten Danke die wesentlichen Dienste,
welche Euer Hochwohlgeboren in den wichtigen Tagen der
gegenwärtigen Epoche geleistet haben. Diese Erkenntniss
wollen Euer Hochwohlgeboren als Bürgschaft für die Echt-
heit jener Schätzung Ihres Verdienstes halten, welchem in

jeder Gelegenheit Gerechtigkeit widerfahren zu lassen, ich
mir zur angenehmen Pflicht mache."

Seine Majestät Kaiser Franz I. belohnte die Verdienste des
FML. Baron Bianchi mit dem Commandeurkreuze des Marien-
Theresien-Ordens und zeichnete seine Division, welche bei Leipzig
100 Offizire und 3660 Mann an Todten und Verwundeten verloren
und dadurch einen sprechenden Beweis ihrer tapferen Ausdauer
gegeben hatte, noch weiter dadurch aus, dass er dem General-
Major Grafen Haugwitz und allen Obersten dieser Division, welche
an der Schlacht bei Leipzig Theil genommen, aus eigener Bewegung das Ritterkreuz des Theresienordens verlieh. Eine weitere
nicht geringe Auszeichnung des Herrn Regimentsinhabers lag auch
darin, dass FM. Fürst Schwarzenberg am 19. October die Division
Bianchi in Gegenwart des Kaisers Franz I. „eine Stütze des Thrones"
nannte.

Die Grenadire des Regiments bei Hanau am 30. October 1813.

Die Grenadire des Regiments fanden bald darauf Gelegenheit
an dem Kampfe gegen die Franzosen Theil zu nehmen.

Napoleon zog sich nach seiner Niederlage bei Leipzig gegen
Hanau zurück. Dort erwarteten ihn alliirte Truppen unter FM.
Wrede. Die Grenadire des Regiments standen damal im Grenadir-
bataillone Erdmann, Brigade Klenau, Division Trautenberg.

Am 30. Oktober 1813 lehnte sich die Aufstellung des
Wrede'schen Corps mit dem rechten Flügel an die Kinzing, der
linke stand a cheval der Strasse, welche von Gelnhausen nach
Frankfurt geht, hinter dem rechten Flügel war die Grenadirbrigade
Klenau als Reserve.

Vor der Fronte der Alliirten waren 60 Kanonen aufgefahren
und concentrisch gegen einen Wald gerichtet, aus welchem die
Franzosen auf ihrem Rückzuge herauskommen mussten. Nach
längerem Zögern brachen sie hervor. Unter heftigem Feuer der
alliirten Geschütze entwickelten sich die feindlichen Batterien und
Colonnen und schritten sogleich zum Angriffe. Ein kühner Versuch
der Alliirten mit einer Cavallerieattaque die feindlichen Geschütze

zu nehmen, misslang; die französische Garde bedrängte den rechten Flügel, welcher kräftig widerstand, zuletzt aber theilweise der feindlichen Cavallerie erlag, bis die alliirten Reiter noch weitere Verluste verhüteten und die Grenadirbrigade vorrückte. Die Grenadire des Regiments Bianchi warfen unter Hauptmann Sourdeau de Chin den ihnen gegenüberstehenden Feind mit dem Bajonette und nahmen die früher verlorne Kinzingbrücke wieder; dort stürzte sich Feldwebel Dosta mit seinem Zuge auf eine zahlreiche Abtheilung der alten Garde, und trieb sie bis zu einer nahe an einem Gehölze gelegenen Mühle, verjagte sie nach verzweifelter Gegenwehr auch von dort in den Wald und liess, obgleich schwer verwundet, von ihr nicht ab, bis sie ganz zersprengt war. Seine Tapferkeit wurde mit der silbernen Medaille belohnt.

Ungeachtet aller Anstrengungen Wredes, den Franzosen den Weg zu verlegen, erzwang sich Napoleon den Besitz der Strasse nach Frankfurt; der Herzog von Ragusa besetzte Hanau, wurde aber am Morgen des 31. Oktober unter Wredes eigener Anführung durch die kaiserlichen Grenadire daraus vertrieben, die Grenadirdivision Bianchi hatte bei Hanau am 30. und 31. Oktober 3 Todte und 23 Blessirte.

Schlacht am Mincio am 8. Februar 1814.

Das nun folgende Jahr 1814 bot dem Regimente noch zweimal Gelegenheit zu rühmlichen Waffenthaten.

Am 11. Jänner 1814 marschirte Oberstlieutenaut Stanislaus de Best des Regiments mit seinem Grenadirbataillone in das Hauptquartier des Feldmarschalls Grafen Bellegarde nach Vicenza.

Am 3. Februar langte dort die Nachricht ein, dass der Vicekönig von Italien seine Stellung au der Etsch, nachdem Murat die Sache der Franzosen verlassen und sich mit einem Armeecorps von 30.000 Mann mit dem k. k. GM. Nugent am rechten Ufer des Po vereint hatte, aufgegeben habe und seinen Rückzug über den Mincio antrete. Diese Bewegung war am 5. Februar wirklich auch schon so weit ausgeführt, dass sich die ganze Macht des Vicekönigs mit einer Infanterie - Division an Peschiera, mit

3 Infanterie-Divisionen und 1 Reiterbrigade an die Festung Mantua anlehnte, und auf den Zwischenpunkten Maccaria, Borghetto. Volta und Goito noch weitere 3 Infanterie-Divisionen und 2 Cavalleriebrigaden sich am rechten Mincio-Ufer befanden.

Der Feldmarschall beschloss hierauf dem weichenden Feinde zu folgen, ihn zur Beschleunigung seines Rückzuges zu nöthigen und selbst den Mincio zu überschreiten. FML. Marquis Somariva wurde demnach nach Salionze disponirt, um die Festung Peschiera in Schach zu halten und den vom Feinde besetzten Brückenkopf von Monzambano' zu beobachten; im Centrum der österreichischen Stellung sollten die Divisionen Radivojewich und Pflacher, später auch die Division Merville bei Valeggio, und GM. Graf Vecsey mit seiner Brigade bei Pozzolo über den Strom setzen, und FML. Mayer mit seiner Division den Feind bei Mantua beschäftigen.

Nach dieser Anordnung marschirte die zur Division Merville gehörige Grenadirbrigade des Generalmajors Josef Freiherrn v. Stutterheim, bestehend aus den Grenadirbataillonen Faber, Chimany, Welsberg, Purczel und de Best in einer Gesammtstärke von 2583 Mann von Vicenza ab, traf am 5. Februar zu Verona und am 7. zu Sommacampagna ein, wohin auch die zur Division gehörige Cavalleriebrigade des GM. Wrede, bestehend aus 6 Escadronen Savoyen- und 4 Escadronen Hohenlohe - Dragoner, zusammen 1200 Mann Cavallerie nebst einer sechspfündigen Batterie von 8 Geschützen eingerückt war.

In der Nacht vom 7. zum 8. Februar erhielt FML. Baron Merville den Befehl mit seiner Division allsogleich nach Pozzolo zu marschiren und bis auf Weiteres auf den dortigen Anhöhen mit der Front gegen das Dorf gestellt zu bleiben.

Am frühesten Morgen des 8. Februar befand sich die Division in der anbefohlenen Aufstellung und zwar im ersten Treffen am rechten Flügel das Bataillon Faber, darauf folgten Chimany, Welsberg, de Best und am linken Flügel Purczel; die Cavallerie stand im zweiten Treffen. Das Terrain nur mit einigen zerstreuten Maulbeerbäumen besetzt, liess jede Art von Truppenbewegungen zu.

Feldmarschall Graf Bellegarde stand auf der Höhe von Valeggio; das österreichische Centrum überschritt den Strom, eröffnete das Gefecht, und nachdem GM. Vecsey am rechten Ufer avancirte, entsendete FML. Merville das Grenadirbataillon Purczel mit 4 Kanonen zur besseren Sicherung der Schiffbrücke bei Pozzolo, wo General Vecsey nur eine Division Uhlanen unter Oberstlieutenant Gorczkowsky stehen gelassen hatte, während er eine Escadron Uhlanen unter Oberstlieutenant Baron Mengen auf das linke Ufer entsendete, um wo möglich bei Goito über den Mincio zu gehen, und sich am rechten Ufer des letzteren mit ihm zu vereinigen.

FML. Somariva hatte bei Peschiera und Radivojevich bei Monzambano so entschlossene Gegner gefunden, dass nach der Zähigkeit und Kraft ihres Widerstandes dort eher ein angreifender als ein den Rückzug deckender Feind aufzutreten schien. Als ferner auch aus der Gegend von Mantua eine Zeit lang heftiges Gewehrfeuer hörbar wurde, schloss der commandirende Feldmarschall ganz richtig, dass der Vicekönig ganz andere Absichten, als sich zurückzuziehen, hegen dürfte.

In der That hatte dieser seinen Plan wirklich geändert. Er erhielt Nachrichten, dass ihm Murat nicht gefährlich werden wolle und beschloss demnach wieder über den Mincio zurückzugehen, die Österreicher in ungünstige Stellungen zu locken, sich auf ihre Rückzugslinie zu werfen, ihre einzelnen Corps zu vernichten und abermal die Etschlinie zu gewinnen. Dieser Plan gab nun dem Feldmarschall Gelegenheit, jene Manoeuvres auf dem ihm schon aus dem Jahre 1800 wohlbekannten Terrain des Mincio auszuführen, welche in der Geschichte des Feldzuges 1814 so ruhmvoll genannt werden und die Absichten des Vicekönigs gänzlich vereitelten, welcher nun statt zu retiriren umkehrte, um mit einem Theile seines Heeres von Mantua, mit dem zweiten, bei dem er selbst war, von Goito aus gegen Roverbella, mit dem dritten von Monzambano gegen Valeggio vorzurücken.

Die feindlichen Divisionen, welche sich aus Mantua in Bewegung setzten, stiessen bei Marmirolo, Marengo, Poro und Castiglione auf FML. Mayers Avantgarde, von dort aus kam das Feuern, welches aus der Gegend von Mantua vernommen wurde. FM. Graf Bellegarde schickte gleich darauf den Generalstabsoffizir Lieutenant Pohl ab, um Nachrichten von FML. Mayer einzuholen. Dieser kam bei der Division Merville vorüber auf die Höhe von Massimbuona und sah dort vor sich eine bedeutende feindliche Macht anrücken, anderseits von Goito gegen Pozzolo k. k. Uhlanen von feindlicher Cavallerie gedrängt sich zurückziehen. Lieutenant Pohl kehrte eiligst zurück, und benachrichtigte den FML. Merville von diesen Umständen. Dieser war schnell in der nöthigen Verfassung; seiner Division war nun die Hauptaufgabe des Tages vorbehalten.

Der Vicekönig war mit der Infanterie-Division Quesnel und den Cavallerie-Brigaden Bonemain und Perreymont, denen die Division Rouyer folgte, im Ganzen mit mehr als 15.000 Mann und 30 Kanonen vorgerückt, ohne zu erwarten, schon an FML. Merville seinen Gegner zu finden.

Die beiden Cavallerie-Brigaden in der Stärke von 1000 Reitern mit 6 Kanonen hatten sich auf die von Oberstlieutenant Baron Mengen commandirte Escadron Erzherzog Carl Uhlanen geworfen, welche sich nach tapferem Widerstande kämpfend zurückziehen musste, aber auch die feindliche Cavallerie zu den österreichischen Bataillonen führte. FML. Merville liess das Bataillon de Best, welches am linken Flügel dem Feinde das nächste war, einen Hacken bilden, und gegen die französische Cavallerie mehrere Dechargen geben, und als diese hiedurch überrascht etwas inne hielt, stürmte FML. Merville mit dem Dragoner-Regimente Savoyen und der Escadron des Oberstlieutenants Baron Mengen in der Fronte, General Baron Wrede mit 3 Escadronen Hohenlohe-Dragoner in der Flanke gegen die feindlichen Reiter-Brigaden, welche mit dem vollständigsten Erfolge der Art geworfen wurden, dass sie ihre 6 Kanonen, von denen jedoch wegen Mangel an Bespannung nur Eine eingebracht werden konnte, verloren, und sich an diesem Tage nicht mehr ernstlich sehen liessen.

Nachdem die feindlichen Reiter zurückgetrieben waren, rückte französische Infanterie zum Angriffe heran. General Baron Stutterheim hatte die Grenadire eine entsprechende Stellung nehmen lassen. Das Grenadirbataillon de Best rückte in Divisionsmassen vor und lehnte sich rechts an einen Ravin von Pozzolo, links von demselben standen die noch bei der Division gebliebenen 4 Geschütze und weiter links von diesen das Bataillon Welsberg ebenfalls in Divisionsmassen mit der Richtung gegen Ramelli, sich an einige feste Gebäude dieses Ortes stützend. Hinter dieser Aufstellung standen die Bataillone Chimani und Faber und die Cavallerie; das Bataillon de Best unterhielt zugleich die Verbindung mit dem Bataillone Purczel.

Der Feind eröffnete aus seiner gesammten Artillerie ein verheerendes Feuer, durch welches insbesondere das Bataillon de Best sehr viel litt. Hauptmann Hemmers von Bianchi fiel von einer Kanonenkugel getödtet, ausser ihm noch viele Mannschaft, die 4 Kanonen der Division wurden nach und nach demontirt und mussten endlich ganz zurückgezogen werden, so dass die Division eine Zeit lang ganz ohne Geschütz war.

Als das Kanonenfeuer der Franzosen so vielen Schaden in den österreichischen Reihen anrichtete, stürzte sich das Bataillon Welsberg auf die feindlichen Geschütze und that Wunder der Tapferkeit, bemächtigte sich der feindlichen Kanonen, um welche ein furchtbarer Kampf entbrannte, wurde vom Feinde umringt, de Best und Chimani eilten zur Unterstützung und ermöglichten es dem Bataillone Welsberg, sich aus dem Kampfe zurückzuziehen.

FML. Merville nahm die sämmtlichen Grenadirbataillone etwas zurück, um sie hinter einer Anzahl von Maulbeerbäumen vor der feindlichen Artillerie besser zu schützen, einen Versuch der französischen Cavallerie neuerdings vorzurücken, vereitelte das Bataillon Chimani auf glänzende Weise.

Die feindlichen Tirailleurs stellten sich zwischen die Maulbeerbäume, welche den Grenadiren Schutz gegen die Artillerie bieten sollten und beschossen von da die österreichischen Bataillone. Es wurden ihnen Plänkler entgegengeschickt, unter denen sich insbesondere Grenadir Franz Heidmann von Bianchi auszeichnete. Er forderte mehrere seiner Kameraden auf mit ihm die Mitte der feindlichen Tirailleure anzugreifen, ihre Kette durchzubrechen und auf diese Weise ihrem verderblichen Feuer Einhalt zu thun. Allsogleich schlossen sich mehrere Grenadire der Division Bianchi dem braven Heidemann, der sich schon in früheren Gefechten hervorgethan hatte, an und es gelang ihnen die feindlichen Plänkler wirklich auseinander zu treiben und durch diese beherzte That von den Österreichern einen grossen Schaden abzuwenden. Feldwebel Frerard, dessen schon mehrmal erwähnt wurde, bemerkte, dass sich die Feinde in einer Casine festgesetzt hatten, von wo aus sie die Bataillonsfronte mit sehr nachtheiliger Wirkung beschossen. Schnell raffte Frerard die nächsten Plänkler zusammen, erstürmte mit den wenigen Leuten das Haus und machte die Feinde dort nieder. Er wurde später mit der silbernen Medaille decorirt, die er schon wiederholt verdient hatte. Die Linie der Franzosen wurde immer mehr verlängert, demnach mussten die österreichischen Bataillone abermal etwas zurückgezogen und den zahlreichen Tirailleurs fasst der dritte Theil der Mannschaft entgegen geschickt werden. In dieser Stellung wogte der Kampf mit ungeheurer Erbitterung durch drei Stunden auf und nieder, bis das Bataillon Faber in seiner linken Flanke angegriffen, weichen musste, was zur Folge hatte, dass FML. Merville auch die übrigen Bataillone etwas zurückgehen liess, und etwa 800 Klaftern weiter rückwärts zwischen Guerni und Massi eine neue Stellung nahm. Neuerdings entbrannte der Kampf und nöthigte auch den Oberstlieutenant Purczel auf das rechte Ufer des Mincio zu gehen und einen Theil der Brücke hinter sich auszuhängen; er nahm eine entsprechende Stellung und als das Bataillon de Best neuerdings vom feindlichen Haufen angegriffen wurde, erleichterten ihm die 4 Geschütze Purczels die einzigen, die von der Batterie der Division Merville noch übrig waren, wesentlich die Vertheidigung seiner Stellung. Als die Franzosen die Häuser von Massi mit aller Anstrengung in ihre Gewalt zu bekommen trachteten, wurden diese durch das Bataillon Chimani heldenmüthig vertheidigt. Da es aber mit einer gewaltigen Übermacht zu thun hatte, so führte General Stutterheim die Bataillone Welsberg und de Best vor, und trieb mit ihnen den Feind eine bedeutende Strecke zurück. Das Feuer frischer Bataillone und Geschütze, welche die zurückgedrängten Feinde ablösten, zwang den Generalen zur Rückkehr in die frühere Stellung. Das Bataillon de Best hatte bereits sehr viel gelitten; der Oberstlieutenant selbst war schon früher verwundet worden, blieb aber im Feuer, bis ihm bei dem letzten Angriffe das Pferd unter dem Leibe erschossen und er vom Schmerze seiner Wunde genöthigt wurde das Schlachtfeld zu verlassen; von der Grenadirdivision Bianchi waren ausserdem Oberlieutenant Brockmanns und die Lieutenants Schwitzer und Rechenberg verwundet, und bedeutende Lücken waren in den übrigen Divisionen entstanden, viele Compagnien waren ganz ohne Offizire. Jetzt verliessen die Grenadire festen Schrittes und in fortan geordneten Kampfe auch die Stellung bei Guerin, um sich auf Furoni zurück zu ziehen. Da kam vom Feldmarschall gesendet General Quosdanowich mit dem Regimente St. Julien und 8 sechspfündigen Geschützen, und die Grenadire rückten wieder vor. St. Julien griff unwiderstehlich an, das Bataillon Chimany nahm die Häuser von Massi wieder, der Feind wich. FML. Merville rückte nach, und war nicht mehr ferne von Pozzolo; da führte der Vicekönig eine neue Brigade ins Feuer und Merville wurde bei solcher Übermacht abermal genöthigt, zurückzugehen. Die Grenadire griffen aber bald neuerdings an, und während ein Theil derselben abermal auf die verlornen Häuser von Massi losging, stürmten die Bataillone de Best und Welsberg wieder gegen die feindliche Fronte. Eine 12 pfündige, eine halbe sechspfündige Batterie und bald darauf 2 Bataillone des Regiments Hoch- und Deutschmeister unter Obersten Erdmann verstärkten spät Abends die Streitmacht des FML. Merville, nochmals griffen die Grenadire mit den neuen Unterstützungen an, und warfen den Feind nun vollends zurück, der beinahe fünfmal stärker nach achtstündigem Kämpfe gegen ein so kleines Häuflein und nach ungeheuren Verlusten von seinem Vordringen abstehen musste.

In diesem ruhmvollen Kampfe hatte die Grenadirdivision des Regiments ausser den schon benannten todten und blessirten Offiziren noch 90 Mann theils todt theils verwundet. Am 9. Februar marschirte das Grenadirbataillon de Best nach Verona zurück.

Das Regiment kam darauf in das Lager von Castellaro, versah dort bis 9. März meist die Vorposten, verlor dabei in den fortwährenden Gefechten bei 40 Mann, und den Oberlieutenant Schönewitz, welcher gefangen wurde.

Gefecht bei Castellaro.

Am 9. März 1814 marschirte das Regiment nach Nogara und am 10. März Nachmittags um 2 Uhr dem Feinde entgegen, welcher mit starker Macht über Susana auf der Strasse nach Castellaro vordrang.

Das Regiment besetzte schleunigst die dortige wichtige Brücke und vertheidigte sie mit tapferer Entschlossenheit, insbesondere kamen die 8. und 12. Feldcompagnie und die 6. Reservecompagnie viel ins Feuer. Dreimal stürmte der Feind mit immer erneuerter Übermacht, jedesmal wurde er durch das ruhige und wohlgezielte Feuer der Vertheidiger mit schwerem Verluste zurückgeschlagen, sein wiederholter Versuch, sich in den Besitz der Brücke zu setzen, mit entschiedenem Erfolge abgewiesen und jubelnd dem Feinde die letzte verheerende Decharge nachgesendet.

Die braven zwei Compagnien hatten es mit einem entschlossenen Feinde zu thun gehabt, der sein Vorhaben nicht eher aufgab, bis er einsehen musste, dass auch die hartnäckigste Aufopferung ganz nutzlos sein müsse. Es konnte demnach auch nicht anders kommen, als dass die Vertheidigung der Brücke nicht namhafte Opfer gekostet hätte, 49 Todte und Verwundete tränkten mit ihrem Blute den Platz, auf dem sie so heldenmüthig gestritten.

Leistungen des Herrn Regimentsinhabers FML. Baron Bianchi im Jahre 1814.

Um dieselbe Zeit verfolgte der Herr Regimentsinhaber die Bahn neuen Ruhmes. Nach dem Einrücken der verbündeten Heere in Frankreich nöthigte er nach mehreren anderen glänzenden Thaten durch seine Operationen gegen Dijon den französischen Marschall Augereau die kaum versuchte Offensive aufzugeben, erfocht gegen ihn am 11. März 1814 den wichtigen die Einnahme von Lyon vorbereitenden Sieg bei Macon, wofür ihm am 14. März die allerhöchste Zufriedenheit des Kaisers ausgedrückt wurde; eben so entschieden seine vortrefflichen Dispositionen die Siege über Augereau bei St. George am 18. und bei Darville am 20. März. Im Juni 1814 wurde der Herr Regimentsinhaber zum k. k. Hofkriegsrathe ernannt und vom Könige Friedrich Wilhelm III. für sein ausgezeichnetes Benehmen in dem eben beendeten Kriege mit dem rothen Adlerorden 1. Classe decorirt.

Vorfallenheiten im Regimente im Jahre 1814.

Der Kampf an der Brücke bei Castellaro war die letzte Waffenthat des Regiments in dem damaligen Kriege, es marschirte nach Kaschau und wurde bald darauf nach Wien verlegt.

Unter den Stabsoffiziren des Regiments gingen im Laufe des Jahres 1814 mehrfache Veränderungen vor. Hauptmann Ivo. Chevalier Schmied v. Brandenstein mit 1. Jänner 1814 vom Infanterie-Regimente Sachsen-Coburg-Salfeld Nr. 22 hieher transferirt wurde am 2. Jänner Major, Major Baron Cammerlander am 10. Februar pensionirt, Major Laloss ging am 2. März mit Tod ab, Hauptmann Franz Defrenois le Tier wurde am 16. Mai zum Major, Oberstlieutenant Jamar de Libois am 15. Juli zum Obersten und Commandanten des 13. Infanterie-Regiments (später Baron Wimpffen) befördert, und Oberstlieutenant Franz Rieben v. Riebenfeld am 1. Dezember vom Infanterie-Regimente Graf Bellegarde Nr. 44 hieher übersetzt.

Feldmarschall-Lieutenant Baron Bianchi's Neapolitanischer Feldzug im Jahre 1815.

Am 1. März 1815 landete Napoleon von Elba kommend in Frankreich und entzündete einen neuen zwar kurzen aber blutigen Krieg. Das Regiment verliess am 10. April die Residenzstadt und marschirte nach Deutschland; es fand keine Gelegenheit mehr, neue Lorbeern zu verdienen, genoss aber das Glück sich des Ruhmes zu erfreuen, welchen sein Inhaber gegen den König Joachim Murat erfocht. Kaum hatte nämlich Napoleon abermals Paris eingenommen, als Murat offen für dessen Sache auftrat. Ein österreichisches Truppencorps von 34 Bataillons, 27 Escadronen, 2 Pioniercompagnien und 60 Kanonen anfänglich vom Generalen der Cavallerie Baron Frimont geleitet und in 2 Hauptcolonnen, die eine unter FML. Bianchi bestehend aus 10308 Mann Infanterie, 1167 Mann Cavallerie mit 28 Geschützen, die andere unter FML. Grafen Neipperg in der Stärke von 14.175 Mann Infanterie, 1291

5

Mann Cavallerie und 20 Geschützen getheilt, sollten offensive vorgehen, und FML. de Best mit 8 Bataillonen, 8 Escadronen und 12 Kanonen zwischen Bologna und Ravenna aufgestellt bleiben. In dieser Verfassung übernahm FML. Bianchi bald darauf das selbstständige Commando gegen den König von Neapel und schlug dessen doppelte Übermacht in der Schlacht bei Tolentino am 2. und 3. Mai 1815 der Art, dass die Neapolitaner nicht nur einen Verlust von 1700 Mann an Todten und Verwundeten, 2219 Mann an Gefangenen, vielen Pferden und Kriegsmateriale erlitten, sondern auch schon damal anfingen sich zu zerstreuen und den Gehorsam zu verweigern, so dass der König, von Bianchi unablässig gedrängt, allmälig alle Stützen verlor und nach einem sehr beschwerlichen und regellosen Rückzuge am 11. Mai zu Pepoli nur noch 14000 Mann und 16 Kanonen bei sich hatte.

FML. Bianchi erliess am 15. Mai 1815 die Proclamation von Sulmona, mit welcher er das Königreich Neapel für König Ferdinand IV. in Besitz nahm.

Bald wurde er Meister des ganzen feindlichen Materials an Geschütz und Munition, die Armee des Königs zerstreute sich täglich mehr, während die österreichischen Hauptcolonnen nun vereint in vortrefflicher Haltung der Hauptstadt Neapel, wohin König Joachim sich zurückgezogen hatte, immer näher rückten.

In der Villa Casa Lanza, in der Nähe von Capua, schloss FML. Bianchi mit dem Bevollmächtigten des Königs General-Lieutenant Carascosa am 20. Mai eine Übereinkunft ab, der zu Folge ein Waffenstillstand eintreten, die österreichischen Truppen am 21. Mai Capua und am 28. Neapel besetzen sollten, und somit das ganze Festland von Neapel dem kaiserlichen Feldherrn übergeben wurde.

Der ganze Feldzug, um ein Königreich zu erobern, hatte nicht länger als sechs Wochen gedauert, er bleibt in der Kriegsgeschichte ein ehrenvolles Denkmal des militärischen Talentes des FML. Bianchi.

Murat verliess am 21. Mai Neapel, am 17. Juni zog König Ferdinand IV. in seiner Hauptstadt ein. Dankbar war er bemüht den Heerführer zu belohnen, er ernannte ihn zum erblichen Duca di Casalanza, verlieh ihm eine Dotation jährlicher 15.000 fl. CM., welche später capitalisirt wurde und das Grosskreuz des siciliani-

schen St. Ferdinand und Verdienst-Ordens; Seine Majestät Kaiser
Franz I. ernannten den FML. Bianchi gleich nach dem Siege bei
Tolentino zum wirklichen geheimen Rathe und verliehen ihm bei
Beendigung des Feldzuges den Orden der eisernen Krone 1. Classe
und eine Personalzulage von 10.000 fl. CM., um die ausgezeichneten und ausserordentlichen Dienste, welche der gefeierte Feldherr dem Staate durch den so schnell und entscheidend geführten
Feldzug in Italien geleistet, würdig anzuerkennen; Kaiser Alexander
von Russland übersendete ihm als ein Zeichen der hohen Achtung,
welche er seinem militärischen Talente zollte, den Alexander-
Newski-Orden.

Vorfallenheiten im Regimente vom Jahre 1815 bis zum Jahre 1842.

Während das Regiment Baron Bianchi nach Deutschland vorrückte, wurde mit 30. April 1815 Oberst von Strauch, welcher
dasselbe so oft mit Einsicht und Tapferkeit gegen den Feind geführt, zum General - Major befördert, an seine Stelle wurde mit
14. Mai 1815 Josef Freiherr Ceschi de Saint Croix supernumerärer
Oberst bei dem Regimente Beaulieu Nr. 58 zum Regimentscommandanten ernannt. Das Regiment marschirte bis Kehl, Landau,
Luneville und stand am 12. August vor Schlettstadt, worauf es
ohne bis dahin ins Feuer gekommen zu sein, den Rückmarsch in
die kaiserlichen Staaten antrat, deren Gränzen es am 17. October
1815 wieder begrüsste. Am 7. Dezember 1815 wurde Oberstlieutenant und Grenadirbataillons - Commandant Stanislaus de Best,
für seine militärischen Verdienste schon früher mit dem Leopold-
orden geschmückt, zum zweiten Obersten im Regimente befördert.
Am 19. Juni 1816 kam das Regiment nach Stanislau und blieb
bis zum April 1821 in Galizien. Während dieser Zeit wurden der
eben erwähnte Oberst de Best unterm 1. Juni und Major Graf
Prank unterm 15. October 1818 in den wohlverdienten Ruhestand
übernommen.

Die Zeit des Friedens wurde zur immer mehreren Ausbildung vortrefflich benützt; das Offizirscorps, auf welches der feine
ritterliche Geist des edlen Obersten Baron Ceschi sehr vortheil-

5*

haft wirkte, wurde dabei durch die schon damal ansehnliche Re-
gimentsbibliothek, welche auch Seine Majestät Kaiser Franz I. am
31. Juli 1817 eines Besuches würdigte, wesentlich unterstützt; eine
Regimentsschule im April 1817 zu Lisiec errichtet, und später
nach Uscie verlegt, von dem Hauptmanne August Freiherrn Wardener geleitet, erzog sehr brauchbare Unteroffizire; das Regiments-
erziehungshaus, welches im August 1827 von Sternberg nach Lemberg übersiedelte und dort mit jenem des Infanterie-Regimentes
Nugent Nr. 30 als erstes galizisches Militär-Erziehungshaus vereinigt wurde, führte dem Regimente sehr brave Individuen zu.

Am 16. April 1821 marschirte das Regiment mit dem ersten
und zweiten Feldbataillone nach Siebenbürgen und betrat am
4. Mai zum ersten Male den Boden jener Provinz, in der es 27
Jahre später die ruhmvollste Thätigkeit entwickelte.

Das Regiment war zu Mühlbach und Carlsburg in Garnison
und bewährte eine solche Haltung, dass es wegen seiner ausgezeichneten Mannszucht und Dienstfähigkeit von den Vorgesetzten
geschätzt, wegen der Bildung und Humanität seines Offizirscorps
und des gutmüthigen, anständigen Betragens der Mannschaft von
der Bevölkerung geliebt wurde. Als es schon am 25. Februar 1823
den Befehl erhielt, wieder nach Galizien zurückzukehren, folgte
ihm in dem Generalsbefehle des k. k. siebenbürgischen General-
Commando das ehrenvolle Zeugniss: „dass man in ihm nur ungerne
einen Truppenkörper aus dem Generalate scheiden sehe, der sich
durch Ruhe, Ordnung und inneren hohen Werth durch die ganze
Zeit seiner Anwesenheit in Siebenbürgen zur eigenen Ehre und
zur Ehre der ganzen Armee bewährt hat.“

Mit einem so auszeichnenden Nachrufe trat das Regiment
am 11. April 1823 den Rückmarsch nach Galizien an und kam
am 24. Mai mit dem Stabe nach Stanislau. In Galizien blieb es
die Garnisonen wiederholt wechselnd bis zum Jahre 1832. Während dieser Zeit ergab sich in seiner Mitte ausser dem Wechsel
im Regimentscommando und den Stellen der Stabs- und Oberoffizire
nichts, was besonders zu verzeichnen wäre.

Am 17. October 1823 verlor das Regiment den Veteranen,
Major Franz Defrenois le Tier durch den Tod, in seine Stelle
wurde Hauptmann Friedrich von Rosenhayn des Regiments mit
10. November 1823 zum Major befördert.

Am 14. Juni 1826 wurde Oberst Baron Cseschi zum General-Major und Oberstlieutenant Franz von Soupper des Infanterie-Regiments Mariassi Nr. 37 mit 10. September desselben Jahres zum Obersten und Regimentscommandanten, darauf unterm 26. November Oberstlieutenant Franz Rieben von Riebenfeld zum Platzobersten in Prag ernannt, und durch Josef Mayer, Ritter des russischen Annenordens 3. Classe, welcher vom Infanterie - Regimente Graf Kinski Nr. 47 mit Beförderung zum Oberstlieutenant unterm 23. Jänner 1827 in das Regiment kam, ersetzt.

Unterm 8. Jänner 1829 wurde Major Friedrich v. Rosenhayn, abermal ein würdiger Veteran des Regiments mit Oberstlieutenants-charakter in den Ruhestand versetzt, und Hauptmann August Freiherr v. Wardener zum Major befördert. Am 2. Mai starb Oberstlieutenant Mayer, in seine Stelle folgte mit 13. Juni Ivo von Brandenstein und unter demselben Tage wurde Hauptmann Seidl v. Adelsstern des 3. Jägerbataillons, Ritter des russischen Wladimirordens 4. und des preussischen rothen Adlerordens 3. Classe zum Major im Regimente ernannt. Unterm 10. September 1829 wurde Oberst von Souper Commandant des Prager Invalidenhauses und das Regiments - Commando dem mit 10. September zum Obersten ernannten früheren Oberstlieutenant des Infanterie-Regiments Lamezan-Salins Nr. 54 Norbert Freiherrn von Haugwitz verliehen.

Mit 23. Februar 1831 kamen Hauptmann Josef Edler v. Weiss des Infanterie-Regimentes Strauch Nr. 24, mit 5. Juni 1831 Hauptmann Friedrich Hoffmann des Infanterie - Regiments Graf Nugent Nr. 30 und mit 14. Mai 1832 Hauptmann Josef Louvrier vom Regimente Herzog von Würtemberg als Majore in das Regiment und nach der mit 15. August 1832 eingetretenen Pensionirung des Oberstlieutenants v. Brandenstein wurde Major Baron Wardener mit 1. September 1832 in dessen Stelle zum Oberstlieutenant befördert.

Im Herbste des Jahres 1832 erhielt das Regiment den Befehl abermal nach Siebenbürgen abzugehen, und trat mit dem ersten und zweiten Feldbataillone am 23. November den Marsch dahin an. Das 3. Feld- und das Landwehrbataillon blieben in der Heimat, abwechselnd zu Zaleszczyk, Tarnopol, Brzezan und Brody garnisonirend.

Am 31. Dezember 1832 traf der Regimentsstab in Hermanstadt ein, wo er bis zum Jahre 1848 gewöhnlich mit vier Compagnien blieb, während die übrigen acht Compagnien abwechselnd in Carlsburg, Mühlbach, Mediasch, Elisabethstadt oder Kronstadt verlegt zu sein pflegten.

Das Regiment bewährte auch jetzt den früheren guten Geist, erfreute sich wieder der Achtung der Vorgesetzten und einer solchen Zuneigung der Bevölkerung, dass es noch jetzt dort im guten Angedenken steht.

Mit 4. Mai 1835 wurde Oberst Baron Haugwitz General-Major und mit 29. Mai desselben Jahres Oberstlieutenant Baron Wardener Oberst und Regiments - Commandant, Major Seidl v. Adelsstern Oberstlieutenant und Hauptmann Johann Grill des Regiments Baron Bertoletti Nr. 15 Major im Regimente; doch wurde letzterer schon mit 29. Februar pensionirt.

Im Jahre 1836 übernahm Major Louvrier das Grenadirbataillons - Commando, Hauptmann Gustav Graf Wimpffen vom Infanterie-Regimente Wimpffen Nr. 13 wurde mit 1. März, Hauptmann Ernst Graf Wurmbrand vom Infanterie-Regimente Erzherzog Stefan Nr. 58 mit 1. September 1836 zu Majoren im Regimente ernannt. Hauptmann Daniel Jeremich des Regiments unterm 5. August zum Major befördert, mit 31. August zum Infanterie - Regimente Hohenegg Nr. 20 übersetzt.

Am 6. Dezember 1838 wurde Oberstlieutenant Seidl v. Adelsstern zum Obersten des Regiments Bertoletti Nr. 15 befördert und der dortige Oberstlieutenant Leopold Karger, Ritter des russischen Wladimir - Ordens 4. Classe und des päpstlichen Christus-Ordens zu dem Regimente Baron Bianchi transferirt.

Mit 15. October 1839 wurde Major Graf Wimpffen zum Oberstlieutenant in dem Infanterie - Regimente Baron Rukavina Nr. 61 ernannt, und der dortige Major Ignaz Peöcz de Magyar-Bely, Ritter des russischen Wladimir-Ordens 4. Classe in gleicher Eigenschaft zu dem Regimente transferirt, darauf unterm 2. Dezember Major Edler von Weiss mit Oberstlieutenants - Charakter pensionirt und Hauptmann Carl Rechenberg des Regiments zum Major befördert.

Major Peöcz wurde schon mit 31. October 1841 in den Pensionsstand übersetzt und Hauptmann Johann Freiherr v. Stutterheim zum Major ernannt.

Weihe der Fahnen des 1. und 2. Bataillons am 31. Mai 1842.

Im Jahre 1842 erhielten die beiden ersten Feldbataillone neue Fahnen. Der Herr Regimentsinhaber erwies dem Regimente ungeachtet seines hohen Alters und der weiten beschwerlichen Reise die Ehre, zur Fahnenweihe persönlich nach Hermanstadt zu kommen. Hier wurde er am 18. Mai Abends von dem Obersten Baron Wardener, welcher ihm eine Poststation entgegen gegangen war, geleitet, von dem Offizirscorps mit Freude und Ehrfurcht empfangen. Der Mann, welcher so vielfach mit kraftvoller Hand wichtige Ereignisse gelenkt, der Zeuge so grosser Geschicke einer sturmbewegten Vergangenheit, der Träger so vielen Ruhmes, überblickte mit dem noch ungeschwächten Blitze seiner geistvollen Augen den Kreis der Seinen, und trat ein väterlicher Freund herzlich grüssend in ihre Mitte. Nur wenige von ihnen hatten bisher das Glück gehabt, ihn persönlich zu sehen, wenngleich ihn schon alle nach seinem segenvollen Wirken längst verehren gelernt hatten.

Der Herr Regimentsinhaber besichtigte alle Abtheilungen beider Bataillone, welche damal in Hermanstadt, Mediasch und Elisabethstadt dislozirt waren und hielt sich während der ganzen Zeit seines 14tägigen Aufenthaltes meist in der Mitte seines Offizirscorps auf, sowohl dessen Leistungen prüfend, als auch mit der natürlichsten Freundlichkeit an seinen Erholungsstunden Theil nehmend.

Am 31. Mai 1842 Vormittags waren sechs Compagnien des Regiments auf dem schönen Exerzirplatze nächst der Militärschwimmschule zu Hermanstadt gestellt und ein Capellenzelt vor der Fronte des Bataillons aufgeschlagen. Um 9 Uhr Frühe erschien der Herr Inhaber begleitet von dem commandirenden Generalen FML. Baron Wernhardt und der übrigen Generalität, so wie von sämmtlichen dienstfreien Offiziren der Garnision und die feierliche Weihe der neuen Panire wurde in erhebender Weise vollzogen. Der Herr Inhaber hatte dem Regimente für die beiden Fahnen zwei prachtvolle Fahnenbänder gewidmet, auf dem einen derselben stehen die Worte gestickt: „Das Leben dem Kaiser, die Ehre für uns." Noch war das siebente Jahr nach der Fahnenweihe nicht

vollendet und das Regiment hatte den Wahlspruch seines heldenmüthigen Inhabers auf den Schlachtfeldern Siebenbürgens und
Ungarns wahr gemacht. Bei der Festtafel, zu welcher der Herr
Regimentsinhaber alle seine Offizire, die Generalität und zahlreiche
andere Offizire der Garnison geladen hatte, brachte der commandirende General dem Regimente den Toast: „Auf die erste Kugel-
weihe der neuen Fahnen" aus. Auch diese Weihe wurde seither
unter den Salven des feindlichen Geschützdonners vollzogen, statt
des perlenden Schaumweines floss helles treues Blut, statt des
Klanges der Becher im Saale, klirrte das Eisen am Schlachtfelde.

Der Herr Inhaber bezeichnete seine Anwesenheit durch Förderung aller Interessen des Regiments, bedachte abermal dessen
Fonde mit namhaften Spenden, gab der Mannschaft eine mehr-
tägige Gratislöhnung und fand mit scharfem Auge die richtigen
Orte, wo er reichlich zu Hilfe kam.

Am 2. Juni 1842 verliess der Herr Inhaber Hermanstadt.
Das Offizirscorps des Regiments war ihm auf die Höhen zwischen
Grossau und Szeczel vorausgeeilt und erwartete dort den verehrten
scheidenden Gast, um ihn nochmals zu sehen, ihm hier noch sein
Lebewohl zu wiederholen. Mit der grössten Herzlichkeit beurlaubte
er sich und im Kurzem gab dem Regimente ein Schreiben seine
glückliche Rückkehr nach Mogliano kund.

Weitere Ereignisse im Regimente vom Jahre 1842 bis 1848.

Mit 30. Juni 1842 trat Major Louvrier in den Ruhestand
über; Oberst Baron Wardener wurde mit 17. November 1842 zum
Generalen befördert und der inzwischen in den Adelstand erho-
bene Oberstlieutenant Leopold Edler v. Karger mit 9. Jänner 1843
zum Obersten und Regiments-Commandanten ernannt.

Unter den beiden letzten Obersten, dem Freiherrn v. Haugwitz, der mit der ausgezeichneten Haltung eines vollendeten Cava-
liers alle Tugenden eines guten Soldaten verband und unter Baron
Wardener, einem Manne von vielseitiger und classischer Ausbildung, geraden Charakter und musterhafter Rechtlichkeit, konnte

das Regiment nur fortgedeihen und der Saame des Guten, den alle Vorgänger im Regiments-Commando mit fürsorgendem Fleisse gelegt, nur die besten Früchte reifen lassen. Namentlich hegte Baron Wardener nur das wärmste Wohlwollen für alle seine Untergebenen. Ausgezeichnet war unter ihm auch die innere Ökonomie des Regiments bestellt, die er zum Nutzen des Ärars, der Compagnie-Commandanten und des Soldaten vortrefflich zu handhaben verstand. Jeder, der unter ihm diente, ehret das Andenken dieses würdigen Mannes.

Durch die Beförderung des Oberstlieutenants Edlen v. Karger rückte Major Ernst Graf Wurmbrand gleichzeitig zum Oberstlieutenant vor; die hiedurch erledigte Majorsstelle wurde mit 1. Februar 1843 dem Hauptmann des Regiments Baron Bertoletti Nr. 15 Moritz Ritter von Lehmann verliehen.

Oberstlieutenant Graf Wurmbrand wurde schon mit 15. Juni 1843 zu dem Infanterie-Regimente Ceccopieri Nr. 23 und an seine Stelle der dortige Oberstlieutenant Anton Managetta Ritter v. Lerchenau übersetzt.

Im August 1845 ging Oberstlieutenant Ritter Managetta in Pension und Major Carl Rechenberg wurde zum Oberstlieutenant, Hauptmann Franz Kucher des Regiments zum Major ernannt; Major Ritter von Lehmann mit 1. September 1845 zu dem Infanterie-Regimente Graf Nugent Nr. 30, und der dortige Major Johann Berger gleichzeitig zu dem Regimente Baron Bianchi transferirt. Letzterer erhielt im Jahre 1847 das Grenadirbataillons-Commando und Hauptmann Heinrich Teuchert des Regiments wurde mit 29. April 1847 zum Major ernannt.

Am 16. Mai 1847 trat Oberstlieutenant Carl Rechenberg nach mehr als 37jähriger ehrenvoller Dienstzeit im Regimente in den Ruhestand, in Folge dessen wurde unterm 9. Juli 1847 Major Baron Stutterheim zum Oberstlieutenant und Hauptmann Carl Edler v. Cornelius zum Major befördert.

In der ganzen Zwischenzeit wurde im Regimente Alles mit Fleiss und Eifer betrieben, was zur vollständigen Ausbildung der Mannschaft und der Chargen und der höheren Bildung der Cadetten und Offizire förderlich war. Oberst v. Karger hatte schon als Oberstlieutenant mit vollständiger Sachkenntniss einen sehr erfolgreichen Unterricht im Pionirdienste, an welchem Mannschaft

und Offizire mit dem grössten Interesse Theil nahmen, begründet
und als Oberst thätig fortsetzen lassen; die späteren **Kriegsereig-**
nisse sicherten ihm für seine diessfälligen Bemühungen eine sehr
dankbare Erinnerung.

Allgemeine Übersicht der Zustände Siebenbürgens im Jahre 1848.

Das Jahr 1848 und seine folgenschweren Bewegungen fanden
das Regiment in der besten Verfassung. Ein gebildetes ritterliches
Offizirscorps stand an der Spitze einer wohlgeschulten, vorzüglich
conduisirten, verlässlichen Mannschaft; beide waren vollkommen
berufen, eine feste Stütze der wahren Ordnung, einen treuen Hort
ihres Herrn und Kaisers zu bilden.

Als die magyarische Umsturzpartei angeregt durch die seit
längerer Zeit vorbereiteten, auf Änderung der staatlichen Gesell-
schaften in einem grossen Theile Europas abzielenden Tendenzen
dieselben Wirren in Siebenbürgen herbeizuführen bemüht war,
welche Ungarn bereits nach allen Seiten umstrickten, kam das
erste und zweite Bataillon des Regiments so wie die übrigen
Truppen des kleinen siebenbürgischen Armeecorps, über welches
der verehrungswürdige und tapfere, leider durch sein hohes Alter
und seine Kränklichkeit nur zu oft gebeugte commandirende General FML. Anton Freiherr von Puchner gebot, sehr bald in die
Lage, ferne vom Throne des Monarchen und umtost von den hoch-
gehenden Wogen des Aufstandes den Compass für sein Handeln
nur in der Treue gegen den Kaiser zu suchen, während die übrigen Abtheilungen des Regiments vor Wien und auf den Schlachtfeldern Ungarns Gelegenheit fanden, die gleiche Hingebung für
ihren Kriegsherrn zu bethätigen.

Die nun zu erzählenden Thatsachen bieten eine sehr grosse
Menge Stoffes und um die nöthige Übersichtlichkeit in der Darstellung desto leichter zu erzielen, wollen wir zuerst von dem,
was die ersten zwei Feldbataillone des Regiments in Siebenbürgen
und dann von dem sprechen, was die anderen Abtheilungen ausserhalb Siebenbürgens leisteten.

Wenn man die Geschichte des ersten und zweiten Feldbataillons des Regiments Baron Bianchi für die Jahre 1848 und

1849 schreiben will, so sollte man eigentlich ein Stück siebenbürgischer Provinzialgeschichte mit dem ganzen Verlaufe der in diesem Lande durchgeführten magyarischen Revolution und des gegen diese gerichteten Feldzugs der obigen Jahre aufzeichnen, weil diese Bataillone von den siebenbürgischen politischen und militärischen Ereignissen dieses Zeitraumes eben so vielfältig berührt wurden, wie sie häufig in dieselben eingreifen mussten, weil es damal kaum eine Kundgebung der Unterthanentreue in diesem Lande gab, an der das Regiment nicht begeisterten Antheil nahm, weil dort sehr viele Orte liegen, denen es Schutz und Hilfe brachte, weil wenige Mühen und Leiden im Soldatenleben vorkommen, die es dort nicht mitgetragen, wenige Schlachtfelder dort zu finden sind, die nicht von seinem Ruhme sprechen, die seine ehrenvoll gefallenen Helden nicht deckten.

Unsere Aufgabe ist zunächst wohl nur die Verzeichnung der wesentlichen Thaten des Regiments; wir müssen aber dennoch von den allgemeinen Hauptereignissen der damaligen Zeit in Siebenbürgen wenigstens so viel berühren, als nothwendig ist, um den Zusammenhang der Mitwirkung des Regiments bei den kriegerischen und sonstigen Vorfällen im Lande zu beleuchten.

Die Leiter der unheilvollen Bestrebungen der magyarischen Revolution im J. 1848 sahen lüstern nach Siebenbürgen der südöstlichen Felsenwarte des österreichischen Kaiserstaates hinüber. Ihr erstes Bemühen ging auf die Vereinigung des Grossfürstenthums mit Ungarn hinaus, denn sie bedurften der Mittel, welche ihnen Siebenbürgen an Geld, Kriegsmaterial und streitbarer Mannschaft zur weiteren Verfolgung ihrer Zwecke liefern konnte und sie mussten auch hier bemüht sein, den Einfluss der kaiserlichen Regierung gänzlich zu vernichten, um sich von dieser desto sicherer loszureissen, wenn sie es auch noch nicht für angemessen hielten, diesen Zweck geradezu öffentlich auszusprechen.

Mit dem härtesten Terrorismus betrieben sie diesen längst gehegten für Österreich gefahrvollen Plan. „Union oder Tod" war das Losungswort, welches nicht nur in Klausenburg und in den übrigen ungarischen Städten und Dörfern, sondern auch in sächsischen und romanischen Ortschaften an Häusern und sonstigen in die Augen fallenden Plätzen von der Umsturzpartei aufgeschrieben war.

Die Sachsen und Romanen protestirten gegen dieses Treiben. erklärten sich entschlossen für die Gesammtmonarchie einzutreten und betrachteten die Magyaren nur mit gerechtem Misstrauen. Sicherheitscommissäre und Nationalgarden erstanden schnell auf sächsischem Gebiete und unter den Romanen. Mit Begeisterung schmückten sich die Hermanstädter am 3. Mai 1848 mit den schwarzgelben Bändern, welche Oberstlieutenant Graf Waldstein und Rittmeister Graf Friedrich Alberti von Max Chevauxlegers zu Tausenden unter sie vertheilt hatten, und mit Begeisterung sprach am Abende dieses Tages Jakob Ranicher, ein talentvoller junger Sachse, für Ein Österreich. Am nächsten Morgen wehten von allen Thürmen und auf öffentlichen Gebäuden schwarzgelbe Fahnen. In gleichem Sinne sprachen sich die Romanen auf ihrer muster- haft abgehaltenen Volksversammlung zu Blasendorf am 15., 16. und 17. Mai aus. Aber die Männer der Umsturzpartei drangen mit erbitterter Hast auf das Zustandekommen der Union. Was sie längst gewollt und beschlossen, sollte zu Klausenburg noch formell berathen werden, fanatisirte Massen bedrohten dort jede andere Meinungsäusserung mit offenbarem Verderben, feindselige Zeitungen bezeichneten dem verführten Volke jeden, der nicht für die Union stimmte, als einen Vaterlandsverräther und der Gouverneur Graf Teleki sah sich zu dem Geständnisse genöthigt, dass er den Deputirten, welche nicht für die Union sein sollten, die persönliche Sicherheit ausser dem Sitzungssaale nicht ver- bürgen könne. Unter solchen Umständen wurde die berüchtigte Union ungeachtet des laut ausgesprochenen Widerstrebens des sächsischen und romänischen Volkes und nur unter bedingtem Beitritte der von beirrender Beeinflussung nicht frei gebliebenen sächsischen Deputirten am 30. Mai 1848 von dem siebenbürgischen Landtage beschlossen; und dem hartbedrängten aus seiner Residenz geflüchteten Kaiser in seiner damaligen Zwangslage von den jeden Übergriff wagenden und die Einsprache der sächsischen und romänischen Abgeordneten beseitigenden Magnaten zu Insbruck die äusserliche Sanction entlockt.

Die magyarischen Ultra's glaubten nun Siebenbürgen zu besitzen und durch dieses Bollwerk den Rücken gedeckt zu haben; sie machten bald darauf Front gegen die Leitha, die sie später auch mit treulosen Waffen überschritten. Um ihren Anhang in

Siebenbürgen zu befestigen, logen Emissäre dem gläubigen ungarischen Volke vor, das Vaterland sei in Gefahr und der König
Ferdinand V. von den Feinden Ungarns bedroht. Die den Szeklern
unliebsamen, den Gegenstand stets wiederkehrender Beschwerden
bildenden Militärgränzverhältnisse mit ihren manigfachen Unzu-
kömmlichkeiten gewährten den Hetzern leider einigen Boden, das
Weitere wussten die Sendlinge wie immer beizuschaffen, die Regierung zu Pest unterstützte sie dabei mit aller Kraft, der ungarische
Minister Graf Bathyani forderte den commandirenden Generalen
Baron Puchner am 18. September 1848 auf, jede der ungarischen
Regierung feindselige Regung in den romänischen Gränzbezirken
bei eigener Verantwortung zu unterdrücken, und rief die Szekler
auf, ihren magyarischen Stammesbrüdern in Ungarn zu Hilfe zu
kommen. Gáál Sandor, ein ehrgeiziger junger Mann, der Demagoge
Berzenczei Laszlo, welcher mit sehr grossen Geldsummen in das
Land gesendet worden war, und mehrere andere, besonders refor-
mirte Geistliche, wiegelten die Gränzer des zweiten Szeklerregi-
ments auf, untergruben deren Disziplin, verführten sie zur offenbaren Auflehnung und erhitzten den Fanatismus so weit, dass die
Mannschaft den Gehorsam offen verweigerte und die zu Honveds
gewordenen Szekler ihren Commandanten Emanuel v. Balla's, als
er zur besseren Überzeugung gekommen sich von dem unlauteren
Treiben zurückziehen wollte, in grauenhafter Weise ermordeten,
dass Baron Josef Apor und einige hundert Andere die Abmah-
nungsproclamation des commandirenden Generals an die Szekler-
Hussaren und das zweite Szeklerregiment theils in der Kanzlei
des Obersten Zsombory, theils von der Post wegnahmen, damit
dem Volke jede Warnung und Belehrung entzogen werde u. s. f.
Die überwiegende Mehrzahl der Bewohner der Städte Klausenburg, M. Vasarhely, Thorda, Nagy Enyed, Deva u. a. stellten ihre
revolutionären Gesinnungen herausfordernd zur Schau; allenthalben
wurden für die ungarische Regierung Truppen geworben, und dem
siebenbürgischen General-Commando von dem ungarischen Kriegs-
minister Generalen Meszaros aufgetragen, dieselben mit Gewehren
aus den Vorräthen der Festung Carlsburg zu bewaffnen. Da es
keinen äusseren Feind zu bekämpfen gab, so konnten diese Gewehre kaum für ein anderes Ziel bestimmt sein, als für die Brust
der treuen Anhänger des Kaisers, der einzigen Gegner der Re-

bellion. Später hatten die Kaiserlichen nicht genug Gewehre für sich selbst.

Baron Vay Miklos kam mit dem Titel eines königlichen Commissärs in das Land, die Regierung des Grossfürstenthums und dessen Cassen sollten an die ungarische übergehen. Eine Kundgebung antimagyarischer Gesinnung hiess Verbrechen, gegen welches das Standrecht publicirt wurde; in kurzer Zeit standen auf den höheren Punkten vor den Dörfern in den Comitaten, besonders wo Romanen wohnten, weithin sichtbar die Galgen aufgerichtet; es dauerte nicht lange, so sorgten Blutrichter dafür, dass sie nicht leer blieben.

Ungeachtet dessen standen am Fusse der Karpathen noch immer treue, von der Liebe zu dem vielfältig verrathenen Landesfürsten erfüllte Männer, welche keine Demonstration der Revolutionäre, keine Unterstellung unter das ungarische Ministerium, kein Verführungsversuch, kein dem irregeleiteten Herrn abgelocktes Patent in dem beirren konnte, was des Kaisers Recht und was ihre Pflicht war.

Die in Siebenbürgen gelegenen Linientruppen, die dortigen beiden Roman-Gränz-Infanterie-Regimenter, drei Flügel des Szekler Hussaren-Gränzregiments, die Nation der Sachsen und Romanen waren vom besten Geiste und drückten diesen in entschiedenen Kundgebungen aus; sie thaten diess selbst in jenen Momenten des bangen Zweifels, welcher Macht sie gehorchen sollten, als die Bestrebungen der Umsturzpartei durch die noch schwankenden Schritte des General-Commando Unterstützung erhielten, namentlich die Rekrutirung für die Magyaren durch die Landes-Militärbehörde über Auftrag des ihr vorgesetzten ungarischen Ministeriums gefördert wurde, und in Szasz-Lona 17 Romanen als Opfer der Rekrutenverweigerung fielen.

Das Regiment Baron Bianchi sollte über Auftrag des ungarischen Ministeriums die ungarische Verfassung beschwören, legte aber öffentlich den feierlichen Eid ab, für die von Seiner Majestät dem Kaiser Ferdinand I. den nichtungarischen Theilen der Monarchie verliehene Constitution einzustehen. Die Offizire des Regiments nährten und hoben allenthalben bei der sächsischen und romänischen Bevölkerung den Geist der Treue und Hingebung für den Monarchen, sie veranlassten eine von der Garnison zu

Hermanstadt an jene zu Lemberg erlassene, Ergebenheit und Begeisterung für den Kaiser athmende und auch jene Adresse, welche die Hermanstädter-Garnison an den commandirenden Generalen in Ungarn Baron Lederer aus Anlass der Beleidigung richtete, welche ihm der Pöbel von Ofen angethan; das 1. Bataillon des 2. Romanen-Gränzregiments, genöthigt nach Ungarn auszumarschiren, verweigerte standhaft die Annahme der trikoloren Fahne, seine daheim gebliebenen Brüder sagten sich am 11. September 1848 von dem ungarischen Ministerium los, und schaarten sich begeistert um ihren Oberstlieutenant, den ritterlichen Urban, welcher mit aufopfernder Hingebung selbstständig im Interesse der Dinastie wirkte, die lockendsten Versprechungen der Umsturzpartei abweisend in den ihn von allen Seiten umgebenden Gefahren aufrecht blieb und 918 Gemeinden durch feierlichen Eid zur Treue gegen ihren Kaiser verband.

Das Grenadirbataillon Uracca, von dem ungarischen Ministerium nach Pesth gelockt, aber auf dem Marsche vom FML. Baron Puchner zurückberufen, trug nach mannhafter Überwindung zahlreicher Hindernisse, welche ihm ungarische Regierungscommissäre in den Weg legten, die unentweihten Waffen nach Siebenbürgen zurück, die Festung Carlsburg von Kossuth aufgefordert, sich binnen acht Tagen für die ungarische Sache zu erklären, widrigens die Garnison für vogelfrei angesehen und standrechtlich behandelt würde, hisste nach abgelaufener Frist statt jeder anderen Antwort die kaiserliche Fahne auf und liess diese selbstredend von der Höhe der Bastionen in den Lüften wehen; nicht anders dachten und handelten die braven Männer des 3. Bataillons Carl Ferdinand in ihrer peinvollen Lage zu Klausenburg und die übrigen Abtheilungen des siebenbürgischen Armeecorps.

Die Revolutionsmänner kannten und scheuten diesen Geist, darum versuchten sie, nachdem Verlockungen des k. k. Militärs zum Übertritte in die Honvedbataillone nicht entsprechend wirkten, dort wo sie in der Übermacht waren, wie in Banffy-Hunyad, Klausenburg, Szilagy-Somlyo, Deva u. a. O. einzelne Truppenabtheilungen zu entwaffnen, was jedoch nur in Szilagy-Somlyo theilweise und zu Klausenburg mittelst Überlistung eines Flügels Max-Chevauxlegers vollständiger gelang.

Alle directe Verbindung mit Wien war für die Gutgesinnten

so gut wie aufgehoben, nur spärlich und verspätet erhielten sie die ihnen nöthigen Nachrichten auf dem damal noch sehr langen Umwege über Galizien und blieben über die wahre Sachlage in Ungarn und jenseits der Leitha entweder ganz oder sehr lange in Unkenntniss.

Gefangennehmung des FML. Baron Bianchi zu Mogliano am 16. April 1848.

Durch die Unterbrechung des Verkehrs geschah es, dass das Regiment Baron Bianchi erst spät in die Kenntniss eines ihm in der Person seines hochverehrten Inhabers zugestossenen schmerzlichen Ereignisses und der weiteren Thatsachen kam, welchen es gegönnt war, den schweren und unverantwortlichen Unbilden ein Ende zu machen, welche den väterlichen Chef von rohen Händen zugefügt wurden.

Der Herr Regimentsinhaber pflegte den Winter in Padua, den Sommer auf seinem schönen Gute zu Mogliano unweit von Venedig zurückgezogen von öffentlichen Geschäften mit Wissenschaften und dem Landbaue beschäftigt zu verbringen. Nach dem Ausbruche der Revolution zu Venedig hatte er sich nach Mogliano begeben, um dort an der Stätte seiner zahllosen Wohlthaten ruhig das Einrücken der k. k. Truppen abzuwarten. Die revolutionären Wortführer zu Treviso, welche während des von Sardinien in Italien entzündeten Krieges die Bevölkerung weit mehr tiranisirte, als diese irgend jemal die gesetzliche Herrschaft des legitimen Regenten fühlte, hatten beschlossen, den FML. Baron Bianchi als einen Feind ihres Treibens gefangen zu nehmen. Am 16. April 1848 Früh Morgens erschienen 400 Mann der Civica mit 2 Offiziren zu Mogliano und bemächtigten sich des greisen Feldherrn. Nicht ohne persönlicher Beleidigungen zwangen sie ihn, die Hälfte des Weges nach Treviso zu Fusse zu hinterlegen, für die weitere Beendigung dieser Reise schafften sie einen elenden zweirädrigen Karren herbei. Seiner jammernden treuen Dienerschaft wurde nicht gestattet, ihn begleiten zu dürfen; endlich liess man es geschehen, dass der Bediente Francesco Vettoretti, der eher sein Leben als seinen Herrn lassen wollte, mitgehen durfte. Unwürdiges Toben und Schreien des Pöbels empfing ihn zu Treviso, er erwartete ruhigen Blickes jeden Augenblick thätliche Misshandlungen seiner Person. Endlich erreichte man das Stadthaus, wo der ermüdete und durch die schnöde Behandlung tief gekränkte achtzigjährige Greis verhört und von da in ein zu seinem Gefängnisse vorbereitetes Zimmer im zweiten Stockwerke des Albergo reale abgeführt wurde. Dort wurden ihm zwei beständige Schildwachen in das Zimmer gestellt, andere standen vor der Thüre, ein ganzes Commando hielt im Hofe und hatte alle Ausgänge besetzt. Er durfte mit Niemanden als mit dem treuen Diener, dieser nur mit seinem Herrn reden; erst nach einigen Tagen erlaubte man ihm Bücher; jede Bewegung in freier Luft war ihm untersagt. Hiedurch wurde seine Gesundheit für seine ganze übrige Lebenszeit gefährdet. Von der Gasse ertönten Schimpfworte des Pöbels, der seine Hinrichtung erwartete, und trat er einmal an das Fenster, so erblickte er an der Wand des gegenüberliegenden Hauses angeklebte Abbildungen von Galgen und Todtenköpfen mit der Umschrift: „Diess ist dein Bildniss in der nächsten Zeit!" In der That war ihm von der revolutionären Consulta auch die Hinrichtung zugedacht, wie diess deren später aufgefundene Papiere nachwiesen. Am 11. März 1848 schlug Nugent die Feinde bei Treviso und blieb 12 Tage vor der Stadt liegen. Diess erleichterte einiger Massen das Los des Gefangenen. Man brachte ihn in ein anderes Haus in einer abgelegenen Gasse, wo er mit noch anderen österreichischen Offiziren, welche ein gleiches Schicksal theilten, sprechen und sich in einem Garten ergehen durfte.

Endlich nöthigte FML. Welden die Trevisaner sich zu ergeben; am 14. Juni war der Herr Regimentsinhaber wieder befreit, am 15. defilirten vor ihm die in die Stadt einziehenden siegreichen Truppen mit dem lebhaftesten Zurufe freudigen Jubels. FML. Baron Bianchi wendete in seinem Edelmuthe von den Trevisanern die verdiente Züchtigung ab, und kehrte nach Mogliano zurück.

Dem Regimente wurden die unglücklichen Tage, mit welchem der Herr Inhaber so schwer heimgesucht worden war, erst dann bekannt, nachdem er sie würdevoll und erhaben über unwürdige Gegner bereits überstanden hatte.

Das Offizirscorps und die Mannschaft waren von tiefster

6

Theilnahme durchdrungen, ersteres beeilte sich seinen Gefühlen Worte zu geben und an den hochverehrten Inhaber nachstehende Adresse zu richten:

Eure Exzellenz!

Die Siegesbotschaft von der Einnahme Treviso's war namentlich für uns eine um so freudigere, als wir damit die Befreiung Eurer Exzellenz aus den Händen der Feinde erfuhren.

Nie haben wir unsere braven Kameraden, die auf Italiens Wahlstätten den Ruhm österreichischer Tapferkeit mannhaft wieder bewähren, so sehr beneidet, als eben jetzt, denn unseren geliebten väterlichen Chef, unseren Regiments-Inhaber aus der Gefangenschaft befreit zu haben, wäre ein Glanzpunkt in der Geschichte unseres Regimentes geworden, wie er selten erworben werden kann, und unter den Tausenden, die im Siegesjubel vor Eurer Exzellenz defilirten, mit einherzuziehen, die Brust von dem stolzen und beseligenden Hochgefühle gehoben, mit unserem Blute auch unsere unbegränzte Hingebung für Eure Exzellenz bethätigt zu haben, wäre für uns ein Glück gewesen, dem kein anderes gleichen könnte.

Dank der Vorsehung und Dank den braven Streitern vor Treviso! Heil und noch langes ungetrübtes Glück unserem hochverehrten Regimentsinhaber! Mögen die Freuden der kommenden Zeit ihm die Drangsale der letzten Monate vergessen machen!

Diesen Ausdruck unserer Gefühle bringen wir Eurer Exzellenz tief und freudig bewegt dar und sind überzeugt, Eure Exzellenz werden denselben eben so gnädig entgegen nehmen, wie Sie immer huldvoll und gütig uns gewogen waren. Wäre uns nun, da wir uns wieder an Eure Exzellenz wenden können, erlaubt, eine Bitte vorzutragen, so wäre es die, Eure Exzellenz mögen uns die Ehre erwirken, am Kampfe unserer Brüder in Italien Theil nehmen zu dürfen! Ein Ruf und die weite Ferne ist bald durchschritten! Noch leben in unserem Gedächtnisse die Thaten unserer Vorfahren auf dem jetzigen Kampfplatze und wir würden uns des Namens „Bianchi" bis zum letzten Manne würdig beweisen, so wie wir stolz auf diesen Namen mit der unbegränzten Ehrfurcht vor dem Helden, der ihn trägt, verharren.

Eurer Exzellenz

gehorsamstes Offizirskorps.

Der Herr Regimentsinhaber dankte dem Regimente für diesen Ausdruck der Theilnahme in herzlichen Worten, und sprach sein volles Vertrauen aus, das Regiment werde bald Gelegenheit finden, für den Monarchen die treuen Waffen rühmlich zu erheben.

Fortsetzung der allgemeinen Übersicht.

Inzwischen hatten sich die Ereignisse in Siebenbürgen in rascher Aufeinanderfolge immer drohender gestaltet, die wohldisziplinirte Thätigkeit der Umsturzpartei machte ausserordentliche Fortschritte. Von Seite des General-Commandos geschah wenig dagegen, und während die Gegenpartei vor keinem Mittel zurückscheute, des Kaisers Ansehen zu entwerthen, hielt sich die Landesmilitärbehörde durch streng eingehaltene Formen verhindert, dagegen mit entschiedener Kraft aufzutreten, weil man den Bruch noch nicht für vollständig hielt. Allmälig beschränkte sie aber doch die Erfolglassung der Waffen an die Honveds, versagte die Unterstützung der Rekrutirung für dieselben und unterliess die Verlautbarung der durch das ungarische Ministerium geschehenen Ernennung des Obersten Baldacci zum ungarischen Commandanten aller in Siebenbürgen befindlichen Truppen.

Dagegen geschah von Unten Alles, was Treue und Muth der Anhänger des Kaisers vermochten, um sich in diesen Wirren aufrecht zu erhalten und die Gemüther für die Zeit des Entscheidungskampfes vorzubereiten und zu kräftigen. Das Regiment Baron Bianchi stand mit den übrigen Truppen, so weit es reichen konnte, treue Wache zum Schutze der Freunde des Kaisers und des ärarischen Gutes; seine sämmtlichen Compagnien wechselten vom April bis October bald dahin bald dorthin zur Aufrechthaltung der Ordnung entsendet vielfältig ihre Standorte, und wo die braven Abtheilungen mit ihrer musterhaften Disziplin erschienen, wich die Sorge der Redlichen dem neugestärkten Vertrauen, verbarg der Frevel sein Haupt.

Je mehr der Herbst 1848 herannahte, desto mehr schienen auch die Wortführer der Ungarn und Szekler den Bruch vollends

6*

zu beschleunigen. Zu Ende Septembers führten sie die Szekler Gränzregimenter in einer Stärke von 7—8000 Mann als einen Bestandtheil in den Listen der ungarischen Nationalarmee auf und hatten einen Landsturm von etwa 70000 Mann organisirt; Berzenczei Laszlo begann ein schlagfertiges Corps von 10000 Mann Infanterie und 1500 bis 3000 Reitern aufzustellen und Pulvermühlen, Kanonengiessereien und Werkstätten zur Erzeugung von Kriegsmaterial in der Haromszek zu errichten.

Die Sachsen und Romanen schlossen sich dagegen desto fester an den commandirenden General, alle ihre Blicke waren auf ihn gerichtet; ihre Garden wurden unter der Leitung kaiserlicher Offizire immer mehr ausgebildet, mehrere von ihnen, darunter jene von Hermanstadt waren so gut geschult, dass sie den Linien- truppen würdig zur Seite stehen konnten.

Bei den immer weiteren Fortschritten der Umsturzpartei begann nun FML. Baron Puchner seine vielfältig zerstreute Macht zu concentriren. Das erste und zweite Bataillon des Infanterie- Regimentes Baron Bianchi, dessen Oberst Leopold Edler von Karger mit Allerh. Entschliessung vom 21. Juni 1848 zum General befördert und in Folge dessen Oberstlieutenant Johann Freiherr von Stutterheim zum Obersten und Regimentscommandanten, Major Berger zum Oberstlieutenant und Hauptmann Carl von Simmelmayer zum Major ernannt worden war, stand am 15. Oktober auf einer Strecke von 40 Meilen dislozirt. Die 9. und 12. Compagnie unter dem Divisionscommando des Hauptmanns Johann Fiedler im Zarander Comitate bildete den einen, der Stab des ersten Bataillons zu Kronstadt mit zwei Compagnien den anderen Flügel dieser Aufstellung, die 11. Compagnie unter Hauptmann Stanislaus von Meissner stand zu Deva, der Regimentsstab mit der 2., 7., 8. und 10. Compagnie zu Hermanstadt. Die 5. und 6. Compagnie lagen in Kronstadt und Concurrenz und hielten die Pässe Obertömösch und Törzburg besetzt, die 1., 3. und 4. Compagnie waren zu Schässburg.

Zahlreiche Honveds wollten in den ersten Tagen Octobers die 11. Compagnie entwaffnen. Um diess zu verhüten bezog Hauptmann von Meissner ein Bivouak bei Deva, Hauptmann Fiedler erhielt am 5. October den Befehl des Commandirenden, sich auf die 11. Compagnie zurückzuziehen. Die übelgesinnten Magyaren suchten ihn durch einen gefälschten Gegenbefehl zurück zu halten, er aber durchschaute die Sache und marschirte ab. Als er zur Maros kam, waren alle Fahrzeuge weggeschafft. Hauptmann von Meissner hiervon in Kenntniss gesetzt, brachte die nöthigen Plätten zusammen, und ermöglichte die Vereinigung, worauf die drei Compagnien nach Mühlbach und von da die 11. und 12. weiter nach Karlsburg abmarschirten. Als später über Geheiss des Barons Vay die öffentlichen Kassen auch in Mühlbach den ungarischen Machthabern ausgefolgt werden sollten, liess sich Hauptmann Fiedler die in denselben befindliche Barschaft von 4840 fl. CM. ausfolgen, und führte sie Ende Octobers bei seinem Einrücken zu Hermanstadt in die k. k. Kriegskasse ab.

Nach den schmachvollen Vorgängen in Pesth, welche dem kaiserlichen Abgesandten FML. Lamberg das Leben kosteten, machte die Revolutionspartei auch in Siebenbürgen weitere Schritte. Berzenczei Laszlo berief eigenmächtig und mit der Lüge, dass es im Namen des Königs geschehe, eine bewaffnete Volksversammlung aller Szekler nach dem historischen Szeklerdorfe Agyagfalva auf den 16. October 1848. Jeder Mann bis zum Alter von 50 Jahren hatte bei sonstiger Verwirkung seines Lebens dabei zu erscheinen; auch die militärisirten Szekler hatten sich dort einzufinden. FML. Baron Puchner verlangte von dem königlichen Gubernium zu Klausenburg die Verhinderung dieser Versammlung, dieses aber erwiederte, es werde der Thesaurarius und Stellvertreter des Gouverneurs geheimer Rath Graf Emerich Miko als Leiter der Versammlung fungiren und somit sei nichts zu besorgen. Die verführten Szeklergränzer zogen ihre Stabsoffizire die Obersten von Dorsner und von Zsombori und den Oberstlieutenant von Betzmann unter den gefährlichsten Drohungen mit sich, Oberstlieutenant von Donath folgte ohne Widerstreben.

Unter dem Vorsitze des Grafen Miko wurde nun zu Agyagfalva auf Betrieb der Hauptagitatoren Berzenczei Laszlo, Gál Sandor und noch einiger Anderen beschlossen, die Szekler Militärgränze habe aufzuhören, das k. k. siebenbürgische General-Commando werde von jeder Amtsgewalt entsetzt, alle waffenfähige Mannschaft von 18 bis 50 Jahren habe sogleich die Waffen für das Vaterland zu ergreifen, die mit der Union nicht einverstandenen Sachsen und Romanen sollen angegriffen und entwaffnet werden. Bei jedem

einzelnen dieser Anträge schrie die fanatisirte Menge ihr Eljen
dazu, Tausende wussten nicht, wozu sie eigentlich ihre Zustimmung
gaben. Berzenczei verstand es darauf durchzusetzen, dass zur
Verwirklichung des Beschlusses die Romanen und Sachsen anzugreifen aus der versammelten Menge von etwa 35000 Mann beiläufig
· 20000 zum sogleichen Ausmarsche bestimmt wurden. Alles dieses
sollte im Namen des Königs geschehen und reiche Beute wurde
den Theilnehmern in Aussicht gestellt.

FML. Baron Puchner's Proclamation vom 18. October 1848 und seine damaligen Streitkräfte.

Der commandirende General Baron Puchner, der inzwischen
durch einen glücklichen Zufall in die Kenntniss der kaiserlichen
das Treiben der magyarischen Revolutionäre verdammenden
Manifeste vom 3. und 4. Oktober 1848 gekommen war, erliess
nun seine für Siebenbürgen epochale Proclamation vom 18. Oktober
1848, womit er unter Hinweisung auf die politische Lage Ungarns
und Siebenbürgens im Namen Seiner Majestät des Kaisers die
Zügel der Regierung des Grossfürstenthums ergriff, die Rebellen
bei ihrem wahren Namen nannte, der bisher schwankenden politischen
Haltung endlich ein entschiedenes Gepräge gab, und nunmehr
auch alle sonstigen bewaffneten Körper, namentlich die Nationalgarden und den Landsturm dem alleinigen Befehle des General-
Commando unterordnete.

Die in vorstehenden Umrissen gezeichneten Verhältnisse
Siebenbürgens und der Zeitpunkt der Proclamation des FML.
Baron Puchner sind ganz geeignet, den Entschluss des commandirenden Generalen gehörig zu beleuchten. Er stand eingeschlossen
von zahlreichen Feinden, seine nächste Hilfe konnte Oberstlieutenant
Urban sein, der, wie schon erwähnt wurde, im Norden des Landes
mit entschiedenem Erfolge für die kaiserliche Sache aufgetreten war
und das zweite Romanen Gränz-Infanterie-Regiment möglichst
schlagfertig hielt; aber zwischen ihm und Puchner lagen die
Szekler-Stühle mit Massen feindlicher Streitkräfte; gegen Westen
war der Weg nach Temeswar zwar noch offen, von dort aber

schon damal auf keine Hilfe zu rechnen, letztere war auch von Wien nicht zu hoffen, der Residenz selbst waren noch schwere Tage vorbehalten. Wie ein vereinsamter Fels im Ozean, gegen welchen die brandenden Wogen sich zum Sturme rüsten, erwartete nun FML. Puchner mit den Getreuen, die er erreichen konnte, und seinem kleinen Corps den bevorstehenden Kampf. Seine Militär-macht bestand am Tage der Proclamation aus

12 Compagnien des Infanterie Regiments Baron Bianchi,

  6 Compagnien des Landwehr-Bataillons des Infanterie Regiments Baron Sivkovich Nr. 41; diese 18 Compagnien seit Mai mit je 180 Gemeinen und den completten Kriegschargen,

18 Compagnien des Infanterie-Regiments Carl Ferdinand Nr. 51 von welchen das 2. Bataillon bald in Klausenburg unthätig bleiben musste, und sich später an Urban anschloss,

6 Compagnien des Grenadirbataillons Baron Urracca,

6 Compagnien des Infanterie-Regiments Graf Leiningen Nr. 31,

6 Compagnien des Infanterie-Regiments Baron Tursky Nr. 62; diese 36 Compagnien siebenbürgischer Truppen durchschnittlich höchstens je 80 Mann stark;

6 Eskadronen des Chevauxlegers Regiments Max Ferdinand Nr. 3,

8 Eskadronen des Dragoner Regiments Prinz von Savoyen Nr. 5,

2 sechspfündige und 1 dreipfündige Batterie zu je 6 Geschützen, im Ganzen, demnach an Linientruppen 54 Compagnien mit beiläufig 6000 Mann Infanterie, 14 Eskadronen mit etwa 1300 Pferden und 18 bespannte Geschütze; zudem

10 Compagnien des ersten Romanen Gränz-Infanterie-Regiments mit 3778 Mann und ausserdem noch 1462 Halbinvaliden, und der Dezsaner,- Dobraer und- Töriser Flügel des Szekler Gränz-Hussaren-Regimentes mit etwa 200 Pferden.

Das zweite Romanen Gränz-Infanterie-Regiment zählte bei 4000 Mann, operirte aber meist für sich allein, auch darf nicht übersehen werden, dass der ausrückende Stand der beiden ge-nannten Gränzregimenter bei weitem geringer war und zusammen kaum 4000 Mann erreichen mochte.

Wenn die Tapferkeit und Aufopferungsfähigkeit der braven Soldaten Puchners für den bevorstehenden Kampf schon für sich allein genug gewesen wäre, so würde dieser ein leichter geworden sein; es fehlten aber manche andere ebenfalls sehr nöthige Mittel zur Kriegsführung.

Einzelne derselben wurden während des nachgefolgten mühevollen Winterfeldzuges mehr oder minder genügend beigestellt, andere blieben viel zu unvollständig, erschwerten manche Bewegung verdoppelten jede Beschwerde.

Vor Allem gebrach es an hinreichenden Feldgeschützen. Der äusserst thätige Major der Garnisonsartillerie Řžehak hatte die Feldartillerie, welche ursprünglich nur aus einer bespannten Batterie bestand, erst allmählig vermehren können, der umsichtige Kriegscommissär Horst kaufte, so lange es noch möglich war, einige hundert Bespannungspferde und rettete mit persönlicher Lebensgefahr eine bedeutende Menge Zuggeschirre aus Thorda: doch genügte dies nicht und es trat später der Fall ein, dass neu zugewachsene Geschütze und Munitionswägen mit gemietheten Bauernpferden bespannt und die Knechte dazu aus dem Civilstande jedesmal auf 48 Stunden gedungen werden mussten.

Für das ganze siebenbürgische Generalat war nur eine Compagnie Feldartillerie zu Carlsburg. Um die erforderliche Bedienungsmannschaft für die Feldgeschütze aufzubringen, stellte jede Compagnie der Linientruppen eine Anzahl intelligenter Leute, das Regiment Baron Bianchi namentlich 15 Mann von jeder Compagnie und eben so auch die Nationalgarde mehrere junge Männer zur Ausbildung und Verwendung im Artilleriedienste; Oberlieutenant Johann Herle, Lieutenant Carl Chevalier de Barst und Lieutenant Stroppel des Regiments Bianchi wurden Batterie-Commandanten und Herle nach dem 21. Jänner 1849 ein vorzüglicher Chef der gesammten Feldartillerie des siebenbürgischen Armeecorps.

Aber nicht nur Kanonen, sogar auch Feuergewehre waren nicht mehr in genügender Menge vorhanden. „Nur mehr Gewehre" schrieb FML. Baron Puchner am 1. November 1848 an den FML. von Gedeon, „und wir sind geborgen."

Das Verpflegswesen liess sehr viel zu wünschen übrig und als später der Kampf ausbrach, gesellte sich zu den Unbilden eines ungewöhnlich strengen Winters und den grossen Anstrengungen der Truppen nicht selten der Mangel. Auf dem Gebiete des Feldsanitätswesens wurde erst vom Jänner 1849 durch den ausgezeichneten Corpschefarzt Oberarzt Dr. Josef Rohm das geleistet, was seiner unermüdeten Aufopferung möglich war.

Das Pionierwesen wurde mit sehr gutem Erfolge dem Oberlieutenant Josef Mosing des Regiments Bianchi anvertraut, der Unterricht, welchen Oberst v. Karger in diesem Dienstzweige begründete, fand nun Gelegenheit seinen Nutzen zu bethätigen.

Das Kundschaftswesen war äusserst mangelhaft. Unzeitige Sparsamkeit der betreffenden Organe lockte keine Leute an, die für Geld etwas hätten wagen wollen; die treuen Anhänger, welche ohne Entgelt Nachrichten schickten, hatten entweder nicht das rechte Geschick zur Beurtheilung dessen, was jedesmal eigentlich zu berichten nöthig gewesen wäre, oder sie waren gerade nicht dort, von wo man Kundschaft brauchte, oder es gebrach ihnen an Mitteln, solche schnell und verlässlich mitzutheilen. Dagegen stand dieser Zweig bei den Insurgenten in der vollsten Blüthe; ihren Agenten war kein Mittel bedenklich, selbst das Gastrecht und Asyl waren ihnen nicht heilig genug.

Die berührten Mängel kannten nicht nur der Commandirende sondern auch seine Getreuen recht gut, und dessungeachtet nahmen letztere seine Proclamation mit Jubel auf. In dem Regimente Baron Bianchi pochte jedes Herz höher, jede Brust fühlte sich vom pressenden Zwange befreit, Offizir und Soldat sehnten sich nach dem Kampfe. So war es auch bei den anderen Abtheilungen des Corps. Was nun noch schnell geleistet werden konnte geschah. Den seit 10 Jahren durch ordnungsmässige Stellung nicht mehr ergänzten siebenbürgischen Bataillonen führte Werbung auf Kriegsdauer wieder Leute zu; die sächsische Nation stellte ausser ihren in den Städten errichteten Nationalgarden ein Feldjägerbataillon auf, welches ungeachtet es lange nicht gehörig bekleidet und ausgerüstet, das Bajonett im Knopfloche, die Wäsche, den Mundvorrath und die Patronen im Brodsacke beisammen trug, aber den Sinn voll frohen Muthes hatte, sich bald in kräftiger That rühmlich bewährte; die Romanen erhoben sich zum zahlreichen Landsturme, der aber wie jede derlei Volksbewaffnung später nur theilweise nützlich wurde.

Gegenproclamation des Baron Vay, Adresse der Szekleroffizire.

Auf die Proclamation des FML. Baron Puchner vom 18. October antwortete Baron Vay Miklos aus Klausenburg mit einer anderen vom 23. October 1848, in welcher er das Benehmen des Oberstlieutenant Urban als schändlichen Plan erklärte, den commandirenden Generalen Baron Puchner seiner Gewalt entsetzte, und zur Rettung des (in seinem Sinne) gefährdeten Vaterlandes im Namen des allerhöchsten Fürsten einen allgemeinen Volksaufstand anordnete, wornach Jung und Alt die Waffen ergreifen und sich mit den angeblich aufgebrochenen 40.000 Szeklerverwandten vereinen sollten, welche in Massen aufstehend, ihren jenseits des des Király hago wohnenden magyarischen Brüdern ohne Verzug zu Hilfe eilen; wogegen jeder, der sich gegen das Vaterland erhebt, oder dem Feinde hilfreiche Hand bietet, seines Grundbesitzes verlustig erklärt und letzterer jenen verheissen wurde, welche zur Rettung des Vaterlandes mit Erfolg werden beigetragen haben.

Fast im Einklange mit dieser Proclamation erschien aus Maros-Vásárhely ein vom 21. October 1848 datirter von mehreren Offiziren der Szekler-Gränztruppen unterfertigter Aufruf an die Offizire der sämmtlichen übrigen in Siebenbürgen gestandenen k. k. Truppen, in welchem die Adressanten erklärten: „die gesetzliche Ordnung und Ruhe sei im Lande gestört, die rechtmässigen dem Könige treuen Obrigkeiten seien vertrieben und Unschuldige Mördern und Räubern verfallen; darum sei die Szeklernation unter die Waffen getreten, denn das bedrohte Volk müsse geschützt, der Friede wieder hergestellt werden; die Soldatenehre dulde es nicht, den Gräueln mit dem Säbel in der Scheide zuzusehen, demnach mögen die k. k. Offizire, bei denen Soldatenehre die gleiche Bedeutung hat, sich mit ihnen zur Beschirmung des königlichen Thrones, zur Beschützung der Freiheit und Sicherheit der Personen und des Eigenthums vereinen!"

Es ist nicht zu zweifeln, dass dieses Schriftstück den Meisten, die es unterfertigten, abgedrungen worden war. Dafür spricht schon der Umstand, dass es auch von Obersten v. Dorsner unterzeichnet war, der doch zur Zeit, als sich die Revolutionäre der Mannschaft des von ihm befehligten ersten Szekler-Gränz-Infanterie-Regiments zu bemächtigen anfingen, alles Mögliche dagegen aufbot, und als seine Bemühungen, die Ordnung in seinem Regimentsbezirke aufrecht zu erhalten, durch das Gubernium selbst vereitelt wurden, nach Hermanstadt gekommen war, den commandirenden Generalen von der ganzen Sachlage unterrichtete und offen erklärte, dass er allein unter solchen Umständen für die kaiserliche Sache nichts mehr ausrichten könne, dessungeachtet aber in die Csik zurückgeschickt wurde, wo ihn sein böses Geschick mit dem Oberstlieutenant von Betzmann und noch manchen anderen treuen Offizir in die wilde Strömung der entfesselten Horden warf.

Der erwähnte Aufruf gelangte zunächst an die Hermanstädter Garnison und wurde von dieser am 28. October in würdiger Weise unter kurzer Darstellung der Ereignisse, wie sie entstanden und sich aus einander entwickelten, mit der offenen Erklärung, dass die Adressanten schon lange nicht mehr frei handeln können, und mit der Hinweisung, dass der König, den sie beschirmen zu sollen meinen, gerade derselbe Kaiser ist, dem sie alle gleichmässige Treue schuldig sind, beantwortet und die Szekleroffizire aufgefordert, sich um die vom commandirenden Generalen aufrecht gehaltene Fahne zu schaaren.

Das Regiment Baron Bianchi hat sich bei der Unterfertigung dieser Antwortsadresse durch dazu erwählte Offizire ganz in Übereinstimmung mit seinen Gesinnungen betheiligt.

Beginn des Kampfes gegen die Insurgenten.

Nach Beendigung der Agyagfalvaer Versammlung wurde die dort zum Ausmarsche bestimmte Mannschaft in drei Hauptcolonnen getheilt. Die erste sollte in einer Stärke von 4000 Mann unter dem Oberstlieutenant v. Donath durch die Kockelthäler vordringen und Blasendorf als den Hauptsitz des romänischen Widerstandes züchtigen. Die zweite Colonne von 6000 Mann sollte unter Oberstlieutenant v. Betzmann die Mezöseg entwaffnen und sich dann zu gleichem Zwecke gegen den reichen dem Kaiser anhängenden sächsischen Marktflecken Szászregen wenden. Der dritte Haufen etwa 7—8000 Mann stark, bei dem sich die Obersten von

Dorsner und von Zsombory befanden, dem aber eigentlich Berze-czey gebot, hatte bei M. Vásárhely Stellung zu nehmen, um vor dort aus der einen oder der anderen Abtheilung zu Hilfe zu kommen und den Oberstlieutenant Urban in Schach zu halten.

Rauchsäulen bei Tag und weithin reichender Feuerschein bei Nacht, Raub und Leichen bezeichneten die Bahnen dieser Unholde.

Die Rolle des Oberstlieutenants v. Donath war bald beendet. Eine seiner Abtheilungen war bis Bogatsch in der Nähe von Me-diasch vorgedrungen und wurde von dem Major Kleiser des Regi-ments Sivkovich mit einer Compagnie seines Landwehr-Bataillons, zwei Compagnien Carl Ferdinand Infanterie, einer Abtheilung Me-diascher Nationalgarden und drei Geschützen bei Magyar - Sáros am 25. October der Art auf das Haupt geschlagen, dass sie in eiliger Flucht davon ging und den Oberslieutenant Donath ver-anlasste, sich mit seinen Streitkräften nach M. Vásárhely zurück-zuziehen. Am 28. October drang ein anderer Haufe Szekler in den schönen Ort Weiskirchen ein und steckte ihn in Brand. In dem nahen Schässburg stand zum Schutze der Stadt zuerst unter Commando des Oberstlieutenants Gläser das Genie-Corps, dann unter Major Wieser von Carl Ferdinand eine Colonne kaiserlicher Truppen, bestehend aus der 1., 3. und 4. Compagnie des Regiments Baron Bianchi, 1 Bataillon Carl Ferdinand Infanterie, 1 Division des ersten Romanen Gränz-Regimentes und sächsischen National-garden.

Die 1. Compagnie von Bianchi eilte nach Weiskirchen, konnte jedoch nur noch die geringe Nachhut der Brandleger erreichen und zersprengen.

Gefecht bei Hetur am 29. October 1848.

Am 29. October besetzten etwa 600 Szekler das Dorf Hetur (Marienburg) in der Nähe von Schässburg. Oberlieutenant Johann Karojlovich von Brondolo erhielt den Befehl, die Insurgenten mit der Hälfte der 4. Compagnie Bianchi, einer Abtheilung Schässburger Garden und Landsturm von dort zu vertreiben. Er rückte gegen Hetur vor, die Unterstützung aber hatte sich verspätet und war zur festgesetzten Zeit nicht an Ort und Stelle; die feindlichen Vorposten dagegen eröffneten sogleich das Feuer gegen die halbe Compagnie. Oberlieutenant v. Karojlovich vertrauend und auf die Tüchtigkeit des ihm unterstehenden Lieutenants Leczynski und die Verlüsslichkeit seiner Soldaten zögerte keinen Augenblick, traf mit seiner kleinen kampflustigen Schaar schnell die zweckmässige Disposition und griff den auf seine Menge bauenden Feind rasch an. Es war die erste lang ersehnte Gelegenheit für die Soldaten des Regiments da, mit dem Feinde in ein ernstlicheres Gefecht zu kommen und begeistert stürzten sie sich, ihre Offizire an der Spitze, auf die Insurgenten, welche zur Vertheidigung ihrer Stellung Alles aufboten, bald aber in das Dorf zurückgedrängt, ungeachtet sie dort hartnäckigen Widerstand versuchten, diesen bald aufzugeben genöthigt und in die Flucht gejagt wurden. 14 todte und mehrere verwundete Feinde waren auf dem Kampfplatze liegen geblieben, 13 Insurgenten wurden gefangen genommen und 3 Fahnen erobert, die tapferen Bianchianer hatten, ungeachtet des lebhaften Feuers, welches der Feind in seiner Überzahl gegen sie unterhalten, gar keinen Verlust erlitten.

Diese Waffenthat verschaffte beiden Offiziren und der braven Mannschafft die wohlverdiente öffentliche Anerkennung.

Szászregen.

Die zweite Colonne der Szekler unter Oberstlieutenant von Betzmann durchzog ziemlich regellos einen Theil der Mezöseg und wendete sich gegen Szászregen. Betzmanns Thätigkeit beschränkte sich ausschliesslich auf möglichste Verhinderung von Brand, Raub und Diebstahl, er gab seinen derben, sarkastischen Worten nicht selten mit blanker Klinge den Nachdruck; doch was vermochte Ein Mann gegen den wilden Strom aufgeregter Rohheit?

Die dritte Colonne war auf Andringen Berzenczey's wegen der Stellung, welche Oberstlieutenant Urban genommen hatte, auch gegen Szaszregen vorgerückt, ein Theil derselben und die zweite Colonne kamen mit Urban, welcher eine Escadron von Max Chevauxlegers und 3 Compagnien Bukovinaer Grünz-Cordonisten an sich gezogen hatte, bei Szent-Iván ins Feuer, woran er sich von der Überzahl überflügelt, mit nicht bedeutendem Verluste zurückzog.

Die Szekler näherten sich nun dem unglücklichen Markte Szászregen. Dorsner, Betzmann und der mit ihnen in gleiche Lage gerathene Rittmeister Graf Dessewffy des Szekler-Hussaren-Regiments gaben sich alle Mühe, Unheil zu verhüthen; diess war aber nicht im Plane Berzenczei's. Am 1. November erlag der wehrlose Marktflecken den Rebellen, er wurde ausgeplündert und in Brand gesteckt, mehrere Bewohner und 17 kranke Soldaten im Militärspitale ermordet; darauf zogen die Horden nach M. Vásárhely.

FML. Puchners Bemühungen zur Hintanhaltung von Mord und Plünderungen.

Szászregen war nicht das einzige Opfer der revolutionären Partei, sie hatte auch andere Orte durch Einkerkerung, Hinrichtung, Mord und Plünderung treugebliebener Anhänger des Kaisers schwer gedrückt. Diess rief in den letzten Octobertagen schreckliche Vergeltung von Seite der Romanen in den Comitaten hervor. Viele Edelleute verbluteten auf dem flachen Lande unter den Händen ehemaliger Unterthanen, welche das Rächeramt übernehmen zu dürfen glaubten. Mancher Edelhof wurde verwüstet und die Stätte früheren Wohlstandes lag eingebrochen und ausgeplündert, grauenerregend darnieder. Die Romanen zahlten furchtbar heim. Die Verblendeten schlugen damit den edlen Herzen des FML. Baron Puchner eine schmerzliche Wunde und erfüllten ihn mit der Sorge, dass die Schuld an diesen Gräueln der kaiserlichen Regierung aufgebürdet werden könne. Um jedem solchen Vorwurfe zu begegnen, um offenkundig darzuthun, dass sich die kaiserliche Sache von solchen Schrecknissen unbedingt lossage, dass nur Rechtschaffenheit nicht aber Raub und Mord Genossen ihrer reinen Fahne sein dürfen, beschloss Baron Puchner diesem Treiben ein Ende zu machen. Er wählte zu diesem Ende den Hauptmann-

Auditor des Infanterie - Regimentes Baron Bianchi Johann Nahlik aus und entsendete ihn in das Oberalbenser-, dann in das Hunyader-Comitat, um das Volk zu belehren, von weiteren Verbrechen abzuhalten, besonders schuldige Individuen festzunehmen und das Geraubte so viel als möglich zurückzustellen.

Hauptmann - Auditor Nahlik von nur geringer militärischer Hilfe unterstützt, entledigte sich glücklich dieses Auftrages, das Volk fügte sich, die Gräuel hörten auf und geraubtes Vieh, Feldfrüchte, Weine, Prätiosen und Hausrath im Werthe von mehr als 40.000 fl. CM. wurden zurückgestellt, freilich zu wenig gegenüber dem angerichteten Schaden. Nicht überall ging es ohne Gefahr ab und in Bokay war er dem Verderben nahe, ihn rettete ruhige Entschlossenheit; seine weiteren Bemühungen mussten wegen der ernster gewordenen Kriegereignisse Ende Dezember 1848 aufhören.

FML. v. Gedeons Zug nach Fogaras. Treffen bei M. Vásárhely am 5. November 1848.

Der Ausgang der Agyagfalvaer Versammlung und ihre nächsten Folgen bestimmten den commandirenden Generalen Baron Puchner zum activen Vorgehen im Felde. Er beschloss vor Allem das ziemlich feste und dominirende Schloss zu Kronstadt als einen wichtigen Punkt gegen die Haromszek, dann das befestigte Schloss zu Fogaras wegen der Sicherung der Verbindung zwischen Hermanstadt und Kronstadt so gut als es mit den vorhandenen wenigen Mitteln möglich war, in besseren Vertheidigungsstand zu setzen, und darauf sogleich die weiteren Massregeln gegen die aufständischen Szekler zu ergreifen.

Er beauftragte demnach den FML. v. Gedeon die beiden Schlösser mit je zwei sechspfündigen eisernen Positionsgeschützen und die Garnison zu Kronstadt mit drei dreipfündigen Feldgeschützen zu versehen, den bereits organisirten Landsturm bei Fogaras zu mobilisiren und schlagfertig zu machen und sodann nach Massgabe der Umstände gegen die Szekler offensive vorzugehen.

Am 22. October 1848 marschirte die kleine Colonne des FML. v. Gedon bestehend aus der 7., 8. und 10. Compagnie des Regiments Baron Bianchi unter Major Heinrich Teuchert, einer

Compagnie des 1. Romanen-Gränzregiments und 4 Compagnien Hermanstädter Nationalgarde im Ganzen etwas über 1000 Mann und 40 Dragoner mit den Geschützen ab und rückte am 24. October in Fogaras ein, welches kurz vorher der dortige Obercapitain mit den Önkentesek, den Distriktsbeamten und den schlecht gesinnten ansehnlicheren Bewohnern eilig verlassen hatte.

Inzwischen hatte General von Kalliany den Oberlieutenant Josef Mosing aus Kronstadt an den FML. v. Gedeon abgesendet, um letzteren die nöthigen Vorsichtsmassregeln zu empfehlen, damit die nach Kronstadt bestimmten Kanonen am Marsche nicht von den Szeklern weggenommen würden.

In Folge dessen liess der Feldmarschall-Lieutenant den Weitermarsch der Geschütze durch die 7. Compagnie Bianchi und eine Abtheilung Landsturm unter Hauptmann Vukovich über Comana cotoiren, während General Kalliany den Hauptmann v. Stromfeld mit der 6. Compagnie des Regiments in Eilmärschen nach Sárkány entgegen schickte, unter dessen Schutze die Kanonen nach Kronstadt gelangten.

FML. v. Gedeon entwaffnete Fogaras, machte den Landsturm mobil und wendete sich am 28. October gegen M. Vásárhely, um die von Szászregen zurückkehrenden Szekler dort aufzusuchen und anzugreifen, zu welchem Ende der commandirende General Theile der Brigaden Schurter und Kalliany, erstere einstweilen vom Obersten Baron Rhemen, letztere vom Obersten v. Coppet befehligt, gegen M. Vásárhely vorrücken liess. FML. v. Gedeon verstärkte dagegen seine aus Hermanstadt mitgenommene Colonne mit dem bei Fogaras gefundenen Landsturme und disponirte auf seinem weiteren Marsche die zu Schüssburg gelegene 3. Compagnie des Regiments Bianchi unter Hauptmann Basilius Pollovina, 1 Escadron Savoyen-Dragoner unter Rittmeister Settele und bei 2000 Mann Landsturm nach Balavására auf die nach Udvarhely führende Rückzugslinie der Rebellen.

Am 3. November vereinten sich die von den Obersten Rhemen und Coppet befehligten Brigadeabtheilungen in Gálfalva, an demselben Tage stiess dort FML. v. Gedeon zu ihnen und der von Kronstadt abberufene General Kalliany rückte zur Übernahme seiner Brigade ein. Am 4. November marschirte FML. v. Gedeon bis Nyárádtö und bezog daselbst ein Bivouak. Die an diesem

Tage hinausgegebene Ordre de bataille seiner Division zeigt folgende Eintheilung:

Die erste Brigade des GM. Schurtter, unter dem Obersten Baron von Rhemen bestand aus 8 Compagnien Bianchi, davon aber 5 erst im Anmarsche, aus dem 3. Bataillone des Regiments Graf Leiningen mit 4 Compagnien, 5 Escadronen Max Chevauxlegers und der 6pfündigen Batterie Nr. 2 mit 6 Geschützen.

Die zweite Brigade des GM. Kalliany enthielt das Landwehrbataillon Sivkovich mit 6 Compagnien unter Major Kleiser, das Grenadirbataillon Uracca mit 6 Compagnien, das 1. Bataillon Carl Ferdinand unter Major Wieser und das dritte Bataillon desselben Regiments unter Major Johann v. Klokoczan, beide zu 4 Compagnien, 4 Compagnien Hermanstädter Garden 480 Mann stark und 4258 Mann Landsturm unter Lieutenant Urs, 2 Escadronen Chevauxlegers, 1 Batterie Dreipfünder unter Oberlieutenant Hitsch und 1 6pfündige Batterie unter Oberlieutenant Sichrowski. Die Grenadire waren in Mediasch geblieben, auch andere Abtheilungen der Brigaden waren nicht bei Nyárádtö zugegen, namentlich standen mehrere unter dem Obersten v. Losenau zu Borzás und Gálfalva, um ein etwaiges Vordringen des Feindes gegen Mediasch zu verhindern.

FML. v. Gedeon entsendete am 4. November 1 Compagnie Carl Ferdinand-Infanterie, eine halbe Escadron Max Chevauxlegers und eine Landsturmcolonne unter Major Klokoczan in seine rechte und 1 Escadron Chevauxlegers mit 1 Compagnie Infanterie unter Rittmeister v. Kalchberg in seine linke Flanke, theils zur Deckung des kleinen Corps, theils zur Beobachtung des Feindes. Major v. Klokoczan vereinte sich in Ausführung seines Auftrages mit Hauptmann Pollovina und Rittmeister Settele bei Balasvására und bivoakirte in dem elendesten Wetter auf den nassen Feldern. Die Haupttruppe brachte die Nacht vom 4. zum 5. November in gleicher Weise unter freiem Himmel bei Nyárádtö unweit von M. Vásárhely zu.

Am 5. November liess FML. von Gedeon vor Allem eine feindliche Landsturmabtheilung durch eine Division Carl Ferdinand und eine von Lieutenant Raab commandirte Landsturmabtheilung aus dem nahen Dorfe Lörinzfalva vertreiben, und rückte gleichzeitig gegen M. Vásárhely vor. Nach kurzem Marsche entwickelten

7

98

sich die k. k. Truppen in Schlachtordnung. In ihrem ersten Treffen stand rechts von der nach M. Vásárhely führenden Landstrasse auf einer mässigen Erhöhung des Terrains die sechspfündige Batterie unter Oberlieutenant Sichrowski, zu ihrer Rechten die Hermannstädter Nationalgarde, am äussersten rechten Flügel der Landsturm. An der linken Seite der Landstrasse und an die Batterie anschliessend stand im Centrum die 7., 8. und 10. Compagnie Bianchi unter Major Teuchert, den linken Flügel bildete ein Bataillon Carl Ferdinand. Im zweiten Treffen befand sich das andere Bataillon Carl Ferdinand und das Landwehrbataillon Sivkovich, das dritte Treffen bildete die Cavallerie.

Die Szekler waren auf das tolle Betreiben des terrorisirenden Berzenczei Laszlo aus Maros-Vásárhely ausgerückt, ungeachtet Oberst Dorsner das Nutzlose und Thörichte der ganzen Sache auf das Eindringlichste vorgestellt hatte. Sie waren in der Stärke von 10 Compagnien Gränzsoldaten, 1 Bataillon ungarischer städtischer Nationalgarde, 1 Division Szekler Hussaren, etwa 10000 Mann Landsturm und 1 Division Kossuthhussaren vor der Stadt etwa 1000 Schritte von der kaiserlichen Linie entfernt aufgestellt, ein senkrecht auf die Strasse gerichteter und die Ebene durchschneidender Graben vor der feindlichen Fronte, war mit ihren Plänklern dicht besetzt, und hätte bei ernstlicher Vertheidigung bedeutenden Widerstand bieten können. Dagegen fehlte es den Insurgenten gänzlich an Artillerie. Oberst Zsombori commandirte diese schon vor dem Treffen als besiegt anzusehende Feindesschaar.

FML. von Gedeon schickte einen Offizir als Parlamentär mit der Aufforderung, die Waffen zu strecken, an den Feind ab und als letzterer diese Aufforderung zurückwies, liess der kaiserliche Commandant das Feuer der Batterie beginnen. Drei Kanonenschüsse entschieden das Ganze. Die feindliche Infanterie feuerte ohne Commando in ungeheurer Entfernung ihre Gewehre ab, und wendete sich, ohne auf irgend einen Vorgesetzten zu hören, allsogleich zur Flucht. Alles lief, Berzenczei voraus, über Jad und Parájd der Heimat zu. Eine Abtheilung von etwa 500 Mann wagte sich jedoch auf den Weg nach Udvarhely und stiess auf die Colonne, welche auf dem Berge von Balavására die Strasse sperrte. Von der Nacht begünstigt umging dieser Haufe theilweise die Stellung der Kaiserlichen, stiess aber demnach auf die Vorpostenkette des

Oberlieutenants Przeslakievicz von Bianchi, welcher 30 Mann der 3. Compagnie des Regiments und 70 Mann Landsturm bei sich hatte. Als Przeslakievics den anrückenden Feind, so gut es die Nacht gestattete, entdeckte, rangirte er unbekümmert um die Menge der Gegner seinen Zug in zwei Glieder, liess den Feind bis auf fünfzig Schritte ankommen und empfing ihn mit einer so wohl angebrachten Decharge, dass derselbe in die grösste Verwirrung gerieth, und als ihm Oberlieutenant Przeslakievics keine Zeit zur Besinnung liess, sondern ihn augenblicklich mit dem Bajonette angriff, Waffen und Gepäcke wegwarf, sein Heil in schleuniger Flucht suchte, und 12 Todte, 7 Verwundete und 60 Gefangene in den Händen der Kaiserlichen, von denen niemand verletzt worden war, zurückliess.

Nach der Flucht der Szekler von der Wahlstätte bei M. Vásárhely genügten einige wenige Granaten, um die Thore der Stadt öffnen zu machen. FML. von Gedeon legte das Landwehrbataillon Sivkovich in das dortige Schloss, welches den Platz beherrscht, die übrigen Truppen mussten abermal bivoakiren. Später hielt Hauptmann Pollovina mit der 3. Compagnie das Schloss durch einige Zeit besetzt.

Die Szekler hatten bei M. Vásárhely durch die wenigen Schüsse, welche sie aushielten, 7 Mann verloren, das Corps des FML. von Gedeon durch feindliche Waffen keinen Verlust erlitten. Um so empfindlicher hatte es bei dem schlechten und ungesunden Wetter die grössten Mühseligkeiten zu erdulden. Eisiger Regen goss in der Nacht vom 5. zum 6. November in Strömen herab, die durch frühere Bivoaks und anstrengende Märsche hergenommene Truppe fand auf dem tief durchweichten Boden kein Plätzchen zum Ausruhen, der Frost schüttelte die von den durchnässten Kleidern nicht mehr geschützten Glieder, es fehlte sogar auch an genügender Verpflegung. Aber diese so wie noch viele andere im weiteren Verlaufe des Winterfeldzuges wiederhohlten Drangsale wurden von den Offiziren und der Mannschaft mit seltener Aufopferung standhaft ertragen, und es war erhebend, wie der Offizir, wo er nur konnte, für den Mann zu sorgen bemüht war, sich dabei selbst vergass und überall mit leuchtendem Beispiele voranging, dagegen der Soldat voll Vertrauen und Hingebung seinem Offizir anhing und kam es zum Kampfe, so wusste jeder Streiter in den Bianchischen Reihen, dass Mann und Offizir, wie sie gleich tapfer den Feind angriffen, auch gleich edelmüthig sich für einander zu opfern bereit waren.

FML. von Gedeon entwaffnete M. Vásárhely und behandelte die Stadt, obwohl sie sich der Rebellion mit ganzer Hingebung angeschlossen hatte, sehr schonend; er that diess ganz im Sinne des edlen Commandirenden, der fortan durch Proclamationen und strenge Massregeln die Gräuel hintanzuhalten bemüht war, während die Männer des Umsturzes sich diese zum Ziele gesetzt hatten.

Am 7. November rückte Oberlieutenant Herle des Regiments mit einer sechspfündigen Batterie zum mobilen Corps ein.

. Inzwischen langte die Nachricht ein, es habe sich eine starke feindliche Colonne mit Geschütz aus Ungarn nach dem Zarander Comitate in Bewegung gesetzt und FML. v. Gedeon wurde angewiesen, ehemöglichst am linken Maros-Ufer vorzudringen, damit Karlsburg mit dem Kriegsmateriale nicht abgeschnitten werde. Er rückte bis Nagy-Enyed vor, die dortigen feindlichen Truppen entflohen und die Stadt unterwarf sich. Am 15. November berief der Commandirende den FML. Gedeon zu wichtigen Berathungen nach Hermanstadt und sein kleines Corps wendete sich unter Commando des Generals v. Kalliany gegen Klausenburg, welches General Baron Wardener, der mit dem 3. Bataillone Sivkovich unter Major von Kunich, dem 3. Bataillone des Infanterie-Regiments Parma Nr. 24 unter Major Graf Daun, 1 Bataillone Bukovinaer Gränz-Cordonisten unter Oberst Formacher, 100 Mann von Max Chevauxlegers und einer sechspfündigen Batterie aus der Bukovina in Siebenbürgen eingerückt war, im Vereine mit Oberstlieutenant Urban am 18. November eingenommen hatte, wodurch auch das 2. Bataillon Carl Ferdinand, welches Monate lang dort eingeschlossen war, aus seiner peinlichen Lage erlöst wurde.

General v. Kalliany liess bei seiner Vorrückung nach Klausenburg, wo er am 21. November eintraf, N. Enyed und Thorda durch die Hermanstädter Nationalgarde und 2 Compagnien Leiningen besetzen, Major Teuchert wurde mit der 7., 8. und 10. Compagnie Bianchi, 1 Escadron Max Chevauxlegers und 3 Geschützen über Karlsburg nach Deva, wo er auch die 12. Compagnie des Regiments fand, zum Schutze jenes Landestheiles gesendet, und als dort grobe Exzesse des Landsturms auftraten, am 24. November angewiesen, mit 1 Compagnie Broos besetzt zu halten, mit zwei anderen dort aufzutreten und einzuschreiten, wo sich solche Ausschreitungen wieder zeigen sollten, und den Hauptmann-Auditor Nahlik, welcher sich in seiner schon erwähnten Mission damal im Hunyader Comitate befand, zu unterstützen.

Am 3. Dezember erkrankte Major Teuchert, und rückte in Folge dessen nicht mehr zur Dienstleistung ein; Hauptmann Vukovich, übernahm nach ihm das Bataillonscommando.

Mitwirkung der Abtheilungen des Regimentes B. Bianchi bei dem Streifcorps des Rittmeisters Baron v. der Heydte.

Nach der Versprengung der Szekler bei M. Vásárhely sollten dieselben möglichst entwaffnet werden. Zu diesem Ende wirkte Rittmeister Baron v. d. Heydte gegen die Csik und den Udvarhelyer Stuhl mit nur geringen Mitteln ziemlich erfolgreich, FML. v. Gedeon gegen die Haromszek mit ungleich grösseren Kräften fast ohne allem Erfolge. Von beiden Commandanten waren Abtheilungen des Regimentes in Verwendung genommen.

August Freiherr von der Heydte, Rittmeister im Dragoner-Regimente Prinz Eugen von Savoyen seit vielen Jahren in Siebenbürgen und mit Land und Leuten bekannt, commandirte eine kleine bewegliche Colonne, bestehend aus seiner Escadron, aus Bürgergarden, Landsturm und Linienmilitär, wie er es eben zu irgend einer Unternehmung an sich ziehen konnte, bald in geringerer bald in mehrerer Stärke, bald mit bald ohne Geschütz mit der Aufgabe, Verbindungen herzustellen, oder den Feind zu beunruhigen; von seinen mehreren Zügen können wir hier nur jene anführen, bei denen auch Compagnien des Regiments mitwirkten.

Zuerst begleiteten ihn die 5. und 6. Compagnie, welche am 5. November zur Verstärkung des Gedeonischen Corps von Kronstadt nach M. Vásárhely abgesendet wurden, aber da die Sachen bei letztgenannten Orten schon entschieden waren, in Schässburg stehen blieben, dann die 1. Compagnie, die sich schon früher daselbst befand, auf seinem Zuge nach Keresztur und Udvarhely. Ersteres wurde am 9., letzteres am 10. November entwaffnet und Fahnen mit schwarzgelben Farben wehten dort, wo kurz vorher

die Trikolore ausgesteckt war. Leider gelang es den Hauptrüdels-
führern noch bei Zeiten nach der Haromszek zu entweichen. Die
5. und 6. Compagnie Bianchi marschirte darauf nach Schässburg
zurück, die 1. blieb einige Tage in Udvarhely und detachirte
einen Zug unter Lieutenant Baron Kanitz zum Schutze der Saline
zu Parájd. Der Rest der ersten Compagnie begleitete Baron Heydte
gegen die Csik; dieser verbreitete überall die Proclamation vom
18. Oktober und brachte unterstützt vom Obersten von Dorsner
und den getreuen Offiziren die militärisirten und nicht militärisirten
Csiker zur unbedingten Unterwerfung, so dass sie am 21. November
die Waffen ablieferten, und jede Verbindung mit der Haromszek
durch einen eigenen Cordon absperrten.

Nach mehreren anderen Zügen trat Rittmeister Baron Heydte
auf einmal bei Hidweg auf und förderte am 29. und 30. November
die dortigen Operationen des Obersten Baron Stutterheim, worüber
das Nähere nachfolgen wird. Am 2. Dezember unterstützte die 4.
Compagnie des Regiments den Rittmeister Baron Heydte bei der
Entwaffnung des Ortes Olähfalu, am 4. Dezember bei Entwaffnung
des Bardoczer Stuhles und rückte mit ihm am 5. Dezember in
Karaczonfalva ein, von wo aus die Gemeinden Felsö-Rákos, Baróth
und Köpötz für die Ausplünderung eines wohlhabenden und
gutgesinnten Stuhlrichters gezüchtigt wurden. Die Nacht vom 6.
zum 7. Dezember brachte die Streifcolonne im Bivoak bei Rákos
zu und wurde am 7. an der Köpötzer Strasse von einem feindlichen Haufen bedroht, der aber nach einigen Schüssen auseinander
gejagt wurde. Am 8. Dezember rückte eine feindliche Truppe von
400 Honved's, 60 Hussaren und bei 2000 Mann Landsturm gegen
die Colonne bei Felsö-Rákos vor, und entwickelte eine Plänklerkette von 200 Schützen, welche unverzüglich ein wohlgenährtes
Feuer eröffneten. Rittmeister Baron Heydte sendete ihnen 50 Mann
der 4. Compagnie Bianchi entgegen, und traf gleichzeitig mit
seiner kleinen Schaar die weiteren Dispositionen. Die Tirailleurs
von Bianchi rückten dem Feinde möglichst nahe an den Leib und
brachten ihm ungeachtet seiner Überzahl einen sehr grossen Schaden
bei; die Repser Nationalgarde beschoss ihn aus fünf Doppelhacken,
die sie auf einem Wagen mitgebracht hatte, mit $\frac{1}{2}$ und $\frac{3}{4}$
pfündigen Kugeln, von denen eine in bedeutender Entfernung
einen Commandanten niederstreckte, was unter den Rebellen eine

sichtbare Verwirrung hervorbrachte, welche Rittmeister Baron Heydte sogleich benützte und den Feind in seiner linken Flanke durch die Dragoner angreifen liess. Diese Attaque entschied vollkommen; der Feind wurde gänzlich geworfen, und durch die Cavallerie und Infanterie über das Dorf Köpötz hinaus verfolgt. Die Dragoner hieben sehr tapfer ein, insbesondere zeichnete sich unter ihnen Lieutenant Fenz und Wachtmeister Gál aus. Ersterem wurde das Pferd unter dem Leibe getödtet, er raffte sich auf und drang zu Fuss auf die Rebellen ein; da traf ihn eine Kugel durch die Brust, am folgenden Tage endete er sein ritterliches Leben. Die 4. Compagnie Bianchi focht mit ausgezeichneter Tapferkeit und trug wesentlich zum Siege bei. Die Feinde verloren über 100 Mann an Todten und Verwundeten, die Dragoner hatten ausser dem Lieutenant Fenz 6 Todte und 14 Verwundete, die vierte Compagnie, ungeachtet sie so viel im Feuer war, nur 3 Blessirte.

Rittmeister Baron Heydte und seine Colonne hatten durch die ausgeführten Entwaffnungen und die den Rebellen bei Köpötz beigebrachte Schlappe die Szekler in ihren Angriffsplanen auf Kronstadt gestört, und ihren ganzen Zorn auf sich geladen. Diese sendeten nun 7 Compagnien Infanterie, 3 Escadronen Hussaren, 2 sechspfündige Geschütze und einen grossen Schwarm Landsturm gegen ihn. Der Feind erschien am 10. Dezember um 4 Uhr Abends bei Köpötz, ging aber, da die Nacht herannahte wieder zurück. Rittmeister Baron Heydte entsendete mehrere Patrouillen, um die Stellung der Szekler zu erkunden, und als er in Erfahrung brachte, dass er namentlich wegen Mangels an Artillerie es mit der ihm gegenüber stehenden Übermacht nicht aufnehmen könne, trat er am 11. Dezember den Rückzug an, welchen Oberlieutenant von Karojlovich mit der 4. Compagnie Bianchi eben so einsichtsvoll wie mit ausgezeichneter Bravour deckte. Der Feind verfolgte die Colonne, welche er um jeden Preis erdrücken zu müssen glaubte, mit dem heftigsten Ungestüme; die 4. Compagnie wies ihn aber durch ihre feste und ruhige Haltung und ihr gut angebrachtes Feuer bei jedem Angriffe mit dem empfindlichsten Verluste zurück und als die Szekler in einem Momente mit ganz besonderer Wuth anstürmten, warf sie Oberlieutenant Karojlovich mit einem kühnen Bajonettangriffe vollständig nieder und rettete dabei auch den Rittmeister Baron Heydte von der Gefangenschaft. Letzterer ging bis Udvarhely. von da nach Schässburg zurück und zog den Baron Kanitz aus Paráyd an sich.

Nachdem sich die Colonne von den Strapatzen im fortgesetzten Bivouak und schlechten Wetter wieder etwas erholt hatte, rückte sie verstärkt durch die 3. Compagnie Baron Bianchi. welche von M. Vásárhely nach Schässburg zurückgekehrt ihr zu Hilfe gesendet und bis Reps zu Wagen befördert worden war, neuerdings vor. Die 3. Compagnie bezog am 13. November die Vorposten bei Homorod und wurde am 15. November bis Sommerburg vorgeschoben. Der Oberlieutenant Kolarevicz ging mit der Hälfte dieser Compagnie und einer Compagnie Romanen über das Rikagebirge, um den Feind von Udvarhely abzuhalten, bis Rittmeister Baron Heydte sich so verstärken konnte, dass er mit gehörigem Nachdrucke aufzutreten vermochte. Oberlieutenant Kolarevicz überstieg das Gebirge zur Nachtzeit, und stellte dann die Gränzer zur Vertheidigung des Thaldefilées von Homorod Ujfalu auf, er selbst rückte mit der halben Compagnie Bianchi gegen Felsö-Rákos vor, wo der Feind stand. Dieser schickte eine starke Abtheilung Hussaren entgegen, eine Colonne Infanterie folgte nach. Kolarevicz liess die Cavallerie bis auf 30 Schritte ankommen; in dieser Entfernung wurden sie von einer Decharge begrüsst, Todte und Verwundete stürzten von den Pferden zu Boden, die übrigen zerstoben. Nun zog sich Kolarevicz in das Defilée zurück, lockte den Feind zur Verfolgung und sendete inzwischen nach beiden Seiten Patrouillen aus, welche gegen die feindlichen Flanken ein lebhaftes Feuer eröffneten. Die Szekler über die Stärke der Kaiserlichen vollständig getäuscht, durch deren vortheilhafte Stellung und den bereits erlittenen Verlust entmuthigt, räumten den Kampfplatz. Oberlieutenant Kolarevicz wurde für die verständig und muthvoll durchgeführte Expedition im Generalsbefehle vom 18. Dezember 1848 belobt.

Da sich der Landsturm für die Bewegungen des fliegenden Corps des Rittmeisters Baron Heydte nicht eignete, so wurde er entlassen, die dabei eingetheilten Soldaten in eine Compagnie zusammen gestellt, und das Commando über dieselbe dem Oberlieutenant Kolarevicz übertragen. Baron Heydte hatte nun diese componirte, dann die 3. und 4. Compagnie Baron Bianchi an regulärer Infanterie bei sich, und erhielt am 21. Dezember noch

eine halbe dreipfündige Batterie; er konnte nun den Szeklern
wieder die Spitze bieten.

Oberlieutenant Kolarevicz ging in der Nacht vom 22. zum
23. Dezember 1848 abermal über das Rikagebirge, warf mit der
componirten Compagnie die Vorposten des Feindes schnell zurück,
zerstörte alle vorgefundenen Barrikaden zwischen der Rika und
dem Altflusse und deckte Rücken und Flanke des vordringenden
Rittmeisters Baron Heydte, welcher die Szekler am 23. Dezember
aus Felsö-Rákos verdrängte und am 27. Dezember in das Burzenland einrückte; Oberlieutenant Kolarevicz behielt das Commando
der componirten Compagnie bis zum 13. Jänner 1849 und als
letztere aufgelöst wurde, kehrte er wieder zur eigenen 3. Compagnie zurück.

**Operationen des FML. v. Gedeon gegen die Háromszek bis zum
Pacificationsvertrage von Arapataka vom 1. Jänner 1849.**

Weit weniger wie in der Csik gelangen die Versuche, die
Haromszek zu beruhigen. Hier hatten die von Udvarhely entron-
nenen Rädelsführer in dem Werke der Aufwiegelung fortgefahren
und während sie bei der leicht erhitzbaren Bevölkerung sich auf
jede Art Gehör verschafften, jedes Wort zu Gunsten der k. k.
Regierung vom Fanatismus mit Blut wäre erstickt worden, leitete
ein revolutionäres Comité die ununterbrochene Organisirung seiner
Bataillone, vervollkommte seine Pulver- und Zünderfabrik zu Kezdi-
Vásárhely und seine Kanonengiessereien an diesem Orte und zu
Füle; das Volk sah diess ungestraft geschehen, hielt es am Ende
selbst für recht, und lieferte zuletzt sogar seine Kirchenglocken
zum Kanonengusse ab.

Die bedeutenden Rüstungen in der Haromszek bedrohten
zunächst das ganze benachbarte Burzenland. Um letzteres zu
schützen, sollte FML. v. Gedeon mit entsprechender Truppenmacht
einschreiten. Diess machte die Führer der Szekler besorgt, eine
solche Verfügung des commandirenden Generals kam dem Comité
zu frühe, seine Rüstungen waren noch nicht vollendet und konnten
durch einen Einmarsch kaiserlicher Truppen vernichtet werden.
Um Zeit für sich zu gewinnen, leitete man also Unterhandlungen

ein und erliess am 12. November 1848 aus Szepsi - Szt. György
eine Adresse an den FML. Baron Puchner. in welcher diese Leute
erklärten: „dass bei dem Gerüchte, es sollen Linientruppen und
Landsturm auf Befehl des Commandirenden in der Haromszék
einrücken, die Aufregung stündlich wachse und es unbegreiflich
und unglaublich sei, dass der commandirende General so etwas
angeordnet haben könne, da ein Patriot, wie er, ohne Ursache
eine solche Anordnung nicht treffen könne" es wurde versichert,
„dass sie dem Könige bis zum letzten Blutstropfen treu sein,
von der Gesetzlichkeit nie abweichen werden. sie riefen Gott
und den Commandirenden als unparteiischen Patrioten zum
Richter ihrer legalen Handlungen auf und versicherten, dass
im Haromszeker Stuhle vollkommen Ordnung und Sicherheit der
Person *) und des Eigenthums herrsche, dass also kein Grund
vorliege, in die Mitte der Bürger eines so friedlichen Stuhls Linienmilitär oder gar Walachenvolk zu senden; da aber das Gerücht
davon bestehe, aufwiegelnd wirke und Aufregung hervorgerufen
habe, so bitten sie achtungsvoll, der Commandirende wolle sie
verständigen, ob und warum der Stuhl durch eine bewaffnete
Macht angegriffen werden solle." Sie schlossen endlich mit den
Worten: „es geschehe was da wolle, so werde, nachdem der Stuhl
dem Könige treu ergeben, ein Verehrer der sanctionirten Gesetze.
ein Wächter der Ordnung, ein Anbeter der Civil- und Militär-
regierung ist, falls dennoch ein Angriff geschehen sollte, der An-
greifer vor Gott und der Welt für die Gräuel des Bürgerkrieges
verantwortlich bleiben."

Diese von Horvath Albert unterzeichnete Adresse bedarf
keines Commentars; sie wurde am 13. November durch eine Deputation zur weiteren Einbeförderung an den commandirenden Generalen nach Kronstadt gebracht. FML. v. Puchner erklärte darauf den Adressanten am 16. November 1848 unter bündiger Vor-
führung ihrer bisherigen verbrecherischen Umtriebe und unter
trockener Rüge ihrer Unverschämtheit, dass an der ausgebrochenen
Revolution in Siebenbürgen Adel, Geistlichkeit und Advocaten in

---

*) Dasselbe Comité hatte gleichzeitig zu S. Szt. György ein Blutgericht
gegen jene aufgestellt, welche zaghafte Reden führen, oder von fried-
licher Einigung sprechen würden.

der Haromszek einen hervorragenden Antheil genommen und forderte den Stuhl auf, sich der Proclamation vom 18. October unbedingt zu unterwerfen.

Den Adressanten war aber um eine Erledigung ihrer Eingabe wenig zu thun; sie wollten Zeit gewinnen und diess gelang, sie bewirkten eine ihren Absichten, sich noch besser zu rüsten, ganz entsprechende der kaiserlichen Sache sehr nachtheilige Verzögerung der Massregeln, welche gegen die Haromszek nothwendig gewesen wären.

Das siebenbürgische General - Commando blieb aber auch seinerseits in der Voraussicht, dass der Erlass vom 16. November ohne einer entsprechenden Truppenentwicklung wenige Folgen haben dürfte, nicht ganz unthätig. Oberst Baron Stutterheim, welcher am 12. November 1848 mit der 2. und 9. Compagnie Bianchi von Hermanstadt abmarschirt war, um zu den mobilen Corps zu stossen, darauf bis 15. November in Marktschelken und bis 22. November in Mediasch stehen bleiben musste, erhielt den Befehl, mit den beiden Compagnien unverzüglich und in Eilmärschen nach dem Burzenlande aufzubrechen, wohin auch die in Schässburg gewesene 3. Division des Regiments rückberufen worden war.

Oberst Baron Stutterheim kam in Einem Marsche bis Reps, überschiffte seine Truppe unverzüglich in der kalten stürmischen Nacht mit ungemeiner Mühe mit der einzigen vorräthigen Plätte über die Alt und vereinigte sich zu Heviz mit der dritten Division und der mit ihr angekommenen von Schässburger Nationalgarden bedienten halben sechspfündigen Batterie unter Lieutenant Chevalier de Barst des Regiments. Ungeachtet bisher von keiner Nachtruhe, keinem ordentlichen Abkochen die Rede sein konnte, marschirte die Truppe mit gewohnter Hingebung nach zweistündiger Rast über die Apáczaer - Gebirge und durch unwegsame Thäler bis Marienburg, wo sie am 24. November Abends ein Lager bezog.

Am 25. November rückte dort auch eine Escadron Savoyer-Dragoner unter Rittmeister Settele und der Repser Landsturm ein, der bei Apácza, Szunyokszek und Nussbach stehende Landsturm unter dem verdienten Veteranen des Regiments pensionirten Hauptmann Friedrich Grupp wurde gleichfalls unter den Befehl des Obersten Baron Stutterheim gestellt und dieser angewiesen,

Kronstadt und das Burzenland vor den Einfällen der Szekler zu schützen, jedoch nicht zur Offensive zu schreiten, wenn er von ihnen nicht selbst angegriffen würde. Gleichzeitig wurde in Honigberg Major Carl von Riebel des Regiments Graf Leiningen mit einer kleinen Colonne aufgestellt, beide Abtheilungscommandanten standen unter dem FML. von Gedeon, der sein Hauptquartier abwechselnd zu Sárkány oder Vledény aufgeschlagen hatte. Die ihm zu Gebote stehenden Streitkräfte bestanden unter Oberst Baron Stutterheim damals in:

3½ Compagnien Baron Bianchi Infanterie,

1 Escadron Savoyen-Dragoner,

½ Batterie unter Lieutenant v. Barst und dem Landsturme unter Hauptmann Grupp;

unter Major v. Riebel waren:

2 Compagnien des 1. Romanen-Gränz - Infanterie - Regiments

2 Compagnien Kronstädter Nationalgarden,

49 Szekler-Hussaren vom Desaner-Flügel unter Wachtmeister Gabor,

½ dreipfündige Batterie unter Corporal Ballás und

eine Abtheilung Freischaaren aus dem Kronstädter Distrikte.

Die gesammte gegen die Haromszek im Felde stehende Linientruppe war ohne Einrechnung des Landsturms unter Hauptmann Grupp beiläufig 1300 Mann stark.

Die Szekler hatten, wie voraus zu sehen gewesen wäre, der Aufforderung des Commandirenden keine Folge geleistet, seinen Erlass vom 16. November und seine Proclamation vom 18. October, obgleich sie davon zahlreiche gedruckte Exemplare zur Verbreitung erhalten hatten, unterdrückt und dafür die Feindseligkeiten begonnen.

Am 29. November 1848 stand bei der Plätte an der Alt gegenüber von Arapataka Lieutenant Schwingenschlögel mit 30 Mann der 6. Compagnie. Von dichtem Nebel begünstigt, griff eine starke Abtheilung Szekler das schwache Piquet an, welches das Feuer lebhaft erwiederte. Erst als die ungeheure Mehrzahl der Feinde ganz sichtbar wurde, zog sich Lieutenant Schwingenschlögel zurück, 1 Mann des Piquets wurde tödlich blessirt und die Plätte von den Rebellen auf das Arapataker Ufer gebracht. Da dieses Fahrzeug von grosser Wichtigkeit war, weil es als einziges Communicationsmittel über den dort nicht überbrückten Fluss in den Händen der Feinde diesen die Möglichkeit gewährte, die Kaiserlichen zu beunruhigen, während diese das ziemlich tiefe Wasser in anderer Weise nicht hätten übersetzen können, entsendete Oberst Baron Stutterheim eine halbe Compagnie unter Commando des Lieutenants Chevalier de Barst, welcher sich zu dieser Expedition freiwillig angeboten hatte, zur Verstärkung des Postens des Lieutenants Schwingenschlögel und einverständlich entsendete der eben ganz in der Nähe gewesene Rittmeister Baron von der Heydte den Cadetfeldwebel Franz Mosing mit 30 Mann der 1. Compagnie Baron Bianchi, 1 Zug Savoyen-Dragoner und einen Haufen Landsturm nach Arapataka, während Major v. Riebel eine Abtheilung der 1. Romanendivision in des Feindes linke Flanke detachirte.

Die Székler setzten hartnäckigen Widerstand entgegen, wurden aber mit dem Bajonette geworfen und aus Arapataka verjagt, wobei zwei Höfe in Flammen aufgingen. Die Plätte wurde wieder zurückgebracht und die Truppen kehrten in ihre früheren Standorte zurück.

Durch den Überfall, welchen die Szekler bei Arapataka auf den kaiserlichen Posten machten, fand sich Oberst Baron Stutterheim berechtigt, nunmehr zur Offensive überzugehen, und erachtete den damaligen Zeitpunkt besonders dazu geeignet, da ihn auch das Streifcorps des Rittmeisters Baron v. d. Heydte dabei unterstützen konnte. Er setzte sich demnach mit diesem und dem Major Carl v. Riebel in das Einvernehmen, um mit vereinter Kraft in die Haromszek einzumarschiren, die Insurgenten zu züchtigen und zu entwaffnen.

Zu diesem Ende brachen die Truppen am 30. November aus dem Lager bei Marienburg und Hidveg nach Honigberg auf, während nur eine schwache Abtheilung Romanen-Infanterie und eine Schaar Landsturm zur Deckung des Lagers zurückgelassen wurde. Zu Honigberg stand die Colonne des Majors von Riebel bereits zum Abmarsche fertig und man wollte sich eben gegen Al-Doboly in Bewegung setzen, als eine Estaffete des FML. von Gedeon eintraf, welche den weiteren Marsch untersagte, weil die Wortführer der Rebellen ihm die Erklärung abgaben, dass sie sich der Proclamation vom 18. October unterwerfen wollen (!!). Es sollte nun nur noch abgekocht werden um in das Lager bei Marien-

burg zurückzukehren, als reitende Boten mit der Nachricht eintrafen, die Szekler seien in Marienburg eingebrochen und haben
den Markt angezündet. In der That hatten diese von der Bewegung des Obersten Baron Stutterheim Kunde erhalten und griffen
die in dem verlassenen Lager gebliebene schwache Abtheilung,
mit etwa 500 Szeklergränzern, einem Geschütze und einigen Honvedabtheilungen an. Zwei Stunden widerstanden die Romanen
unter Oberlieutenant Caballini, bis sie erschöpft der sie umrin-
genden Überzahl weichen mussten, die wüthenden Szekler einen
Theil von Marienburg anzündeten und ihre Anwesenheit mit Raub
und Mord kennzeichneten.

Oberst Baron Stutterheim entsendete die Cavallerie im scharfen
Trabe, die 4. Compagnie im Doppelschritte zurück, die 5. und 6.
Compagnie eilte sogar auf Wägen, die in Brenndorf requirirt
wurden, weiter. Die grosse Entfernung aber und der Umstand,
dass die Infanterie den Burzenfluss auf einer mittelst Wägen hergestellten Nothbrücke mühsam passiren musste und dabei sehr
aufgehalten wurde, machte, dass Baron Stutterheim zu spät eintraf, um die mit ihrem Raube bereits abgezogenen Szekler erreichen zu können. Die Rebellen hatten auch das Lager zerstört.
Holz, Stroh, Lebensmittel konnten nun in Marienburg nicht mehr,
wohl aber in dem am anderen Altufer gelegenen Hidwey requirirt
werden.

Die dahin führende Brücke war aber von den Szeklern theilweise unbrauchbar gemacht worden und es war demnach für den
Augenblick unmöglich, über die Alt hinüber zu kommen. In dieser
Verlegenheit erbot sich Oberlieutenant Josef Mosing, die Communicationsmittel herzustellen. Um Materiale zu gewinnen, liess er
das dort gelegene hölzerne Hidweger Wirthshaus abtragen und
ohne Pioniere, nur mit gewöhnlichen Compagnie-Zimmerleuten und
sonstigen ausgewählten Soldaten machte er sich in finsterer Nacht
an's Werk, leitete Alles sicher und zweckmässig, legte, wo nöthig,
selbst Hand an und munterte durch sein Beispiel die Übrigen auf.

Um 2 Uhr nach Mitternacht war die Brücke für den nöthigen
Bedarf fertig und Lieutenant v. Mold überschritt sie mit einer
halben Compagnie Bianchi, um die nöthigen Lebensmittel aus
Hidweg zu holen.

Am folgenden Tage wurde von der Mannschaft des Regiments, welche seit dem Ausbruche der Wirren für Burzenland und Kronstadt so viel geleistet, so viele Entbehrungen getragen, so viele Strapatzen unverdrossen geduldet, ein Act edler Menschenfreundlichkeit und Theilnahme für fremdes Unglück ausgeübt. Die dankbaren Kronstädter hatten nämlich den Soldaten des Regiments während ihrer Campirung bei Marienburg wiederholt Lebensmittel, Getreide, Fussbekleidung, Materiale dazu und ausserdem einen baren Geldbetrag von 133 fl. 44 kr. CM. gesendet. Als Oberst Baron Stutterheim dieses Geld der Mannschaft übergeben wollte, erklärte sie einstimmig, es solle der ganze Betrag den am 30. November 1848 durch Brand verunglückten Marienburger zugewendet werden. Dieser Beschluss wurde sogleich ins Werk gesetzt und ehret die Braven nicht weniger als ihr Heldenmuth in den Kämpfen, die sie bereits bestanden und denen sie noch entgegen gingen.

Am 1. Dezember bezog Hauptmann Bergou mit der zweiten Compagnie wieder die Vorposten in denselben Stellungen, welche früher behauptet wurden, und es gelang dabei der Wachsamkeit der Truppen einen gefährlichen Spion abzufangen.

Die Hidveger Brücke wurde aufgerollt und als am 3. Dezember zwölf Szekler mit Äxten erschienen um dieselbe für die Zukunft ganz unbrauchbar zu machen, eilte Feldwedel Grocholsky mit sechs Mann über die noch stehen gebliebenen Balken auf das feindliche Ufer, vertrieb die Szekler, überfiel ein Wachhaus, in welchem sich 30 Mann befanden, entwaffnete den ganzen Wachposten, nahm einen Theil desselben, der nicht so schnell wie die anderen entfliehen konnte, gefangen, und brachte seine Trofäen über die Alt herüber. Er wurde für diese herzhafte That mit der silbernen Tapferkeitsmedaille zweiter Classe belohnt.

Das Wetter wurde immer schlechter, die Kälte immer strenger, dabei die Bekleidung der Truppe bei der beständigen Strapatze täglich ungenügender, der Gesundheitsstand der braven Soldaten immer mehr gefährdet. Diess bewog den Obersten Baron Stutterheim, dessen Sorgfalt überall wachte, das Lager zu verlassen und die Truppe am 4. Dezember in Marienburg einzuquartiren.

Am 5. Dezember griffen die Haromszeker Insurgenten auf drei Punkten, nämlich den Obersten Baron Stutterheim bei Marienburg, den Major v. Riebel bei Honigberg, und das Commando des Oberlieutenant Mosing, bestehend aus 60 Mann von Bianch und 90 Mann des 1. Romanen Gränz-Regiments, an der Überfuh bei Arapataka zu gleicher Zeit an.

Bei dem Obersten Baron Stutterheim erschien ein Parlamentär, mit der schriftlichen Aufforderung, das treulose Militär solle die Waffen strecken und sich der Unterwerfung des Burzenlandes nicht weiter widersetzen. Die Antwort darauf bestand in der sogleichen Ausrückung zum Kampfe. Hauptmann Bergou welcher mit der 2. Compagnie der erste auf dem Alarmplatze erschien, eilte zur Unterstützung der unter Oberlieutenant Nak auf Vorposten gestandenen und bereits in ein lebhaftes Tirailleurfeuer gekommenen 1. Compagnie und hielt im Vereine mit dieser den Feind so lange von jedem weiteren Vordringen ab, bis derselbe eine sehr grosse Übermacht und einige einpfündige Kanonen in den Kampf führte. Hauptmann Bergou noch immer tapferen und ausdauernden Widerstand leistend, schickte nun den Regimentsprofossen Johann Mick, welcher sich mit einem Doppelgewehre bewaffnet freiwillig der 2. Compagnie angeschlossen und in der Plänklerkette mit Auszeichnung mitgefochten hatte, zu dem Obersten Baron Stutterheim mit der Bitte zurück, wenigstens ein Geschütz zur Verstärkung vorrücken zu lassen. Diess geschah sogleich, eine sechspfündige Kanone eilte vor und nahm unter dem heftigsten feindlichen Feuer eine gute Stellung an der Ilidweger Brücke. Nach einigen Schüssen war ein feindliches Geschütz demontirt, eine Kanonenkugel streckte drei Hussaren nieder, die dichten Haufen der feindlichen Infanterie zerstäubten, warfen sich aber in die Strassengräben und hinter Zäume, aus welchen gedeckten Stellen sie den Kampf bis sechs Uhr Abends fortsetzten. Hauptmann Bergou nöthigte sie aber durch seine umsichtige und entschlossene Leitung des Gefechtes, ihre Anstrengungen, sich in den Besitz der Brücke zu setzen, gänzlich aufzugeben. Er hatte ungeachtet der Tausende von Schüssen der Insurgenten weder einen Todten noch Verwundeten. Der Verlust des Feindes muss ein bedeutender gewesen sein, der Zahl nach wurde er nicht bekannt, weil die Szekler, wie man deutlich sah, sehr häufig Todte und Blessirte sogleich zurückschafften.

Gegen den Major von Riebel war die Hauptmacht der Szekler in einer Stärke von 1400 Mann Infanterie, 600 Reitern und 3

Geschützen bei Tartlau und Honigberg angerückt. Aus der feindlichen Entwicklung und Aufstellung wurde ihm klar, dass die
Insurgenten den rechten Flügel der Kaiserlichen bei Honigberg
zu werfen beabsichtigen. Major v. Riebel avisirte demnach den
Obersten Baron Stutterheim, er werde seine Stellung halten, bis
es dem Obersten möglich wird, während des Gefechtes bei
Marienburg in des Feindes rechte Flanke zu fallen. Leider konnte
Baron Stutterheim mit seinen wenigen Compagnien von einem
weit zahlreicheren und waffenkundigen Feinde festgehalten, die
vom Major von Riebel erwartete Bewegung nicht ausführen.

Tartlau war nur von einer Compagnie Romanen-Gränzer und
400 Mann Landsturm besetzt. Die Gränzer behaupteten mannhaft
ihren Posten und wiesen die Szekler durch ein wirksames Feuer
beharrlich zurück, endlich mussten sie beinahe umzingelt sich
allmälig zurückziehen, und Tartlau dem Feinde überlassen.

Auf der andern Seite griffen die Insurgenten bei Honigberg
mit noch grösserer Übermacht an. Major v. Riebel vertheidigte
seine Stellung mit dem ihm eigenen kalten Muthe, der seine
Soldaten mit unbedingten Vertrauen in sein Commando erfüllte.
Die Szekler fanden demnach entschlossenen Widerstand. Nach
längerem Kampfe und vielen Opfern konnten sie nur wenig Terrain gewinnen, ohne die Stellung Riebels bisher überwältigen
zu können. Als dieser aber sah, dass Tartlau verloren ging, und
die Zeit, in welcher Oberst Baron Stutterheim, wenn es ihm
möglich gewesen wäre, hätte zu Hilfe kommen müssen, vergebens
verstrichen war, eine weitere Fortsetzung des Kampfes gegen die
Übermacht des Feindes, welcher nach der Wegnahme Tartlau's
ihn nun an beiden Flanken zu überflügeln anfing, die Gefangennehmung des grössten Theils seiner Mannschaft und den Verlust
der Geschütze zur Folge haben müsste, zog er sich fechtend
durch Honigberg und weiter gegen Kronstadt zurück. Die Szekler
verfolgten die brave Truppe nicht, plünderten dagegen Honigberg,
nahmen sechs Kronstädter Garden, welche sich dort verspätet
hatten, gefangen, und steckten unnütz einige Häuser in Brand.

Die rückgängige Bewegung des Majors von Riebel machte
auch die Stellung bei Marienburg unhaltbar; Oberst Baron
Stutterheim brach in der Nacht vom 5. zum 6. Dezember mit
seinen Truppen nach Kronstadt auf; nur Oberlieutenant Nako

blieb noch mit der 1. Compagnie und einer Landsturmabtheilung einen Tag länger zur Überwachung der Hidweger Brücke zurück und rückte dann, so wie Oberlieutenant Mosing, welcher bei Arapataka am 5. Dezember den feindlichen Angriff zurückgewiesen und darauf die dortige Plätte verbrannt hatte, nach Kronstadt ab, welches nun allein noch zu schützen übrig blieb, da man das übrige Burzenland der herangereiften Übermacht der Szekler hatte Preis geben müssen.

Wie ganz anders hätte es kommen müssen, wenn der verständige und zeitgemässe Plan des Obersten Baron Stutterheim nach der feindseligen Herausforderung der Szekler und gemäss der vom commandirenden Generalen für einen solchen Fall gegebenen bestimmten Weisung mit vereinten Kräften in die Haromszek einzumarschiren; den Kampf auf des Feindes Gebiet zu übertragen und seine Widerstandsmittel noch bei Zeiten zu zerstören, hätte ausgeführt werden dürfen.

Vom 6. Dezember angefangen wurden die Vorposten täglich von 1½ Compagnie Bianchi, ½ Compagnie Romanen-Gränzer, 1 Compagnie Bürgergarden und 3 Geschützen bezogen. Der Dienst wurde bei zunehmendem Froste und fortwährendem schlechten Wetter immer beschwerlicher, aber fortan mit ausdauernder Hingebung pünktlich geleistet.

FML. Baron Puchner sah nur mit Sorgen das Verschleppen der Dinge gegen die Haromszek, welche einen nicht unbedeutenden Theil seiner ohnehin geringen Streitkräfte wegnahmen, während auf anderen Seiten die Gefahren immer höher wuchsen und die Getreuen zu erdrücken drohten.

Schon damal wendete er sich an den bereits in Ungarn stehenden Feldmarschall Fürsten Windischgrätz mit der dringenden Bitte um Verstärkungen. Um jedoch den FML. Gedeon in die Lage zu setzen, die so gefährliche Haromszek schneller zur Unterwerfung zu bringen, sah sich der Commandirende veranlasst, die Brigade Schurtter von dem kleinen Corps des Generals Wardener aus Klausenburg abzuberufen und gegen die Haromszek zu senden. Diese bestand damal aus dem 3. Bataillone des Regiments Herzog von Parma Nr. 24, dem Landwehrbataillone Sivkovich, dem 1. Bataillone des 1. Romanen-Gränzregiments, 1 Division Max Chevaux-

legers und 1 sechspfündigen Batterie. Hiedurch wurde die Truppenmacht in Norden, gegenüber den schon in nächster Nähe stehenden
nicht weniger grosser Gefahren leider zu sehr geschwächt und
gegen die Szekler doch nichts Wesentliches ausgerichtet. GM.
Schurtter rückte am 18. Dezember 1848 in Kronstadt ein, wo
ausserdem kurz vorher auch die aus Rekruten bestehende 17.
Compagnie des Infanterie-Regiments Tursky zur Versehung des
Garnisonsdienstes eingetroffen war.

Die Ankunft der Verstärkung erweckte die Hoffnung, die
Operationen würden mit voller Energie aufgenommen werden.

Zuerst erhielt Lieutenant Anton von Mold des Regiments,
der sich schon wiederholt als kühn und entschlossen bewährt
hatte, den Befehl, mit einer Abtheilung Landsturm zu Fuss und
zu Pferd und einigen der treugebliebenen Szeklerhussaren die
Feinde aus den Siebendörfern zu vertreiben, wo sie sich seit
einiger Zeit festgesetzt und die höchst wichtige Verbindung
Kronstadt's mit dem Tömöscher Passe gefährdet hatte. Nach
einem Gefechte, in welchem die Szekler mehrere Todte hatten,
wurden sie vertrieben.

Am linken Flügel wurde Marienburg durch das 3. Bataillon
Parma, das Landwehr-Bataillon Sivkovich, und eine sechspfündige
Batterie wieder besetzt, und am 20. Dezember sollten die Szekler
mit ganzer Macht angegriffen werden. Diessmal waren es die
Elemente, welche jede Bewegung verboten. Die Witterung hatte
sich furchtbar verschlimmert und der Nemere, ein in der Csik
und Háromszek eigenthümlicher alles durchdringender und erstar-
render Wind, welcher so lange sein schneidendes Wehen dauert, den
Aufenthalt im Freien lebensgefährlich macht, hatte sich erhoben,
und in kürzester Zeit waren bei der schon ausgerückten Truppe
so viele Erfrörungen eingetreten, dass die Unternehmung für
diesen Tag aufgegeben werden musste und auf den 24. Dezember
aufgeschoben wurde.

Am 21. Dezember griffen die Szekler die Vorposten bei
Marienburg an, wurden aber mit Verlust zurückgeschlagen.

Am 22. Dezember unternahm Oberst Baron Stutterheim
eine grosse Recognoszirung von den Siebendörfern bis Tartlau,
der Feind zog sich überall bei dem Erscheinen der Colonne
zurück. Die 3. Division Bianchi durchstreifte die Gegend von

8*

Bodola, machte dort einige Gefangene und erbeutete Schlachtvieh, einige Pferde und Wägen mit Proviant.

Am 24. Dezember griff General Schurtter mit seiner Brigade die bei Hidweg concentrirten Szekler an, und zersprengte sie vollständig; aber auch dieser Sieg wurde nicht benützt und am 25. Dezember besetzte der Feind Tartlau von Neuem. Als aber Hauptmann Vever mit der 9., einer Hälfte der 1. und einer Hälfte der 2. Compagnie Bianchi, einer Compagnie des 1. Romanen Regiments, einer Escadron Savoyen Dragoner, 2 Geschützen und einer Abtheilung Landsturm anrückte, zog sich der Feind ohne einen Kampf zu wagen zurück, Tartlau wurde wieder besetzt und so gut als möglich verschanzt. Gleichzeitig besetzte Hauptmann Bergou mit der 2. Hälfte der 2. Compagnie Bianchi, der 11 Compagnie des 1. Romanen - Regiments, 20 Dragonern und 50 Mann Landsturm Brendorf. In der Nacht vom 25. zum 26. Dezember griff der Feind Vevers Vorposten an, wurde aber mit Verlust zurückgeworfen.

Am 26. Dezember rückte der Feind um drei Viertel auf 9 Uhr Frühe in zwei starken Colonnen mit 5—600 Mann Szekler-Infanterie, 150 Mann Cavallerie, einem Geschütze und etwa 2400 Mann mit Lanzen bewaffneten Landsturm von Bodola und Nyen gegen Tartlau vor. Hauptmann Vever rechtzeitig davon benachrichtigt erwartete ihn. Der Feind stellte sich in einer Entfernung von 1500 Schritten in der ganzen Frontbreite in zwei Abtheilungen auf. Hauptmann Vever hielt sich bei der offenbaren Übermacht der Gegner zuerst defensiv, entwickelte vor dem Dorfe in der Richtung gegen Bodola seine zwei Compagnien Infanterie und die Dragoner, stellte dort die zwei Geschütze auf und liess durch den berittenen Theil seines Landsturms des Feindes linke Flanke und Rücken bedrohen; mit dem Landsturme zu Fuss bildete er eine starke Sturmcolonne und war durch seine Aufstellung im Stande, nach allen Seiten mit Leichtigkeit seine Truppen zu verwenden. Als er eben angriffsweise vorgehen wollte, kam vom Feinde der Civil-commissär Barabás mit einem Lieutenant und einem Tambour, ein weisses Tuch schwenkend. Hauptmann Vever stellte seine Bewegung ein, der Commissär nahte sich und übergab ein Schreiben mit Friedensanträgen. Hauptmann Vevor übernahm es, und versprach dasselbe weiter zu senden, da er sich selbst in derlei Unter-

handlungen nicht einlassen konnte, forderte aber zugleich den
unverzüglichen Rükzug des Feindes, widrigens er nach einer
Viertelstunde angreifen würde. In demselben Augenblick erschienen
in seiner linken Flanke von Nyén her zwei feindliche Reiter und
einige Infanteristen, und erregten den Verdacht, dass der Feind
auch von Bickfalva anrücke und das Parlamentíren nur eine
Finte sei. Hauptmann Vever behielt nun den Civilkommissär als
Geissel bei sich, forderte durch den zurückgeschickten Offizir um
so dringender den Rückzug des Feindes, widrigenfalls er unverzüglich angreifen würde, und setzte seine unterbrochene Bewegung
sogleich fort. Die Szekler warteten aber den Angriff nicht ab,
räumten das Feld und gingen nach Bodola und Nyén zurück.

Hauptmann Bergou unternahm zu derselben Zeit einen
Streifzug nach Erös, vertrieb den dort gefundenen Feind und
kehrte darauf wieder nach Brenndorf zurück.

FML. v. Gedeon verlegte am 26. Dezember sein Hauptquartier
von Vledény nach Kronstadt, und als am 27. Dezember das Streifcorps des Rittmeisters Baron von der Heydte im Burzenlande
einrückte, die Linien-Infanterie Gedeon's um die zweite Hälfte
der 1. und um die 3. und 4. Compagnie Bianchi stärker geworden
war, beschloss der Feldmarschall-Lieutenant den Feind am 30.
Dezember anzugreifen.

Die Rebellenführer verzweifelten nun an einem günstigen
Erfolge ihres Widerstandes, fanden es für den Augenblick nicht
in ihrem Interesse den Kampf fortzusetzen und boten, um den
gegen sie vorbereiteten Angriffe zu entgehen, scheinbar eine
neuerliche Unterwerfung an. FML. v. Gedeon nahm die Unter-
handlung auf, zog die bereits bis an die Gränze der Haromszek
vorgeschobene Truppe zurück, und schickte den Rittmeister Baron
von der Heydte zum Abschlusse der Unterwerfungsbedingungen
nach Arapataka. Dieser brachte am 1. Jänner 1849 den berüch-
tigten Szekler-Pacificationsvertrag zu Stande, welchem gemäss
sich die Szekler dem commandirenden Generalen unterwerfen, die
angeworbenen Honveds und Kossuth (Mátyás) Hussaron entlassen,
deren Waffen und Pferde und die sämmtlichen Geschütze auslie-
fern und nur die militärisirten Gränzer ihre Waffen behalten sollten.

Schon am 2. Jänner zeigten sich Kundgebungen, wie ernst
es den Rebellen mit ihrer Unterwerfung war. Sie sammelten sich

in bedeutender Stärke zu Bikfalva, bedrohten von dort aus eine in Nyén stehende kaiserliche Truppenabtheilung und verbrannten die ungelesen gebliebene zum Gehorsame mahnende Proclamation des Commandirenden.

FML. Baron Puchner durch gefahrvolle Umstände von andern Seiten immer mehr bedroht und am 4. Jänner genöthigt den FML. v. Gedeon aufzufordern, ihm, wenn es anders seine Umstände erlauben, ausser dem schon früher von ihm abberufenen Landwehrbataillone Sivkovich auch noch das 3. Bataillon Parma, eine Division Dragoner und die vom Oberlieutenant Sichrowski commandirte sechspfündige Batterie zu schicken, ratifizirte den Arapataker Vertrag, jedoch nur unter der ausdrücklichen Bedingung, dass die Entwaffnung eine allgemeine sein und auch die Gränzbevölkerung die Waffen ablegen solle.

Oberkönigsrichter Alberth von Horvath, Oberst Zsombori und noch andere Häupter der Szekler und Abgeordnete der Haromszeker Ortsgemeinden beschworen am 5. Jänner zu Kronstadt den so ratifizirten Vertrag, der gleich darauf schimpflich zu Nichts wurde. Obgleich die Insurgenten sämmtlich wohlbewaffnet und ihre Hussaren gut beritten waren, lieferten sie nichts weiter aus, als 3 schlechte Kanonenröhre, 1 Doppelhacken, 41 Feuergewehre, 40 Pistolen und 46 elende Ackerpferde, von denen nur 14 und diese nur fehlerhaft für den Dienst assentirt wurden. Es war dies weit eher ein frecher Hohn, als eine redliche Vertragserfüllung; die Honveds und Hussaren wurden sammt Waffen und Pferden bei dem Adel versteckt und warteten auf günstigere Zeiten. Später wurden ihnen noch in der Czik 55 zur Verbergung dahin gesendete Pferde abgenommen. Das Werthvollste, das sie herausgaben, waren 44 Gefangene.

Vom FML. v. Gedeon wurde nichts veranlasst, um die ernstliche Einhaltung des Vertrages zu überwachen und durchzuführen, er vertraute noch immer zu viel; während er mit dem unterschriebenen Papiere Alles erreicht zu haben meinte, sahen seine Offizire und Soldaten alle ertragenen Beschwerden, ihre aufopferungsvolle Hingebung fruchtlos und die Rebellen konnten ihren Jubel kaum verbergen, dass sie neuerdings so leichten Kaufes durchgeschlüpft waren.

Mitwirkung des 2. Bataillons Baron Bianchi bei der Verproviantirung der Festung Arad am 14. Dezember 1848.

Während die 6 Compagnien des ersten und die 9. Compagnie des 2. Bataillons Bianchi gegen die Szekler rühmliche Kämpfe durchfochten, fanden die im Westen Siebenbürgens gebliebenen 5 Compagnien des zweiten Bataillons ebenfalls Gelegenheit zu einer schönen Waffenthat.

Das Festungscommando zu Temesvar lud in den ersten Dezembertagen den FML. Puchner durch den Generalen Mayerhofer ein, zur Verproviantirung der bereits von den ungarischen Insurgenten eingeschlossenen Festung Arad mitzuwirken. Baron Puchner liess sogleich eine Expeditionscolonne unter Oberstlieutenant Johann Berger von Bianchi zu Dobra bilden, welche von Siebenbürgen aus gegen Arad vorrücken und die Aufgabe jener Colonne, welche unter General Graf Leiningen schweres Positionsgeschütz, Munition und Mundvorrath in die Festung bringen sollte, erleichtern sollte.

Die siebenbürgische Colonne bestand aus der 7., 8., 10., 11. und 12. Compagnie Bianchi, welche aus Broos und Deva nach Dobra abrückten, aus zwei Compagnien des 1. Romanen-Regiments, 1 Compagnie Carl Ferdinand, zusammen 1400 Mann Linien-Infanterie, 1 Escadron Max Chevauxlegers, 1 Flügel Szekler Husaren und 1 dreipfündigen Batterie, ausserdem aus etwa 1200 Mann Landsturm und 60 romänischen Lanzenreitern, welche Rittmeister Graf Alberti aufgestellt hatte und befehligte.

Aus der Linien- und Gränz-Infanterie wurden 2 Bataillone formirt, das eine bestehend aus der 7., 8., 11. und 12. Compagnie Bianchi unter Hauptmann Franz Vukovich, das 2. bestehend aus den übrigen 4 Compagnien unter Major Josef von Riebel des 1. Romanen-Gränz-Regiments.

Die Colonne marschirte am 9. Dezember 1848 von Dobra ab, vertrieb am 11. etwa 150 Szeklergränzer aus Lippa, machte mehrere von ihnen zu Gefangenen, vereinigte sich am 14. Dezember zu Engelsbrunn mit dem Generalen Grafen Leiningen und stellte sich dort unter dessen Commando. Gleich darauf erfolgte die Vorrückung gegen Szt. Miklos, wo die Insurgenten mit 15000

Mann und zahlreichem Geschütze theils hinter Verschanzungen theils hinter Barricaden standen.

General Graf Leiningen liess seine Batterien eine zweckmässige Aufstellung nehmen und gegen die südliche Einfassung des Ortes ein so wirksames Feuer eröffnen, dass die feindlichen Geschütze bald verstummen mussten und Szt. Miklos an mehreren Stellen in Brand gerieth.

Dem Bataillone Bianchi wurde vom Generalen Grafen Leiningen zur Auszeichnung die Ehre des ersten Angriffes gegönnt. Mit begeistertem Hurrah rückten die Angriffscolonnen des Bataillons gegen die östlich von Engelsbrunn gelegenen feindlichen Werke, Oberlieutenant Anton Baron Baum war der erste im Schanzgraben und darauf der erste auf der Schanze, freudig folgte die Mannschaft nach und brach sich die Gasse durch den hartnäckig widerstehenden Feind. Die umsichtige und unerschrockene Leitung der Hauptleute von Meissner und Moriz Braunmüller, des Oberlieutenants Baron Baum und Raffelsberger führte die Truppen mit raschen Erfolgen von Stellung zu Stellung, der Feind wurde von allen Barrikaden vertrieben, aus den Verschanzungen und Häusern mit dem Bajonette hinausgeworfen und 2 Haubitzen nebst einem Munitionskarren weggenommen.

Lieutenant v. Sonnenstein führte dabei eine zum weiteren Vordringen nothwendige Pionirarbeit, obgleich ihn die feindlichen Kugeln wie ein Hagel umsausten, mit der kaltblütigsten Ruhe aus und erwarb sich die anerkennende Bewunderung seiner Kameraden; Bataillonsadjutant Julius Horst stieg vom Pferde ab. trat in die Reihen der 7. Compagnie und nahm an dem Sturm ehrenvollen Antheil; Oberstlieutenant Berger commandirte mit entschiedener Einsicht und vorleuchtender Tapferkeit, von einer Flintenkugel blessirt, verliess er den Kampf nicht, bis das Resultat desselben gesichert war. Unter der Mannschaft zeichneten sich namentlich Feldwebel Camillo Marinowsky und Tambour Pinkas Perlmutter durch besondere Herzhaftigkeit aus, ersterer wurde bald darauf zum Offizir befördert und letzterer mit der silbernen Tapferkeitsmedaille 2. Classe decorirt.

Mit gleichem Verdienste wirkten die übrigen Abtheilungen des Expeditionscorps, namentlich das zur Colonne des Generals Grafen Leiningen gehörige Bataillon Leiningen zum Ganzen mit;

der linke Flügel des Feindes wurde theils durch den Frontalangriff, theils durch Umgehung vollständig zum Weichen gebracht, ihm noch 2 andere Haubitzen, 1 zwölfpfündige Kanone und 7 Pferde abgenommen, 200 Mann gefangen und 16 Artilleristen des k. k. 5. Artillerie-Regiments in die Lage versetzt, zu den kaiserlichen Truppen zurückzukehren.

Besonders verderblich für die Insurgenten wurde das rasche Vorrücken des Baitallons Bianchi in dem Momente, als sie sich in Neu-Arad sammeln und nochmals aufstellen wollten. Sie wurden dadurch und durch das Nachdringen der übrigen kaiserlichen Abtheilungen gezwungen, sich in wilder Flucht auf die zu ihrer Communication mit Alt-Arad hergestellte Schiffbrücke zu werfen. Auf dieser wurden sie aber bei ihrem Übergange von den Kugeln der Festung erreicht und mussten hier einen neuen sehr empfindlichen Verlust an Todten und Verwundeten erleiden. Um das linke Ufer gänzlich vom Feinde zu säubern, wurde das Tirailleurfeuer noch den ganzen Tag fortgesetzt und mussten die dortigen Mühlen, welche den Insurgenten noch immer einige Haltpunkte boten, mit Granaten in Brand gesteckt werden.

Arad wurde nun mit schwerem Geschütze und Munition so wie mit Mundvorrath für ein halbes Jahr versehen. Während die diesfälligen Vorkehrungen mehrere Tage in Anspruch nahmen, stand das Bataillon Bianchi im Bivoak zwischen Neu-Arad und Szt. Miklos.

Der Gesammtverlust der Kaiserlichen bei dieser wichtigen Expedition bestand in 15 Todten und 40 Verwundeten, von Bianchi war 1 Mann todt und nebst dem Oberstlieutenant Berger 5 Mann blessirt.

Bem's Auftreten in Siebenbürgen.

General Baron Wardener drängte nach der Einnahme von Klausenburg die Insurgenten durch Oberstlieutenant Losy v. Losenau bis Csucsa; eine bei 12.000 Mann starke Insurgenten-Colonne unter Katona Miklos und Teleki Sandor, welche am 21. November von Nagy-Bánya kommend Dées eingenommen hatte, wurde von

Urban am 25. von dort vertrieben und bis Nagy-Somkut verfolgt. Ihr nach dem Abrücken der Brigade-Schurtter bedeutend verminderte Truppenmacht Wardeners behielt ihre frühere Stellung in und bei Klausenburg inne und schob nur einige Abtheilungen nach Bánfi-Hunyad, Nagy-Almás, Magyar Sombor und Dées vor.

Die Feinde waren um so rühriger, verstärkten sich durch Zuzüge aus Ungarn bis auf eine Zahl von 11 bis 12.000 Mann Infanterie, über 1200 Mann Cavallerie und 4 Batterien, welche unter dem zum Commandanten der ganzen Insurgentenmacht in Siebenbürgen ernannten schon aus der polnischen Revolution und zuletzt aus den Octobertagen Wiens bekannten sehr thätigen Josef Bem sich mit der Fronte gegen Klausenburg in der Szilágy-ság so aufstellten, dass ihr rechter Flügel das Défilé bei Csucsa als den Schlüssel nach Grosswardein und Szilágy - Somlyó be-setzte, ihr Centrum in Kraszna und Zilah stand, ihr linker Flügel bei Sibó die von Nagy - Banya an der Szamos nach Dées und Klausenburg führende Strasse beherrschte.

Bei dem Näherrücken des Feindes beschloss GM. Baron Wardener zuerst den rechten Flügel der Insurgenten zu werfen und entsendete am 14. Dezember 1848 den kurz zuvor zum Obersten ernannten unternehmenden Urban mit 2 Compagnien von Carl Ferdinand, 1 Bataillon des 2. Romanen-Gränz-Regimentes, 1 Compagnie Bukovinaer Gränz-Cordonisten, zusammen etwa 1200 Mann Infanterie, mit 1 Escadron Savoyen - Dragoner und 5 Ge-schützen in die linke Flanke des bei Csucsa stehenden Feindes, er selbst rückte mit 1500 Mann Infanterie, etwa 250 Mann Ca-vallerie und 1 sechspfündigen Batterie am 18. Dezember nach Bánfi-Hunyad vor, besetzte zu seiner Deckung Dées mit 8 Compag-nien des Infanterie-Regiments Erzh. Carl Ferdinand, 2 Compagnien Bukovinaer Gränz-Cordonisten, 2 Compagnien des Romanen Gränz-Regiments, 1 Escadron Savoyen - Dragoner, 1 Zug Max Chevaux-legers und 2 Geschützen unter dem Obersten Jablonowsky, während in Klausenburg nur 1 Compagie Carl Ferdinand Infanterie zurückblieb.

Der Feind sollte bei Csucsa am 19. Dezember 1848 ange-griffen werden, Oberst Urban traf jedoch schon am 18. Dezember mit ihm zusammen, musste sich aber von der Colonne des GM. Baron Wardener, ungeachtet dieser von seinem Kampfe in Kennt-niss gesetzt wurde, nicht unterstüzt vor der Übermacht zurückziehen.

Als GM. Baron Wardener am 19. Dezember bei Csucsa allein angriff, konnte Urban leider nicht mehr mitwirken und Wardener zog sich nach einem unglücklichen Gefechte nach Klausenburg zurück.

Oberst Jablonowsky in Dées angegriffen und von Klausenburg abgeschnitten, musste nach tapferem Widerstande weichen und wendete sich nach Bistritz, wo er am 25. Dezember eintraf, an welchem Tage Baron Wardener in demselben Momente Klausenburg räumte, in welchem Oberst Urban sich über Berend zurückkommend der Stadt bis auf eine Stunde weit genähert hatte und nun bei der Unmöglichkeit sich mit der Haupttruppe zu vereinigen, zurückkehrte, worauf er nach einem der kühnsten und beschwerlichsten Märsche und nachdem er dem nahen Verderben glücklich entgangen war, am 27. Dezember nach Bistritz gelangte, wo er, weil Oberst Jablonowsky, welcher sich auf dem Marsche bei der Kälte von 20 Graden die Füsse erfrört hatte und krank nach der Bukovina abgehen musste, das Commando über die sämmtlichen 1900 Mann Infanterie und 120 Mann Cavallerie betragenden Truppen und 7 Geschütze übernahm.

Diese Ereignisse entzogen dem kleinen Südcorps des FML. Baron Puchner 10 Compagnien des Infanterie-Regiments Erzherzog Carl Ferdinand und einige Cavallerie nebst 2 Geschützen.

GM. Baron Wardener marschirte mit dem ihm noch gebliebenen Reste der Truppen nach Thorda.

Auf die Nachricht von dem Einfalle der Insurgenten im Norden Siebenbürgens wurde die Colonne des Oberstlieutenants Berger von Arad zurückgerufen und kam nach anstrengenden Eilmärschen am 27. Dezember Abends nach Mühlbach. Wenige Stunden darauf musste sie gegen Klausenburg weiter gehen, gelangte aber nur bis Tövis, wo sie vom GM. Baron Wardener den Befehl erhielt, ihn zu erwarten und darauf mit ihm nach Carlsburg zurückkehrte, wo er in Folge eines früher erlittenen Sturzes vom Pferde nach wenigen Tagen starb.

Bem beschloss nach seinen Erfolgen gegen GM. Baron Wardener den Obersten Urban aus Siebenbürgen zu verdrängen und folgte ihm mit mehr als 5000 Mann und 3 Batterien nach Bistritz. Unterwegs entsendete er eine Umgehungscolonne gegen Lechnitz, eine zweite gegen Naszód, er selbst rückte mit 3500 Mann und

14 Geschützen vor. Oberst Urban zog sich, nachdem er noch die Regimentscassa und seine Magazine gerettet sah, vor der Übermacht zurück und blieb nach einigen geringeren Gefechten u. 5. Jänner 1849 in Jakobeni stehen.

Die Insurgenten besetzten Tihutza und Bem wendete sich nun nach dem Süden Siebenbürgens, wozu er bereits gegen Ende Dezembers seine Vorbereitungen getroffen hatte.

FML. Baron Puchner's Vorrücken gegen Bem.

Schon am 30. Dezember 1848 meldete Oberst August, Schlosscommandant zu M. Vásárhely, dass zu Bogács nur fünf Stunden weit von ihm entfernt für 6000 Mann ungarischer Truppen Brod und Fleisch bestellt wurde. FML. Baron Puchner schloss daraus, dass die Insurgenten ihre Richtung nach der Haromszek zu nehmen und Mediasch und Schässburg anzugreifen beabsichtigen. Er befahl demnach am 31. Dezember dem FML. v. Gedeon, diesen und den Umständen, welche sich bei Kronstadt ergeben dürften, gemäss mit seinen Truppen so zu disponiren, dass Schässburg und Reps gehörig gesichert seien, gleichzeitig setzte er ihn von seinen eigenen bevorstehenden Bewegungen umständlich in Kenntniss.

FML. Baron Puchner wollte an der Kockel so viele Truppen als möglich concentriren, um nach den sich immer deutlicher entwickelnden Absichten, der Marschrichtung und Stärke des Feindes die weiteren Verfügungen zu treffen und einem ersten Angriffe der Insurgenten zuvorzukommen, während sein linker Flügel durch Carlsburg und dessen Besatzung gedeckt wurde.

Am 1. Jänner 1849 wurde die Vorrückung an die Kockel befohlen. Das Centrum der Kaiserlichen bildete die Brigade Kalliany. Diese bestand aus dem

3. Bataillone Sivkovich mit 4 Compagnien unter Major von Kunich,

2. Bataillone Bianchi mit der 7., 8., 11. und 12. Compagnie unter Oberstlieutenant Berger,

2 Compagnien Bukoviner Gränz-Cordonisten,

¼ Compagnie als Pionierabtheilung,

2½ Escadronen Max Chevauxlegers,

1 ½ Escadronen Savoyen-Dragoner,

1 sechspfündige Batterie unter Oberlieutenant Herle,

½ dreipfündige Batterie unter Oberlieutenant Hitsch;

zusammen aus 28 ½ Compagnien mit 3100 Mann Infanterie, 3 ¾ Escadronen mit 250 Reitern und 9 Geschützen.

Den linken Flügel der Aufstellung bildete die Brigade des Obersten v. Losenau des Regiments Max Chevauxlegers Nr. 3, bestehend aus 1 Bataillon Carl Ferdinand, 1 Division des 1. Romanen-Gränz-Regiments, 2 Escadronen Max Chevauxlegers, 1 Escadron Szekler-Hussaren und ½ dreipfündige Batterie; Oberst v. Losenau selbst befand sich in Mihalzfalva, der ihm zugewiesene Landsturmcommandant Axentie Severu sollte das linke Marosufer besetzt halten und die Klausenburger Strasse beobachten, Hauptmann Csernovič bildete mit einem Streifcorps bestehend aus Banater Gränzern, 1 Compagnie Leiningen und romänischen Landsturme aus dem Zarander Comitate, die äusserste Abtheilung dieses Flügels.

Den rechten Flügel sollte der nach der vermeintlichen Pacification der Haromszek verfügbar gewordene Theil des Gedeon'schen Corps bilden. Der commandirende General eröffnete dem FML. v. Gedeon es sei unerlässlich, genau zusammenzuwirken, wolle man nicht untergehen, er gab ihm bekannt, dass er so viele Truppen als möglich sammle, um eine Demonstration, vielleicht sogar einen Angriff auf Klausenburg durchzuführen und sich sodann mit voller Kraft auf M. Vásárhely zu werfen, er sinke aber, während Gedeon stark sei, fast zu einem Streifcommando herab, habe nur 9 Geschütze, dabei keine ärarische Bespannung, die gedungenen Bauernburschen aber desertiren oft sammt den Pferden; er forderte ihn daher dringend auf, ihm schleunigst zu Hilfe zu kommen. FML. v. Gedeon liess aber die erste Colonne, nämlich das dritte Bataillon Parma, die 17. Compagnie Leiningen, die 1. Majordivision Savoyen-Dragoner und die sechspfündige Batterie unter Oberlieutenant Sichrowsky erst am 14. Jänner über Persány, Also-Venicze, Kumana und Kuczulata nach Reps marschiren, wo sie die weiteren Befehle abwarten sollte. Am 17. Jänner stand sie schlagfertig bei Kaizd. Am 15. Jänner marschirte Oberst Baron Stutterheim mit der 2., 5., 6. und 9. Compagnie Bianchi, 1 Compagnie Tursky, 2 Compagnien Romanen-Gränzer, 2 sechspfündigen und 1 dreipfündigen Geschütze über Vledény nach Sárkany und

von da auf Wägen aber doch verspätet nach Reps, wo er si.
am 17. Jänner aufstellte. Die 1., 3. und 4. Compagnie Bianch.
liess FML. v. Gedeon in Udvarhely stehen, Baron Heydte war az
äussersten rechten Flügel, um die aus dem Udvarhelyer Stuhl-
nach M. Vásárhely führende Strasse zu beobachten.

In zweiter Linie stand die Brigade des Oberstlieutenant-
Dorasile von Carl Ferdinand Infanterie, bestehend aus einem componirten Bataillone unter Major Josef von Riebel zu Carlsburg,
aus sämmtlichen im Zarander Comitate zerstreuten Abtheilungen
des ersten Romanen-Regiments, aus 1 Compagnie des sächsischen
Jägerbataillons zu Mühlbach, aus 2 Compagnien dieses Bataillons
zu Reussmarkt, 1 Compagnie Tursky, 1 Escadron Max Chevauxlegers und 1 dreipfündigen Batterie; ferners die Reservebrigade
des pens. Generals Gräser zu Mediasch, bestehend aus 3 Compagnien Leiningen, davon eine zu Schässburg, zwei zu Mediasch.
1 Compagnie Romanen-Gränzer; 1 Compagnie Leiningen und 1
Compagnie sächsischer Jäger, welche zu dieser Brigade gehörten,
waren noch am Hinmarsche.

Am 2. Jänner 1849 marschirten die benannten 4 Compagnien
Bianchi unter Oberstlieutenant Berger von Carlsburg, wo die 10.
Compagnie unter Oberlieutenant v. Thorwesten zur Verstärkung
der Besatzung zurückblieb, bei einer Kälte von 24 Graden R.
nach Blasendorf ab, es mussten aber mehr als 60 Mann wegen
erlittenen Erfrörungen in die Spitäler von Carlsburg und Mediasch
gebracht werden.

Am 3. Jänner traf das Bataillon Bianchi und der commandirende General in Mediasch ein, ersteres wurde sogleich nach
Bajom vorgeschoben. Nachdem sich die Brigade Kalliany zu Mediasch vollständig gesammelt, rückte sie am 12. Jänner bis Seiden
vor, wohin am 14. Jänner 4 neu ausgerüstete zwölfpfündige Geschütze unter dem Oberfeuerwerker von Hopf aus Carlsburg
nachkamen.

Treffen bei Szökefalva am 17. Jänner 1849.

· Am 14. Jänner 1849 brachte man in Erfahrung, dass Bem.
über M. Vásárhely an die kleine Kockel heranziehe; unverzüglich

wurden den Commandanten der Flügel die Befehle zugesendet, dem Centrum schleunigst näher zu rücken; am 16. Jänner brach die Brigade Kalliany nach Dicsö Szt. Márton auf.

Das Terrain, auf welchem diese Brigade nun operirte, breitet sich zwischen der grossen und kleinen Kockel aus; an letzterem Flusse liegt Kockelburg, etwa zwei Meilen aufwärts Dicsö Szt. Márton, nicht weit von diesem gegen Süd - Ost das Dorf Borzás, nahe an diesen gegen Osten Szökefalva und eine halbe Meile östlicher Gálfalva, sämmtlich durch gute Strassen oder Landwege verbunden. Zwischen beiden Flüssen erhebt sich ein Landrücken und verlauft nach Norden gegen Borzás und Szökefalva in sanfter Böschung, welche weiter gegen die kleine Kockel in ziemlich steilen Abhängen endet. Zwischen Borzás und Szökefalva liegt eine Schlucht, deren südlicher Rand bewaldet ist; von Borzás führt durch eine andere ziemlich breite Schlucht ein Weg, über Poestelke nach Mediasch.

Als die Brigade Kalliany nach Dicsö Szt. Márton kam, wurde das 3. Bataillon Sivkovich und die Divison Bukovinaer Gränzcordonisten nach Szökefalva, das Landwehrbataillon Sivkovich mit einer halben dreipfündigen Batterie nach Gálfalva vorgeschoben. Nach etwa einer Stunde wurde dieses letztere Bataillon von Bem, der mit 6000 Mann Infanterie, 800 Reitern und 30 sechspfündigen Geschützen anmarschirte, angegriffen und verdrängt. Es wich zuerst nach Szökefalva und darauf mit dem dortigen Bataillone nach Borzás zurück. Auf die Meldung von dem Geschehenen rückte die ganze Brigade bis Borzás vor, das Bataillon Bianchi bezog die Vorposten gegen Szökefalva und widerstand dort einem erneuerten Angriffe des Feindes, wobei es 4 Todte und 6 Verwundete verlor. Die ganze Brigade brachte die Nacht bei einer furchtbaren Kälte ohne Feuer im Freien zu.

Am 17. Jänner 1849 um 4 Uhr in der Frühe rückte die Brigade von Borzás bis an die vor Szökefalva liegende Schlucht, vor welcher nun die Gränzcordonisten die Vorposten bezogen. Von einer Annäherung des FML. von Gedeon oder Obersten von Losenau zeigte sich keine Spur, der Brigade Kalliany stand demnach bevor, den Kampf dieses Tages allein durchzufechten. Sie nahm zu diesem Ende folgende Aufstellung:

Erstes Treffen: auf der Strasse das 3. Bataillon Sivkovi: rechts davon auf Bataillons - Intervall das Bataillon Bianchi und noch weiter am rechten Flügel das Landwehrbataillon Sivkovich alle in geschlossenen Divisionscolonnen.

Zweites Treffen: Grenadirbataillon Baron Urracca am linken die Pionierabtheilung und das 3. Bataillon Carl Ferdinand am rechten Flügel; bei diesem Treffen befanden sich die sämmtliche Geschütze.

Drittes Treffen: Die Cavallerie.

Aus dieser Stellung rückten bei Anbruch des Tages das Landwehrbataillon Sivkovich und die 7. und 8. Compagnie Bianch: unter Oberstlieutenant Berger rechts über und vor die Schluch: bis an den Waldrand, die Gränzcordonisten in geöffneter Schlachtordnung gegen das Dorf Szökefalva; die sechspfündige Batterie unter Bedeckung des 3. Bataillons Sivkovich nahm auf der Strasse einige hundert Schritte über der Schlucht auf einer mässigen Anhöhe eine Stellung, während die halbe dreipfündige Batterie zwischen der sechspfündigen Batterie und den am Waldrande stehenden Abtheilungen durch die 11. Compagnie Bianchi bedeckt, auffuhr. Das zweite und dritte Treffen folgte dieser Vorrückung in angemessener Weise.

Bem stellte seine Geschütze vor Szökefalva auf. der grösste Theil seiner Infanterie war im Dorfe, sein linker Flügel lehnte sich an den Bergrücken und wurde durch drei staffelförmig aufgestellte Bataillone gebildet; eine Division Hussaren stand als Bedeckung bei den Geschützen. Die Insurgenten hatten alle Vortheile der Örtlichkeit für sich, und während sie jede Bewegung der Kaiserlichen leicht überblicken konnten, war ihre eigentliche Stärke durch das Dorf Szökefalva maskirt.

Um 8 Uhr Morgens eröffneten die Cordonisten und die 7., 8. und 11. Compagnie Bianchi das Tirailleurfeuer gegen die feindlichen Plänkler, welche ihnen aus den Reihen der am Saume des Dorfes postirten Abtheilungen entgegen eilten. Gleichzeitig begannen die Insurgenten mit 4 Batterien das Artilleriefeuer, welches die Kaiserlichen wirksam erwiederten. Das Verhältniss dieser Streitkräfte war ein allzu ungleiches, 30 Geschütze gegen 13. Der Feind war im Stande diese wenigen Geschütze heftig zu beschiessen, und sein verderbliches Feuer gleichzeitig gegen die einzelnen Abtheilungen der Brigade Kalliany zu richten. Das Grenadirbataillon Urracca versuchte zu stürmen, musste aber dieses Vorhaben aufgeben, weil es sonst durch die feindlichen Kartätschen hätte aufgerieben werden müssen; eben so musste das 3. Bataillon Sivkovich, welches Szökefalva erstürmen wollte, sich vor dem feindlichen Artilleriefeuer zurückziehen.

Länger als eine Stunde rangen die beiderseitigen Kräfte mit einander, die Batterie des Oberlieutenant Herle war theils wegen ihrer guten Position, theils wegen ihres wohlgezielten Feuers ein besonderer Gegenstand des feindlichen Angriffes geworden. Endlich wurde sie von einer Cavalleriebatterie Bems überflügelt, und durch ein anstürmendes Bataillon, welches ungeachtet des stärksten Kartätschenfeuers schon nahe an die Geschütze gekommen war, zum Weichen gebracht. Oberlieutenant Herle zog sich auf eine etwa 300 Schritte rückwärts gelegene Anhöhe zurück, stellte sich dort wieder auf und eröffnete neuerdings ein äusserst ergiebiges Feuer. Der Feind hatte es aber offenbar auf die Vernichtung dieser Batterie abgesehen und nahm sie mit 16 Geschützen in ein fürchtbares Kreuzfeuer; 4 Mann der Bedienung und 9 Pferde lagen getödtet, 2 Geschütze zusammengeschossen in der Batterie, aber noch immer hielt Oberlieutenant Herle seine Stellung, deren Wichtigkeit er so gut kannte wie der Feind, beharrlich fest. Da wurde ihm das Pferd unter dem Leibe erschossen, er stürzte mit dem todten Thiere so heftig in eine Vertiefung, dass er für den Augenblick die Besinnung verlor und als er wieder zu sich kam, war er durch die Last des auf ihm liegenden Pferdes und den Schmerz, welchen ihm der erlittene Sturz verursachte, verhindert, sich zu erheben; die Mannschaft hielt ihn für todt. Des tapferen und einsichtsvollen Führers beraubt und beinahe ohne Munition zog sich die Batterie zurück; den Commandanten aber wollten die braven Kanonire unter keinen Umständen verlassen. Vormeister Tytze eilte ungeachtet des fortdauernden heftigen Feuers der Insurgenten zurück und als er Herle noch am Leben fand, hob er mit eben so grosser Anstrengung als Freude das todte Pferd mittelst eines abgeschossenen Protzbaumes so weit auf, dass sich Herle mühsam herauswinden und von Tytze gestützt bis zu einem Wagen schleppen konnte, der ihn mit noch einigen Verwundeten weiter führte; sein braver Retter erhielt für seine That die silberne Tapferkeitsmedaille.

9

Als die Batterie des Oberlieutenants Herle genöthigt war sich zurückzuziehen, eilten unverzüglich zwei feindliche Batterien nach und zwangen, unterstützt von einer dichten Plänklerkette auch den Oberlieutenant Hitsch zu einer rückgängigen Bewegung mit seinen Geschützen, von deren Bespannung bereits mehrere Pferde getödtet worden waren. Nun liess FML. Baron Puchner die 4 zwölfpfündigen Geschütze an der Schlucht und links von der Strasse eine Stellung nehmen und allsogleich ihr Feuer beginnen. Hauptmann v. Meissner verstärkte mit der 11. Compagnie Bianchi die weichende Plänklerkette und hielt das Vordringen der feindlichen Infanterie, Feuerwerker v. Hopf jenes der Artillerie auf Bald schlossen sich den Zwölfpfündern die noch übrigen diensttauglichen Geschütze an, das Landwehrbataillon Sivkovich, das Bataillon Bianchi und die Cordonisten am rechten, die übrigen Truppen am linken Flügel wirkten kräftig zusammen, das Terrain vor der Schlucht wurde noch immer behauptet. Da entsendete Bem aus Szökefalva zwei Bataillone Infanterie und 3 sechspfündige Geschütze über die gefrorene Kockel in die linke Flanke der Kaiserlichen. FML. Baron Puchner stellte dieser Umgehungscolonne eine halbe dreipfündige Batterie und zwei Divisionen Grenadire entgegen. Darauf bedrängte der Feind das hiedurch geschwächte Centrum mit seiner Übermacht so sehr, dass es sich unmöglich länger halten konnte.

FML. Baron Puchner befahl daher den Rückzug über Poestelke nach Mediasch.

Jetzt wurde die Abwesenheit des entschlossenen Oberlieutenants Herle erst recht fühlbar. Die Artillerie nicht mehr in seinen Händen zog sich, statt den Rückzug zu decken, rathlos auf einmal aus dem Feuer; die rechts und links aufgestellten Truppen hiedurch überrascht und verwirrt, verliessen ihre Stellungen und nur mit Mühe entgingen das Grenadirbataillon und die am Waldrande befindlich gewesenen Abtheilungen der Gefangenschaft.

Ohne Befehl deckte nun Bianchi, einige Abtheilungen Grenadire und Sivkovich Infanterie mit aufopfernder Tapferkeit den Rückzug ihrer Kameraden, wobei sich insbesondere Oberlieutenant Baron Anton Baum und Lieutenant Franz Nahlik der 8. Compagnie des Regiments Bianchi hervorthaten, indem sie mit kaltblütiger Besonnenheit und vorleuchtenden persönlichen

Muthe die Mannschaft aufzurichten, anzufeuern, in guter Ordnung zu erhalten und erfolgreich zu verwenden wussten und unter
ihrem eben so braven Hauptmanne Moriz Braunmüller, welcher
die Versprengten möglichst an sich zog und die Bataillonsfahne, als
der Führer erschöpft sie nicht mehr tragen konnte, ergriff und
begeisternd empor hielt, den Verfolgern einen heldenmüthigen
Widerstand entgegen setzten. Der Feind bedrängte die Kaiserlichen mit einer ihnen auf dem Fusse folgenden Cavalleriebatterie
auf das Empfindlichste und am halben Wege nach Pocstelke unternahm eine Division Hussaren eine Schwarmattaque. Da sammelte
Korporal Drath der 12. Compagnie 30 Mann von Bianchi und
stellte sich den dahersprengenden Reitern beherzt entgegen. Mit
ausgezeichneter Tapferkeit rettete Drath, welcher später dafür mit
der Tapferkeitsmedaille zweiter Classe belohnt wurde, durch diese
Unerschrockenheit Leben und Freiheit vieler Leute, welche sich
hinter ihm ralliirten und als sich dann schnell eine Escadron Max
Chevauxlegers mit Ungestüm auf die Hussaren warf, wurden
diese nach kurzem Kampfe mit bedeutendem Verluste zurückgedrängt und liessen vom weiteren Angriffe ab. Die Brigade setzte
den nun geordneten Rückzug unbehelligt fort.

Die Compagnien des Regiments hatten 11 Todte, 22 Verwundete und 15 Vermisste. Der Wagen des Oberstlieutenants
Berger mit der Bataillonscassa, in welcher sich 4000 fl. CM. befanden, fiel in die Hände des Feindes.

Mediasch und die dort aufgehäuften grossen Proviantvorräthe
mussten aufgegeben werden, die Brigade marschirte bis Frauendorf und kam am 18. Jänner nach Hermanstadt, wo der erkrankte
Oberstlieutenant Berger genöthigt wurde, das Commando des zweiten
Bataillons dem Hauptmanne Franz Vukovich zu übergeben.

Schlacht bei Hermanstadt am 21. Jänner 1849.

Oberst Losenau hatte den unglücklichen Ausgang des Treffens
bei Szökefalva noch rechtzeitig erfahren, ordnete sogleich seinen
Marsch nach Hermanstadt an und es gelang seiner Thätigkeit

9*

und Landeskenntniss mit seiner Brigade am 20. Jänner daselbst einzutreffen.

Nicht so glücklichen Erfolg hatte das Bestreben des FML Baron Puchner seinen rechten Flügel schnell an sich zu ziehen Der erste aus Frauendorf am 17. Jänner abgesendete Befehl auf kürzestem Wege und um jeden Preis schleunigst nach Hermanstadt zu marschiren, gelangte erst am 19. Jänner um Mitternacht zu Kaizd in FML. Gedeons Hände, welcher sogleich den Rittmeister v. d. Heydte und die 3 Compagnien Bianchi aus Udvarhely an sich zog und dann den Marsch antrat. Weitere dringende Befehle am 21. Jänner zuverlässig zur Theilnahme an der bevorstehenden Schlacht bei Hermanstadt einzutreffen, kleinere Abtheilungen auf die rückwärtigen Verbindungen des Feindes zu werfen. dessen Postenrs aufzuheben u. a. dgl. fanden den FML. v. Gedeon noch viel zu weit von Hermanstadt entfernt und blieben ohne Erfolg.

Bems Stern war im Steigen, er verfolgte seinen Vortheil und eilte den Kaiserlichen nach. FML. Baron Puchner war fest entschlossen Hermanstadt zu halten, die Einwohner wurden aber durch die getroffenen allgemeinen militärischen Massregeln wegen Sicherung der öffentlichen Cassen und der ärarischen Vorräthe und durch die Absendung der Militärverwaltungskanzleien und Beamten nach Rothenthurm besorgt gemacht, die treue Stadt werde unvertheidigt aufgegeben werden. Ein ähnliches Gerücht schlich auch unter den Truppen umher und wirkte peinlich, denn die Soldaten sehnten sich, den Tag von Szökefalva heimzuzahlen. In dieser drückenden Stimmung versammelten sich am 19. Jänner Nachmittags sehr viele Offizire und beschlossen, den FML. Baron Puchner unter Versicherung ihrer unbedingten Hingebung zu bitten, sie ehemöglichst gegen den Feind zu führen, und nicht mehr retiriren zu lassen, da sie entschlossen seien, lieber zu sterben, als zu weichen. Jede der in Hermanstadt gewesenen Truppenabtheilungen wählte zu der Deputation, welche diese Bitte vortragen sollte, zwei Offizire aus ihrer Mitte, die Offizire von Bianchi betrauten hierzu den Hauptmann Moriz Braunmüller und Hauptmann-Auditor Nahlik, der schon früher zum Corpsauditor ernannt nun auch für die Kriegsdauer als freiwilliger Combattant eingetreten und der Person des FML. Baron Puchner unmittelbar zur Dienstleistung zugewiesen worden war.

Major Kleiser vom Regimente Sivkovich führte die allerdings nicht streng reglementsmässige aber von glühender Begeisterung erfüllte Deputation vor.

FML. Baron Puchner empfing die erschienenen 15—16 Offizire nicht ohne einige Überraschung und als Major Kleiser bei einem ihm so ganz neuen Auftreten etwas befangen in der Ansprache an den Commandirenden sich einer etwas minder glücklichen Redewendung bediente, wäre er beinahe ganz missverstanden, das Erscheinen der Deputation sehr übel genommen worden, doch fand Hauptmann - Auditor Nahlik schnell einen geeigneten Anlass, um die Absicht der Deputation, die Hingebung und Bitte der Offizire auszudrücken und FML. Baron Puchner gab zwei Tage später vor Eröffnung der Schlacht bei Hermanstadt die Versicherung, dass hier nicht retirirt werden solle.

Mit gehobenem Sinne verliessen die Offizire den greisen Führer, wirkten begeisternd und ermuthigend auf die Mannschaft und Bevölkerung ein und fanden bald Gelegenheit, ihre Gesinnung in ernster That zu bewähren.

Am 20. Jänner 1849 um 4 Uhr Nachmittags erdröhnten von Grossscheuern, einem auf der Strasse nach Mediasch gelegenen etwa eine Stunde weit von Hermanstadt entfernten Dorfe, fünf Kanonenschüsse, welche die von ihren ersten Erfolgen berauschten Insurgenten gegen einzelne sich zurückziehende Vedetten abgefeuert hatten.

Der Donner dieser Schüsse war ein schneller Bote mit der Nachricht über die Nähe des Feindes, seine Kunde wurde auch schnell benützt und in kürzester Zeit stand das kleine todesmuthige Häuflein der Kaiserlichen an den angewiesenen Sammelplätzen.

Die bevorstehende Schlacht sollte auf dem Terrain in Norden und Nordosten der Stadt geschlagen werden. Dort breitet sich ein ziemlich weiter, damal festgefrorener auf 6—8 Zoll verschneit gewesener Wiesengrund aus, welcher im Westen von den sanften Abhängen des Neppendorfer Plateaus, im Norden von dem Salzburger Berge, in Nordost und im Osten von dem mit Weinreben bepflanzten Altenberge und von da weiter von den hinter Hammersdorf südöstlich ziehenden, auf ihren Gipfeln mit Wald bewachsenen Höhen, im Süden durch die Gärten der Vorstadt und dem Zibin-

flusse begränzt wird. Der von Westen nach Südosten dem Zib-
zueilende Reissbach, der aus Norden von Grossscheuern kommend
Krumbach, einzelne Wasserabzugsgräben, ein nach dem östlichen
Rande des Altenberges führender Feldweg und die über den nordwestlichen Theil des Altenberges gelegte, über Grossscheuern nach
Mediasch führende Strasse, welche mit einer soliden Brücke über
den Reissbach versehen ist, endlich die nordwestlich von dieser
Brücke nach Salzburg (Vizakna) gehende alte Strasse, und rechts
davon der Feldweg gegen Mundra durchschneiden diese Ebene, deren
grösste Breite von Süden nach Norden etwa 1600, und deren grösste
Längenausdehnung von den Neppendorfer Anhöhen im Westen bis an
den Zibinfluss bei Hammersdorf im Osten beiläufig 2500 Kftr. beträgt.

Die Vorstadt von Hermanstadt, aus welcher man auf die bezeichnete Ebene hinaustritt, ist an ihren äussersten Gärten namentlich hinter dem mit seiner langen Front gegen die Stadt gerichteten
Theresianischen Waisenhause, Retrenchement genannt, theilweise
von den Resten einiger niedrigen Erdwälle, welche ehemal zu den
äussersten Schanzen der Stadt gehörten, umgeben.

Alle wichtigen und leichter zugänglichen Stellen der Umfassung der Stadt waren mit Pallisaden versichert, rechts und links
von der nach Neppendorf führenden Strasse waren nahe an den
Gärten der dortigen Vorstadt zwei Flechen von mässiger Ausdehnung und zwei andere im Süden und Südosten der Stadt, die eine
rechts von der Strasse nach Schellenberg, die andere links von
der Strasse nach Kornetzel aufgeworfen, doch wurde keine von
ihnen je armirt und nur die eine rechts vom Wege nach Neppendorf gelegene ein einziges Mal und zwar nur auf sehr kurze Zeit
während der Schlacht bei Hermanstadt besetzt; an mehreren der
alten Bastionen der Stadt und in der Verpallisadirung zwischen
der Kaserne und dem städtischen Bräuhause standen im Ganzen
7—8 zum Theile eiserne Geschütze, jedoch viel zu weit von dem
Platze entfernt, auf welchem die Schlacht geliefert werden sollte.

Nach der erwähnten Vorstadt beim Retrenchemente wurden
am 20. Jänner Abends die k. k. Truppen verlegt, die 4 zwölfpfündigen Kanonen unter Feuerwerker von Hopf auf der Strasse ausserhalb und in nächster Nähe der Pallisaden, etwas näher gegen die
Stadt zwei eiserne sechspfündige von Hermanstädter Nationalgarden bediente Kanonen auf einem etwa 10 Schuh hohen Erd-

werke aufgestellt. Das zweite Bataillon Baron Bianchi bezog unter
Hauptmann Vukovich die Vorposten nördlich von Neppendorf und
der Neppendorfer Vorstadt gegen den Salzburger Berg und blieb
in dieser Aufstellung bis zum Morgen des nächsten Tages. Eine
Colonne von 2 Gränzcordons-Compagnien, 2 Compagnien des 1. Ro-
manen-Gränz-Infanterie- Regiments , zusammen etwa 550 Mann,
400 Mann vom sächsischen Landsturme, 12 Dragoner und 18 Chevauxlegers , sämmtlich bestimmt , folgenden Tages den rechten
Flügel der kaiserlichen Aufstellung zu bilden , marschirten unter
Major Carl von Riebel nach Hammersdorf, von wo sie die Vorposten bis Hahnenbach, einem Dorfe nordöstlich von Grossscheuern,
vorschob, zur Täuschung des Feindes über 140 Lagerfeuer unterhielt , ihn während der ganzen Nacht mit Patrouillen beunruhigte und so auf dieser schwächsten Seite der Stadt jede feindliche Umgehung hintanhielt.

Die übrigen Truppen blieben während der Nacht innerhalb
der Pallisaden.

Am 21. Jänner 1849 Morgens nahmen die kaiserlichen Streitkräfte folgende Aufstellung; die schon erwähnten 4 zwölfpfündigen
und die eisernen 2 sechspfündigen Kanonen, blieben wie Abends
zuvor stehen, 4 dreipfündige Geschütze unter Oberlieutenant Hitsch
wurden links von den zwölfpfündigen aufgestellt; diese sämmtlichen
zehn Kanonen unter Commando des Artilleriehauptmanns Niederau
bildeten das Centrum der kaiserlichen Schlachtlinie. Gleich hinter
der Artillerie , von den Pallisaden und Gärten ziemlich gedeckt, ,
stand die Brigade Kalliany, und zwar zuerst das Grenadirbataillon
Urracca, links davon das Landwehrbataillon Sivkovich unter Major
Kleiser , darauf das dritte Bataillon desselben Regiments unter
Oberstlieutenant von Kunich, dessen 18. Compagnie eine Zeit lang
die eine Fleche an der Neppendorfer Strasse besetzt hielt, darauf
folgte an dieselbe Fleche angelehnt die 11. und 12. Compagnie
Bianchi unter dem Divisionscommandanten Hauptmanne v. Meissner
und das 3. Bataillon Tursky Infanterie unter Major Nehiba. Rechts
vom Retrenchement stand im Centrum ein Bataillon der Hermanstädter Nationalgarde und auf dem grossen Raume zwischen dem
Retrenchement und der langen Gasse 6 Züge Savoyen - Dragoner
unter den Rittmeistern Rudolf Wagner und Josef von Papp.

Am linken Flügel hielt die Brigade Losenau die Anhöhen

von Neppendorf, mit der Fronte gegen den Salzburgerberg gerichtet, besetzt, sie bestand aus dem 3. Bataillone Carl Ferdinand (13., 14., 15. und 16. Compagnie), einem aus 3 Compagnien desselben und 2 Compagnien des 1. Romanen-Gränz-Regiments gebildeten vom Major Josef von Riebel commandirten Bataillone. 4 Escadronen Max Chevauxlegers, den Szekler-Hussaren und einer halben dreipfündigen Batterie.

Oberlieutenant Herle von Bianchi stand auf der Anhöhe zwischen der Neppendorfer Reichsstrasse und dem nach Kleinscheuern führenden Wege mit 9 sechspfündigen Kanonen unter Bedeckung der 7. und 8. Compagnie Bianchi, bei denen sich auch der Bataillonscommandant Hauptmann Vukovich befand, theils als Reserve, theils zur eigenen Action.

Der linke Flügel und die dort bei weitem zahlreichere Artillerie hatte insbesondere die Aufgabe, eine erwartete Umgehungscolonne zurückzutreiben, von der man in Erfahrung gebracht hatte, dass sie unter dem Insurgentenobersten Czetz mit 2000 Mann und 12 Geschützen von Salzburg aus gegen Neppendorf vorrücken, die Kaiserlichen in der linken Flanke und im Rücken angreifen und von dort aus in Hermanstadt eindringen sollte.

In der Stadt blieben als Reserve auf dem grossen Platze die 3., 5. und ein Detachement der 6. Compagnie siebenbürgisch-sächsischer Jäger und das 2. Bataillon Hermanstädter Nationalgarde, die Reservedivision von Graf Leiningen Infanterie mit der Reservemunition bei der Kaserne, die 4. Compagnie siebenbürgisch-sächsischer Jäger beim Elisabeththore und die Reservedivision Tursky beim Sagthore. Die ganze kaiserliche Streitmacht bestand aus kaum 4000 Mann Infanterie, 500 Reitern und 22 Geschützen.

Der Morgen des 21. Jänner 1849 war mit dichtem Nebel, welcher jede weitere Aussicht verhinderte angebrochen. Voll entschlossenen Muthes erwarteten die Kaiserlichen den Feind. FML. Baron Puchner stand mit den Offiziren seiner Suite und seinem vortrefflichen Generalstabschef Major Teutsch in der Nähe der Zwölfpfünder.

Um ein Viertel auf acht Uhr zeigte sich auf der Strasse von Grossscheuern eine dunkle Gruppe. Eines der kaiserlichen Geschütze gab Feuer und von den nahenden Gestalten war nichts weiter zu sehen. Wie man später erfuhr, war dort der Insurgentengeneral Bem, welcher nach seinen ersten glücklichen Erfolgen die sogleiche Einnahme der Stadt mit solcher Sicherheit voraussetzte, dass er am Abende zuvor seinen Hauswirth, den Pfarrer von Gross-scheuern zu sich in das Quartier des commandirenden Generals in Hermanstadt einlud, mit mehreren Offiziren vor seiner Avant-garde herangeritten. Der erste Schuss der Kaiserlichen tödtete an seiner Seite den Insurgentenobersten Mikes Kelemen, den Ad-jutanten Terrei und das Pferd eines andern Offizirs. Bem blieb unverletzt, sprengte zurück und ordnete seine Truppen zum An-griffe. Er liess 16 sechspfündige Geschütze links von der Strasse im Kernschussertrage der zwei eisernen kaiserlichen Sechspfünder aufführen und in einer Entfernung von etwa 1000 Schritten vom Centrum Puchners auf und rechts von der Strasse zwei Infanterie-bataillone und zwei andere links von der Strasse, diese letzteren staffelförmig als erstes Treffen aufmarschiren. In seinem zweiten Treffen stand auf der Strasse eine sechspfündige Batterie, zu beiden Seiten Infanteriemassen, auf seinem linken Flügel zahl-reiche Cavallerie, die Reserve war in Grossscheuern geblieben. Im Ganzen verfügte Bem auf dem Schlachtfelde über 5000 Mann Infanterie, 1000 Reiter und 22 Geschütze; die 2000 Mann und 12 Kanonen unter Czetz in jedem Augenblicke erwartet, blieben in so weit von erheblichem Einflusse auf den Gang der Schlacht, dass sie die Brigade Losenau durch so lange Zeit von entschei-dendem Zusammenwirken mit ihrem Centrum zurückhielten.

Der Feind griff unverweilt die Mitte der Kaiserlichen und fast gleichzeitig ihren linken und rechten Flügel an. Von dem ersteren wurde die feindliche Colonne durch ein vortreffliches Artilleriefeuer schnell zurückgetrieben. Gegen den rechten Flügel der Kaiserlichen rückte der Feind mit 2 Bataillonen Infanterie, 4 Escadronen Hussaren und 4 Geschützen unterhalb der Wein-gärten des Altenberges vor. Major Carl von Riebel liess die Ver-bindung zwischen Hammersdorf und Hahnenbach nur durch einen Zug Infanterie schwach besetzt, um von einer dort sehr leicht möglichen und eben so gefahrvollen etwaigen Umgehung recht-zeitig in Kenntniss gesetzt zu werden, seine übrige reguläre In-fanterie und die wenigen Reiter stellte er mit einsichtsvoller Be-nützung des Terrains dem Feinde entgegen, den Landsturm liess er in verschiedenen Gruppen derart in Reserve, dass ihn der Feind für bei weitem stärker hielt, und keinen ernstlichen Angriff unternahm. Einzelne vorsprengende Hussarenpatrouillen wurden schnell geworfen und Major Carl v. Riebel drückte, ohne jedoch seine defensive Stellung zu vergessen, die Überzahl der Gegner allmälig bedeutend zurück.

Im Centrum dagegen erfolgte der Angriff auf die Kaiserlichen mit ausserordentlicher Heftigkeit. Die 16 Geschütze des Feindes feuerten mit der grössten Lebhaftigkeit, die kaiserlichen Kanonen antworteten der Art, dass die feindlichen Batterien um etwa 100 Schritte zurückweichen mussten. Zwei Stunden lang hatten bereits die Geschütze hier gedonnert, und je mehr der Nebel sich hob, desto erbitterter war der Kampf geworden. Nun nahm Bem die kaiserlichen Geschütze in ein Kreuzfeuer, welches 2 Zwölfpfünder sehr beschädigte. Hauptmann Niederau wurde schwer verwundet vom Schlachtfelde weggetragen. So wie das Feuer der kaiserlichen Batterie wegen der verminderten Zahl der Geschütze schwächer wurde, rückte eines der rechts von der Strasse gestandenen feindlichen Bataillone unter dem Schutze der Artillerie zum Sturme vor. Da befahl FML. Baron Puchner, welcher während des heftigsten feindlichen Feuers mit bewunderungswürdiger Ruhe dem Gange der Schlacht gefolgt war, den Dragonern und fast gleichzeitig dem Grenadirbataillone Urracca und dem 3. Bataillone Sivkovich den Feind anzugreifen. Die Dragoner attaquirten vortrefflich die schnell zum Quarré geschlossene feindliche Infanterie, allein mehrere Gräben und ein wirksames feindliches Feuer machten, dass die Attaque misslang. Rittmeister von Papp blieb todt, Oberlieutenant Scheich, mehrere Dragoner und Pferde wurden verwundet. Dagegen drangen die Grenadire und Sivkovich ungeachtet sie vom feindlichen Kartätschenfeuer viel zu leiden hatten, mit dem Bajonette auf die feindliche Infanterie ein, warfen sie mit Verlust zurück und behaupteten durch längere Zeit das gewonnene Terrain. Ein Versuch der feindlichen Cavallerie, das Centrum durchzubrechen, wurde von den dreipfündigen Geschützen mit Kartätschen zurückgewiesen, und um sie auch weiters ferne zu halten, die Szeklerhussaren und eine Escadron Max Chevauxlegers vom linken Flügel herbeigezogen.

Mit aufopfernder Entschlossenheit widerstand das Centrum allen Anstrengungen des Feindes, ungeachtet die Artillerie, theils durch erlittene Verluste, theils durch momentanen Mangel an

Munition, welche aus zu grosser Entfernung herbeigebracht werden musste, das feindliche Feuer nicht mit dem erforderlichen Nachdruck erwiedern konnte, die Grenadire so wie das dritte Bataillon Sivkovich ihre gewonnene Stellung nicht länger behaupten konnten und die Gefahr von Minute zu Minute wuchs.

FML. Baron Puchner sendete demnach der Brigade Losenau den Befehl zu, mit dem linken Flügel vorzurücken, um den Feind in seiner rechten Flanke zu bedrohen, dessen Kräfte theilweise auf sich zu lenken und so dem Centrum den ungleichen Kampf zu erleichtern.

Durch den Offizir, welcher diesen Befehl überbrachte, kam Oberlieutenant Herle, welcher aus seiner Aufstellung die Vorgänge im Centrum nicht gehörig hatte wahrnehmen können, in die Kenntniss der dortigen Bedrängniss, erkannte nun sogleich des Feindes Absicht und fasste eben so rasch den Entschluss, sie zu vereiteln. Er liess zu diesem Ende die eine halbe sechspfündige Batterie unter Korporal Mandolak mit den nöthigen Verhaltungsmassregeln am linken Flügel stehen, und eilte mit der ganzen sechspfündigen Batterie, deren Bedienungsmannschaft er so gut es nur anging auf die Pferde, Protzkasten und Lafetten aufsitzen liess, auf dem kürzesten Wege dem Centrum zu; die 7. Compagnie Bianchi unter Lieutenant Gustav Eckhardt folgte ihm als Bedeckung nach Möglichkeit nach. Zwei seiner Geschütze warfen bei dem gestreckten Galopp auf dem schlechten Wege um, mit den übrigen 4 Stücken kam er in dem verhängnissvollsten Augenblicke im Centrum an. Sein Erscheinen änderte sehr bald die ganze Sachlage. Herle placirte schnell seine Kanonen, zu denen noch eine von den am Wege umgeworfenen nachgekommen war, ordnete auch die übrigen noch kampffähig gefundenen, begeisterte die Mannschaft durch sein Beispiel und richtete nun ein wirksames Feuer gegen den Feind, welcher überrascht seine Anstrengungen gegen den neuen Gegner verdoppelte, sich aber bald genöthigt sah, zu weichen und etwa 100 Schritte weiter zurück eine andere Stellung zu nehmen. Herle folgte ihm augenblicklich nach und griff ihn abermal an. Die feindliche Übermacht gab aber die Schüsse der Kaiserlichen doppelt zurück, ihre Kugeln schlugen nach einander in Herle's Batterie ein, aus welcher die Bedienungsmannschaft, als abermal Mangel an Munition fühlbar wurde, zwei Geschütze her-

ausziehen wollte. für welche keine Patronen mehr vorhanden waren.
Oberlieutenant Herle verbot diess um jedem entmuthigenden Eindrucke vorzubeugen. „Wir können hier sterben" rief er den Ka-
noniren zu. „aber keinen Schritt weichen!" und überzeugt, dass
er sich in seiner Stellung nicht lange halten könne, wei die Kugel-
patronen bei allen Geschützen schon zur Neige gingen, und dass
hier nur mit aussergewöhnlicher That ein entscheidender Erfolg
erzielt werden könne, liess er die links stehende halbe Batterie
schnell aufprotzen, fuhr mit ihr in der rechten Flanke der feindlichen Geschütze auf und fasste sie auf kurze Distanz mit einem
so mörderischen Kartätschenfeuer. dass sie kein anderes Rettungs-
mittel sahen, als schleunigst zurückzugehen. Herle folgte ihnen
mit der halben Batterie in der Flanke und mit der halben aus
seiner früheren Frontstellung genommenen zweiten halben Batterie
nach, und als sie sich am Fusse des Altenberges neuerdings aufstellten, griff er sie sogleich wieder an.

Kaum hatte er das neue Gefecht aufgenommen, so musste er
wahrnehmen, dass seine Munition nun gänzlich zu Ende gehe.
In diesem höchst bedenklichen Augenblicke erblickte er einen auf
der Strasse zürckgebliebenen feindlichen Munitionskarren, liess
mit einer der letzten Kartätschenpatronen dessen Stangenpferde
niederschiessen, bemächtigte sich darauf. der Munition und neu
belebt entbrannte ein kurzer aber heftiger Kampf, aus welchem
der Feind mit Verlust einer Kanone und zweier Munitionswägen
mit vollen sechspfündigen Ladungen abermal weichen musste.
Jubelnd fielen die Kanonire über die willkommene Beute und
während Lieutenant Eckhardt, welcher mittlerweile mit der 7. Compagnie Bianchi nachgekommen war, die andrängenden feindlichen
Plänklerschwärme zurückjagte, eilte Herle den fliehenden Geschützen nach, welche er mit ihrer eigenen Munition und der
erbeuteten Kanone so furchtbar beschoss, dass sie keine neue
Stellung nehmen konnten und noch einen vierten Wagen mit
Haubitzenmunition im Stiche lassen mussten.

Während der steten Verfolgung des Feindes bemerkte Oberlieutenant Herle, dass ungarische Bataillone nochmals vorgehen
und die vorrückenden Kaiserlichen umgehen wollten. Er detachirte
demnach, ohne seine Verfolgung zu verzögern, zwei Geschütze
unter Bedeckung der einen Hälfte der 7. Compagnie Bianchi so

zweckmässig, dass sie die drohende feindliche Bewegung vereitelten und auch einen Versuch der feindlichen Cavallerie, sie anzugreifen im Vereine mit der Bedeckurg zurückwiesen. Herle verfolgte indess fortan die Artillerie und erbeutete auf der Spitze des Altenberges eine Kanone und eine Haubitze.

Die Insurgenten flohen nun durch Grossscheuern, zündeten am Eingange dieses Dorfes einige Häuser hinter sich an, und nahmen auf der Strasse, welche sich bei ihrem Austritte aus Grossscheuern links gegen Stolzenburg den Berg hinanzieht, ihre letzte Aufstellung. Oberlieutenant Herle war im Galopp an den brennenden Häusern vorbeigeflogen und griff den Feind vom Neuen an. Seine Vormeister zielten so gut, dass gleich nach den ersten Schüssen zwei feindliche Geschütze demontirt und die Insurgenten unter Zurücklassung eines Kanonenrohres, mehreren Bagage- und Rüstwägen genöthigt wurden, in hastiger Flucht davonzueilen.

Während Oberlieutenant Herle mit wahrhaft heldenmüthiger Tapferkeit die feindlichen Batterien warf und das Übergewicht der Insurgenten in dieser Waffe vernichtete, trieben die übrigen Truppen die feindlichen Massen zurück und vervollständigten die Niederlage Bem's.

Oberst v. Losenau rückte nach dem Befehle des FML. Baron Puchner mit dem linken Flügel vor und drängte dort den Feind, wobei insbesondere der Artilleriekorporal Mauernhammer sich durch seine Mitwirkung mit einer halben Batterie auszeichnete. Auf diesem Flügel hatte namentlich Hauptmann Moriz Braunmüller mit der 8. Compagnie Bianchi, einer Escadron Max Chevauxlegers und der von Herle zurückgelassenen halben sechspfündigen Batterie gegen den Weg nach Salzburg Stellung genommen. Er rangirte seine Compagnie in 2 Glieder, verlängerte dadurch seine Frontlinie und mit der Artillerie in der Mitte die Chevauxlegers an beiden Flügeln rückte er gegen eine anmarschirende zahlreiche Truppe und warf sie vollständig. Bei der Verfolgung fiel er leider an der Spitze seiner Abtheilung durch eine Kanonenkugel getroffen, und endete nach wenigen Stunden sein edles Leben. Oberlieutenant Anton Baron Baum übernahm das Commando der 8. Compagnie und trieb den Feind rasch über die Höhen, wobei sich Lieutenant Franz Nahlik als Commandant der Plänkler durch

Unerschrockenheit und zweckmässige Führung der Mannschaft auszeichnete.

FML. Baron Puchner hatte mittlerweile die sämmtlichen Reserven aus der Stadt an sich gezogen und liess alle seine Abtheilungen im Centrum vorrücken, wo die 11. und 12. Compagnie des Regiments Gelegenheit gefunden hatte, auf den Feind zu stossen. Diese Division war längere Zeit unthätig bei der Fleche an der Neppendorfer Reichsstrasse gestanden. Da sie noch immer keinen Befehl erhalten hatte zum Kampfe, an dem bereits fast alle Abtheilungen betheiligt waren, vorzurücken, marschirte Hauptmann von Meissner aus eigenem Antriebe und unter dem freudigen Zurufe der Offizire und Mannschaft in die Gefechtslinie, wo ihn alsbald das feindliche Geschützfeuer begrüsste, durch welches gleich Anfangs 2 Mann getödtet wurden. Der Feind schickte der Division einen dichten Schwarm Plänkler entgegen, Hauptmann v. Meissner löste die 12. und die eine Hälfte der 11. Compagnie in Tirailleurs auf und warf nach einer Stunde hitzigen Gefechtes den Feind zurück. Oberlieutenant v. Gablenz wurde hierbei durch eine Flintenkugel am Oberschenkel der Art verwundet, dass er kampfunfähig wurde, die 11. Compagnie hatte in diesem Zusammenstosse 4 Todte und 13 Blessirte, die 12. 2 Todte und 5 Verwundete; gleichzeitig wurden Lieutenant Julius Horst und Hauptmann-Auditor Nahlik an anderen Gefechtsstellen blessirt.

Auf dem rechten Flügel schritt Major Carl von Riebel in der linken Flanke der Insurgenten zur Offensive. Seine Gränzcordonisten in Plänkler aufgelöst trieben den Feind in die Weinberge, wo dieser hinter jeder Hecke, jedem Gartenhause Widerstand leistete, bis er mit dem Bajonette hinausgeworfen wurde, während die Romanen-Gränzer die Höhen umgingen und die Insurgenten zum vollen Rückzuge auf diesem Punkte nöthigten.

Es war 2 Uhr Nachmittags, die Sonne glänzte am völlig heiter gewordenen Himmel, der Feind wich auf gebahnten und ungebahnten Wegen, da ertönten von der Musikbande des Infanterie-Regiments Bianchi wie ein begeisterter Dankeshymnus die elektrisirenden Klänge „Gott erhalte unsern Kaiser!" Sie wurden von Bataillon zu Bataillon mit jubelndem Hurráh begrüsst und mit den dazu accompagnirenden Kanonensalven wurden der feindlichen Arriergarde die letzten Kugeln, die sie noch erreichen konnten, nachgesendet.

Am Fusse des Altenberges liess FML. Baron Puchner seine vorrückende Schlachtordnung halten, weil er noch immer das Erscheinen der Umgehungscolonne unter Czetz, welche zur Schlacht zwar zu spät gekommen, aber während des Rückzuges der feindlichen Hauptmacht auf der Salzburger Höhe sichtbar war, besorgen musste. Es erhielt demnach nur Oberst Losenau den Befehl mit den Szeklerhussaren, einer Escadron Max Chevauxlegers, dem 3. Bataillone Sivkovich, dem combinirten Bataillone des Majors Josef v. Riebel, den Grünzcordonisten und der Reservedivision Tursky, dann der Batterie des Oberlieutenant Herle und der 7. Compagnie von Bianchi den Feind zu verfolgen, ihm so viel als möglich Abbruch zu thun und keine Ruhe zu lassen. Die übrigen Truppen blieben für das Eintreten des von Salzburg her besorgten Angriffes, der aber nicht erfolgte, in Bereitschaft.

Losenau verfolgte den Feind bis an die letzte Höhe vor Stelzenburg, wohin Bem allmählig alle seine Abtheilungen dirigirt hatte, versuchte sogar auch noch einen Angriff auf Stolzenburg selbst, der aber erfolglos blieb, weil er von der Artillerie nicht entsprechend unterstützt werden konnte. Nach Mitternacht zog sich Losenau nach Grossscheuern zurück.

So war der 21. Jänner 1849 ein glänzender Tag für die k. k. Waffen geworden. Ein numerisch überlegener Feind mit einer weit stärkeren gut commandirten und tapferen Artillerie wurde von einer weit kleineren Macht geschlagen, bei welcher Entschlossenheit ersetzte, was ihr an Zahl abging; Offizire und Mannschaft hatten ihr Gelöbniss treu erfüllt. Der Feind erlitt empfindlichen Verlust; 3 Kanonen, 1 Haubitze, 4 Munitionswägen und vorzügliche Bespannungen fielen den Kaiserlichen in die Hände. Über 100 Todte und noch mehr Verwundete lagen auf dem Schlachtfelde, eine sehr grosse Anzahl Blessirter schaffte der Feind noch früher zurück. Besonders viel hatte ein Rest der Wiener akademischen Legion gelitten.

Die Kaiserlichen hatten ihren Sieg nicht leicht erkauft, sie zählten über 60 Todte, darunter 2 Offizire, 135 Verwundete, darunter 9 Offizire und 1 Nationalgarde, welchem bei der Geschützbedienung ein Arm abgeschossen wurde, und 43 Vermisste. Von den

4 Compagnien Bianchi waren 1 Offizir und 10 Mann todt. 3 Offizire und 22 Mann blessirt, 27 vermisst. Die Artillerie und Cavallerie hatte 17 todte, 2 blessirte und 4 vermisste Pferde.

Die tapferen Kämpfer bei Hermanstadt erkannten dem Oberlieutenant Herle einstimmig den Preis des Tages zu. die Hermanstädter priesen ihn als ihren damaligen Retter und zollten ihm noch nach Jahren, als er aus ihrer Mitte schied, in einer besonderen Adresse alle Ehren und als Seine Majestät der Kaiser ihm nach beendeten Feldzuge das Ritterkreuz des Leopoldordens verlieh und das Capitel des Theresienordens ihn unter seine Ritter aufnahm, gab es nur eine allgemeine Anerkennung der Gerechtigkeit dieser Belohnung; das Regiment Bianchi zählte den verdienten Offizir mit Stolz zu den Seinen.

Ein bescheideneres, aber nicht minder edles Verdienst erwarben sich die Männer, die menschenfreundlich die Wunden zu heilen eilten, welche erbittert der wilde Kampf geschlagen. Oberarzt Dr. Josef Rohm von Parma Infanterie brachte mit unerschrockener Hingebung mitten im stärksten Feuer den Blessirten seinen ausgezeichneten Beistand. Oberarzt Dr. Alois Klaar von Bianchi Infanterie leistete ihnen mit unermüdeter Hingebung Hilfe. Beide wurden später dafür mit der grossen goldenen Verdienstmedaille ausgezeichnet. Oberarzt Dr. Szabo stand ihnen würdig zur Seite.

Angriff auf Stolzenburg am 24. Jänner 1849.

Am 22. Jänner 1849 traf FML. v. Gedeon mit seiner ganzen Truppe nach einem sehr mühevollen Marsche in Hermanstadt ein.

Das Regiment Baron Bianchi war nun mit Ausnahme der 10. Compagnie, welche noch immer in Carlsburg war, mit beiden Bataillons beisammen. Ernst und freudig begrüssten sich die Männer, welche während der erst kurzen Dauer des ausgebrochenen unseligen Kampfes sich schon in zahlreichen Gefechten als tüchtig bewährt und denen die Grösse der weiteren Aufgabe, welche ihnen das Geschick zugewiesen, nicht unterschätzt vor Augen stand.

Aus den vereinten 11 Compagnien des Regiments wurden 3 Bataillone componirt; das erste bestand aus der 1., 2., 3. und

4. Compagnie unter Commando des Hauptmanns Carl Vever, das 2. bildeten die 7., 8., 11. und 12. Compagnie, es wurde vom Hauptmann Franz Vukovich befehligt; das 3. Bataillon unter Hauptmann Friedrich von Stronfeld bestand aus der 5., 6. und 9. Compagnie, alle 3 Bataillone gehörten zur Brigade Stutterheim und zur Division Gedeon.

FML. Baron Puchner beschloss nun mit seinen vermehrten Streitkräften gegen die Insurgenten zu Stolzenburg angriffsweise vorzugehen. Hierzu wurde der 24. Jänner 1849 bestimmt. Major Kleiser marschirte mit dem Landwehrbataillone Sivkovich und einer dreipfündigen Batterie über Hahnbach, um dem Feinde in den Rücken und die linke Flanke zu fallen, Major Josef v. Riebel hatte mit seinem Bataillone den Feind über Mundra und Ladamos zu umgehen und ihn in seiner rechten Flanke anzugreifen, das Regiment Bianchi, das 3. Bataillon Parma, das Grenadirbataillon Baron Urracca, die zwölfpfündige Batterie, zu welcher Tags vorher noch zwei neu ausgerüstete Stücke aus Karlsburg gekommen waren, und eine sechspfündige Batterie sollten unter General Kalliany im Centrum angreifen.

Die Hauptcolonne verliess Hermanstadt am Morgen des gedachten Tages zu solcher Zeit, dass sie und die beiden Umgehungscolonnen gleichzeitig in ihren Aufstellungen hätten eintreffen sollen. Als General Kalliany die Höhen vor Stolzenburg erreichte, zog sich das 3. Bataillon Parma sogleich links, um später desto schneller in des Feindes rechte Flanke zu kommen, das 2. Bataillon Bianchi besetzte auf dem kaiserlichen rechten Flügel eine wichtige Schlucht, um das dort besorgte Hervorbrechen des Feindes zu verhindern, die übrigen Truppen standen theils durch die Wände des nach Stolzenburg hinabführenden Hohlweges, theils durch die Waldung, welche die Höhe bedeckt, geschützt, die Artillerie war theils auf dem schon einmal erwähnten dominirenden eine Art natürlicher Schanze bildenden Plateau, theils auf einem geeigneten Punkte etwas tiefer und mehr rechts aufgestellt.

Noch war von den Umgehungscolonnen nichts wahrzunehmen. Erwartungsvoll pochte jedes Herz, der Angriff von Major Teutsch sehr verständig entworfen, wäre geeignet gewesen, die Truppen Bem's gefangen zu nehmen oder zu vernichten. Elementarhindernisse und unrichtige Auffassung vereitelten den Plan der Kaiserlichen.

Major Kleiser hatte auf seinem Marsche weit grössere Schwierigkeiten gefunden, als man vermeinte. Die Wege waren schlecht, theilweise hoch mit Schnee verweht, gestatteten dem Geschütze nur ein beschwerliches Fortkommen, hielten den Marsch der Soldaten übermässig auf, und so erschien die Colonne erst um halb vier Uhr Nachmittags in dem Rücken der Insurgenten auf einem jenseits Stolzenburg gelegenen Plateau, wo sie kaum Zeit hatte, sich gehörig zu entwickeln, als sie von den Insurgenten, welche behende die Höhe gewannen, angegriffen wurde.

Sobald General Kalliany die Colonne jenseits Stolzenburg erblickte, liess er durch seine Artillerie den Kampf eröffnen und war bemüht, die am Eingange des Dorfes und bei dem alten Schlosse von Stolzenburg aufgestellten feindlichen Kanonen zu demontiren oder zum Weichen zu bringen. Während dessen hatte das Bataillon Parma und die 1., 3. und 4. Compagnie Bianchi das Dorf, welches vom Feinde zweckmässig besetzt war, gehörig umstellt, und nach vier Uhr, viel zu spät für einen Tag im Jänner, rückte das Grenadirbataillon Urracca unterstützt von der 2. Compagnie Bianchi zum Sturme vor. Die Grenadire wurden von einem so verderblichen Kartätschenfeuer empfangen, dass sie sich zurückziehen mussten. Die feste Haltung der 2. Compagnie unter dem Hauptmanne Bergou, der sich dabei mit Lieutenant Leczynski besonders hervorthat, nahm sie auf, das 2. Bataillon Bianchi rückte an, und der Sturm sollte wiederholt werden, früher aber wollte man die Stärke und gedeckte Stellung des Feindes bei der Brücke am Eingange des Dorfes erforschen, und zu diesem Ende eine Recognoscirungspatrouille entsenden. Korporal Johann Mandaczek, Gefreiter Ivan Lucyk, die Gemeinen Abraham Rosenzweig, Ivan Ciesluk, Bartko Geb, Josef Weinitz, Maxim Kuc, Fetko Skambara, Daniel Lewkowsky, Michael Mikolajew, Fetko Kimbida, Wawro Holy und Olexa Zuk, sämmtlich von der 2. Compagnie des Regiments meldeten sich als Freiwillige dazu. Von Mandaczek sehr umsichtig geführt, drangen sie, obwohl der Feind auf diese Wenigen ununterbrochen mit Kartätschen feuerte, unerschrocken bis in die unmittelbare Nähe der Stolzenburger Brücke, und nachdem sie alles gehörig in Augenschein genommen, kehrten sie be-

gleitet von den Kartätschenladungen der Insurgenten wieder zurück. Obschon letztere ihre Schüsse auf die kühne Mannschaft
verschwendeten, so blieb diese bis auf den Gemeinen Kuc, der
durch eine Kartätsche an der Hand leicht blessirt wurde, unversehrt, und erstattete Bericht über das Wahrgenommene, worauf
der Sturm mit der 2. Compagnie Bianchi an der Spitze erneuert
werden sollte. Damals war das 3. Bataillon Parma und die schon
bezeichneten Compagnien des 1. Bataillons Bianchi namentlich
Hauptmann Pollorina bis an die Gartenzäune des Dorfes vorgedrungen, und führten ein hitziges Gefecht mit dem Feinde. Es
war aber inzwischen schon die Abenddämmerung angebrochen und
bei dem leider eingetretenen Mangel höherer einheitlicher Leitung
geschah es, dass sich die Kaiserlichen öfter selbst beschossen.
Unter solchen Umständen wurde der weitere Kampf eingestellt
und hiedurch auch Major Kleiser genöthigt, sich zurückzuziehen.

Gegen 9 Uhr Abends ging das Hauptquartier mit dem grösseren Theile der Truppen nach Grossscheuern zurück, das Regiment
Bianchi aber blieb auf den äussersten Vorposten und bivoakirte
bei furchtbarer Kälte; das Schneegestöber und der schneidende
Wind liessen kein Feuer brennen, die Verpflegung fehlte, es folgte
eine Nacht, wie sie die Soldaten zwischen Borzás und Szökefalva
durchwachten. Oberlieutenant Kolarevich unterhielt mit einem
Zuge der 3. Compagnie bis 11 Uhr noch ein heftiges Plänklerfeuer und die Artillerie, welche auf den Vorposten zurückgeblieben
war, beunruhigte den Feind in Stolzenburg stündlich mit einer
Granate.

Das Regiment Bianchi hatte am 24. Jänner 3 Todte, 15
Verwundete und 1 Vermissten. Der Gesammtverlust des Corps
bestand in 10 Mann an Todten, 2 Offiziren und 38 Mann an
Blessirten und 1 Vermissten.

Major Josef v. Riebel war durch ein unglückliches Missver-
ständniss getäuscht worden und wirkte bei dem Angriffe auf Stolzenburg gar nicht mit.

Am Morgen des 25. Jänner sollte der Kampf neu beginnen,
er unterblieb jedoch, weil während der Nacht eine feindliche Colonne wahrgenommen wurde, welche ihren Marsch gegen die linke
Flanke der Kaiserlichen richtete und mit Grund besorgen liess,

die Insurgenten könnten über Salzburg im Rücken der k. k. Truppen in Hermanstadt eindringen. Das Corps zog sich demnach mit Hinterlassung einer Avantgarde zu Grossscheuern wieder nach Hermanstadt zurück.

Anlässe zur Erlangung russischer Besatzungen für Kronstadt und Hermanstadt.

Der commandirende General Baron Puchner, vom Marschall Fürsten Windischgrätz noch immer ohne Hilfe gelassen, erneuerte sein Ansuchen um Verstärkungen. Unterm 13. Jänner 1849 gab ihm der Marschall die Zusicherung baldiger Hilfe und wies ihn an, einstweilen wenigstens nur einen Theil des Landes und Karlsburg zu halten.

Seit längerer Zeit aber hatte die Sorge in den Städten Kronstadt und Hermanstadt Eingang gefunden, von den Insurgenten das Loos manches anderen schon hart mitgenommenen blühenden Ortes zu erfahren, und von den kaiserlichen Truppen wegen ihrer geringen Stärke und ihrer Verwendung im Felde nicht genügend geschützt werden zu können. In dieser Bedrängniss wendeten sich die Kronstädter und Hermanstädter an den Commandanten der russischen Besatzungstruppen in der nahen Wallachei General-Lieutenant Lüders mit der Bitte, einige Abtheilungen seiner Truppen zum Schutze in ihre Mauern einrücken zu lassen.

Das siebenbürgische General-Commando konnte die damaligen schwierigen Verhältnisse und die Grundhältigkeit der Bitten dieser Städte nicht verkennen, doch waren die diessfälligen Schritte wegen des Prinzips und ihrer weittragenden Folgen sehr bedenklich. Endlich siegte die Noth und das General-Commando unterstützte das Ansuchen um das Einrücken der Russen auf so lange, bis die kaiserlichen Truppen genügend verstärkt sein werden und nur zu dem Zwecke, um die beiden Städte zu schützen, wobei es wohl nicht verhehlt werden kann, dass FML. Puchner's Bewegungen nach Aussen wohl ungemein erleichtert werden mussten, wenn er die beiden wichtigen Plätze in verlässlichen Händen wusste. Nach einigen weiteren Schritten erfolgte in der That die Bewilligung des Kaisers von Russland, und Kronstadt sollte 2680 Mann Infanterie, 450 Uhlanen, 190 Kosaken und 8 Geschütze unter dem Generalen Engelhardt, Hermanstadt 1960 Mann Infanterie, 120 Kosaken und 8 Geschütze unter dem Obersten Skariatin als Besatzung erhalten.

Unterm 21. Jänner 1849 versicherte FM. Fürst Windischgrätz den FML. Baron Puchner, dass binnen 14 Tagen bedeutende kaiserliche Streitkräfte von der unteren Maros kommend an der Gränze Siebenbürgens stehen werden. Leider ging auch dieses Versprechen nicht in Erfüllung, denn FZM. Baron Rukavina, auf welchen der Marschall hierbei zählte, sah sich schon am 28. Jänner genöthigt, ihm zu berichten, dass er nur 3960 Mann, 3 Fuss- und 1 Raketten-Batterie in der Festung Temesvar habe, zur Vertheidigung aber 4500 Mann benöthige, und dass bei Arad 30000 Insurgenten mit 80 Kanonen stehen.

Bem hatte schon von M. Vasarhely aus mehrere unter ihm dienende Szekler in die Haromszek gesendet, um die dortige Bevölkerung von seinem Erscheinen in Siebenbürgen in Kenntniss zu setzen. In letzter Zeit liess er 1 Bataillon Infanterie, 1 Division Kossuth-Hussaren und 2 Geschütze in die Csik und Haromszek einrücken, um sich mit den dortigen Aufständischen zu vereinigen und das Losschlagen vorzubereiten. Während Bem die Fäden seiner Pläne immer fester knüpfte, rückte General Engelhardt mit den Russen am 31. Jänner 1849 in Kronstadt ein.

Treffen bei Grossscheuern am 31. Jänner 1849.

Stolzenburg war nicht der Ort, aus welchem man auf günstigen Communicationen leicht weiter operiren konnte, Bem wählte demnach Salzburg zu seinem Hauptquartiere.

Am 31. Jänner wurde die kaiserliche Avantgarde zu Grossscheuern, bestehend aus den 6 Zügen Szeklerhussaren, 1 Compagnie Romanengränzern, der 4. und dem schon erwähnten Detachement der 6. Compagnie siebenb.-sächsischer Jäger, von 1 Bataillon Infanterie, 1 Division Hussaren und 2 Geschützen der

Insurgenten überrascht, und mit dem Verluste von 4 Gefangenen und 1 Blessirten nebst einigem Gepäcke aus dem Dorfe verdrängt.

Schnell gesammelt und geordnet zogen sich die Kaiserlichen bis zur nahen Spitze des Altenberges zurück und erwarteten dort Verstärkung. Zuerst erschien Lieutenant Franz Nahlik, welcher mit 2 Zügen der 8. Compagnie Bianchi auf der Ebene ausserhalb des Retrenchements bei Hermanstadt aufgestellt gewesen war. Während die Avantgarde sich wieder gegen Grossscheuern wendete, eilte Lieutenant Nahlik im Schnellschritte rechts von der Strasse in die Flanke des Dorfes, vertrieb die vor demselben aufgestellten einzelnen feindlichen Reiter, gewann unter dem Schutze eines hohen Bachufers rasch die Gartenzäune des Ortes, von wo aus er die Insurgenten mit Erfolg beschoss. Inzwischen war auch Oberlieutenant Baron Baum mit der 2. Hälfte der 8. Compagnie Bianchi und die Division Bukovinaer Gränzkordonisten nachgekommen, und die nun vereinten kaiserlichen Abtheilungen vertrieben den Feind aus Grossscheuern auf die nahen Höhen, wo er tapfer Stand hielt. Lieutenant Franz Nahlik zeichnete sich hier abermal durch Unerschrockenheit aus, und war mit seinen 2 Zügen überall voran, Csako und Kleider wurden ihm von Kugeln durchlöchert. Seine Mannschaft hatte mit ihm die rauhe Nacht in Regen und Schnee im Freien zugebracht und seit 30 Stunden nicht abgekocht, schlug sich aber dennoch mit vorzüglicher Bravour.

Die Überrumpelung der Avantgarde in Grossscheuern veranlasste die Ausrückung der ganzen Garnison Hermanstadt's auf dem grossen Platze vor dem Retrenchemente. Von hier aus entsendete FML. v. Gedeon die Brigade Stutterheim nach Kleinscheuern, einem ansehnlichen Dorfe zwischen Hermanstadt und Salzburg, und 1 Bataillon Sivkovich mit 1 Eskadron Max Chevauxlegers nach Hammersdorf, den Obersten v. Losenau aber mit 1 Division Romanengränzer, 1 Zug Chevauxlegers und einer halben dreipfündigen Batterie nach Grossscheuern, um das Gefecht dort zu leiten. Die übrige Truppe blieb noch einige Zeit in Bereitschaft.

Der Feind hatte bei Grossscheuern, wenn auch nicht sehr stark an Zahl, den offenbaren Vortheil des Terrains für sich, benützte diesen mit besonders zweckmässiger Verwendung seiner im

Kaliber stärkeren 2 Geschütze, und hielt das Gefecht mit zäher Tapferkeit der Art fest, dass auch die nach Hammersdorf detachirte Truppe herangezogen wurde. Noch ehe diese aber ankam, musste der Feind den Bajonetten der Kaiserlichen weichen und wurde eine Strecke weit verfolgt, er hatte aber seinen Zweck vollkommen erreicht, denn während die Kaiserlichen bei Grossscheuern beschäftigt wurden, marschirte Bem mit seinem Corps im Rücken seiner vorgeschobenen fechtenden Abtheilungen von Stolzenburg nach Salzburg, wo er sich, nachdem er die Vorräthe an Lebensmitteln in den Dörfern Hasság und Ladamos hatte wegnehmen lassen, einstweilen festsetzte.

Die 8. Compagnie des Regiments hatte am 31. Jänner 1 Mann todt und 8 blessirt, vom Feinde wurden nur 10 Todte gefunden, die Zahl seiner Verwundeten soll über 50 gewesen sein.

Hauptmann-Auditor Nahlik wurde wegen seiner Verwendung an diesem Tage an der Seite des Obersten v. Losenau dem commandirenden Generalen empfohlen.

In Salzburg angelangt, entsendete Bem den Insurgenten-Major Baron Kemeny mit 2 Bataillonen Infanterie, 1 Division Hussaren und 1 sechspfündigen Batterie nach Piski, um einer ansehnlichen Verstärkung, welche aus Arad zu ihm stossen sollte, den Übergang über die Strel zu sichern.

Schlacht bei Salzburg am 4. Februar 1849.

Bem beabsichtigte, mit der eigenen Truppe, den aus Arad erwarteten Verstärkungen und den bereits gerüsteten Szeklern Hermannstadt zu gleicher Zeit an 3 verschiedenen Seiten anzugreifen.

FML. Baron Puchner entdeckte diesen Plan des feindlichen Führers aus dessen Vorkehrungen, welche bei aller Vorsicht doch nicht ganz verborgen bleiben konnten und beschloss, ihm zuvorzukommen. Von wesentlichem Einflusse war hierbei das schon erwähnte Schreiben des Marschalls Fürsten Windischgrätz vom 21. Jänner. FML. Baron Puchner wollte die Insurgenten am 4. Februar bei Salzburg schlagen, von da über Mühlbach, Broos

und Deva nach dem Banate drängen, und sie auf ihrem Rückzuge den im Anmarsche aus dem Banate vorausgesetzten kaiserlichen Truppen zur gänzlichen Aufreibung oder Gefangennehmung
in die Hände liefern. Bei dieser Operation sollte die Reserve der
Kaiserlichen in Mühlbach stehen bleiben um die Avantgarde zu
bilden, wenn FML. Baron Puchner nach der gelungenen Vertreibung der Insurgenten aus Siebenbürgen im Westen nicht mehr gefährdet, wie er weiter beabsichtigte, allsogleich nach der Haromszek
aufbrechen würde, um diese zu bewältigen, wozu er sich namentlich auch desshalb um so dringender bewogen sah, als General
Engelhardt erklärte, mit den russischen Truppen von Kronstadt
wieder abzuziehen, wenn der commandirende General die Haromszek nicht angreifen würde. Die Szekler hatten sich in der That
schon am 2. Februar 1849 in einer Stärke von etwa 10.000 Mann
zu Sepsi-Szt.-György concentrirt; von da aus wollten sie zuerst
die Russen aus Kronstadt vertreiben und sich dann gegen Hermanstadt wenden.

Am 3. Februar traf FML. Baron Puchner die nöthigen Vorkehrungen um die Insurgenten am folgenden Tage bei Salzburg
anzugreifen. Er theilte die ganze dazu bestimmte Streitmacht in
folgende 4 Colonnen.

Die erste unter Major Carl v. Riebel bestand aus der 2. Compagnie Bianchi unter Hauptmann Bergou, der 5. Compagnie siebenbürgisch-sächsischer Jäger, der 16. Compagnie von Leiningen,
1 Division des 1. Romanen-Gränz-Infanterie-Regiments, 1 Zug
Savoyen-Dragoner, 1 Zug Max Chevauxlegers, 1 halben dreipfündigen
Batterie und 200 irregulären Hatzeger Scharfschützen, zusammen
aus 800 Mann Infanterie, etwa 40 Mann Cavallerie und 3 Geschützen.

Die zweite Colonne unter GM. v. Kalliany bildeten das zweite
Bataillon (7., 8., 11. und 12. Compagnie) Bianchi unter Hauptmann Franz Vukovich, das 3. Bataillon (13., 14., 15. und 16. Compagnie) Carl Ferdinand, unter Major Johann v. Klokoczan, das
1. Landwehr- und 3. Feldbataillon Sivkovich, 1 Escadron Szekler-
Hussaren, 2 sechspfündige Batterien unter Oberlieutenant Sichrowski und Koppl und eine halbe dreipfündige Batterie, im Ganzen
bei 2250 Mann Infanterie, 100 Reiter und 15 Kanonen.

In der dritten Colonne unter Oberst Baron Stutterheim befand sich das 1. Bataillon Bianchi an diesem Tage aus der 1.,

3., 4. und 9. Compagnie gebildet unter Hauptmann Carl Vever und die 3. Division des Regiments unter Hauptmann v. Stromfeld, das componirte Bataillon von Carl Ferdinand (6., 17. und 18. Compagnie) unter Hauptmann von Reznar, 1 Bataillon des ersten Romanen - Gränz - Infanterie - Regiments unter Major Josef von Riebel, die 3., 4., und ein Detachement der 6. Compagnie siebenbürgisch-sächsischer Jäger, 1 Escadron Max Chevauxlegers, 1 dreipfündiges und 2 sechspfündige Geschütze unter Lieutenant Chev. de Barst, zusammen beiläufig 1900 Mann Infanterie, 80 Pferde und 3 Kanonen.

Die vierte Colonne endlich bestand unter dem Obersten von Coppet aus der Infanteriereserve, und zwar dem 3. Bataillone Parma, dem 3. Bataillone Tursky, dem Grenadirbataillone Urracca, dem grössten Theile des 3. Bataillons Leiningen, 2 Escadronen Dragoner und 1 zwölfpfündigen Batterie, beiläufig 2400 Mann Infanterie, 160 Pferde, 6 Geschütze.

Die nicht in die Colonnen eingetheilten Escadronen Max Chevauxlegers standen mit einer halben dreipfündigen Batterie unter Oberst von Losenau zum entsprechenden Einschreiten, wo es nothwendig sein sollte.

Die Puchner'sche Streitmacht betrug demnach am 4. Februar 1849 bei Salzburg 7350 Mann Infanterie, 800 Mann Cavallerie und 30 Geschütze.

Der Landsturm besetzte in der linken Flanke der Kaiserlichen die Verhaue zwischen Orlat und Szibiel.

Die Dispositionen zur Schlacht wurden den Colonnencommandanten erst um 10 Uhr Abends hinausgegeben um die Vorbereitungen zu der beabsichtigten Unternehmung dem Verrathe möglichst zu entziehen, mit welchem die kaiserlichen Truppen selbst in der Mitte der treuen Hermanstädter von einzelnen Leuten umgeben waren, welche aus den Comitaten geflüchtet hier Schutz gesucht und gefunden hatten.

Nach diesen Dispositionen sollte die erste Colonne zuerst abmarschiren, die zur Verbindung mit der in Grossscheuern stehenden Vorpostenabtheilung vorgeschobene 2. Compagnie Bianchi aufnehmen, auf halbem Weg zwischen Grossscheuern und Stolzenburg ein Cavalleriepiquet zur Beobachtung der Strasse nach Stolzenburg aufstellen, die Waldungen auf dem gelben Berge eclairiren, mit einer kleinen Abtheilung den Weg zwischen Salz-

burg und Ladamos beobachten, sodann in gleicher Höhe von Salzburg halten und mit den noch übrigen Truppen den rechten
Flügel der kaiserlichen Aufstellung beim Angriffe bilden, der
Feind in Flanke und Rücken nehmen und dabei mit der im Centrum vorgehenden Brigade Kalliany in Verbindung bleiben.

Die zweite Colonne hatte bei dem Retrenchemente auf der
Strasse über den Salzburger Berg abzurücken, auf dem Wege
das 3. Bataillon Sivkovich, welches sich mit der Colonne des
Majors Riebel in Verbindung setzen sollte, zu detachiren, mit
starker Avantgarde zu marschiren, um die feindlichen Vorposten
schnell über den Haufen zu werfen und sich durch nichts aufhalten zu lassen.

Die dritte Colonne sollte bei der Neppendorfer Vorstadt den
Weg gegen Kleinscheuern nehmen, das Centrum in einer Entfer-
nung von 1500 Schritten echeloniren und sich auf dem westlichen
Theile des Goldberges aufstellen.

Die vierte Colonne hatte der zweiten nachzufolgen.

Den Colonnencommandanten und Befehlshabern der einzelnen
Abtheilungen und Waffengattungen wurde empfohlen, nicht immer
auf spezielle Befehle zu warten, sondern nach Ergebniss der Umstände zusammen zu wirken.

Major Carl v. Riebel brach um halb zwölf Uhr Nachts auf
und rückte, nachdem er auf seinem Marsche die aufgetragenen
Vorkehrungen getroffen, ungeachtet des weiten und wegen des
Schnees ermüdenden Umweges vor Tagesanbruch in die angewie-
sene Stellung ein. Die eine halbe Stunde weit vor Salzburg aufgestellten feindlichen Vedetten und Aufnahmsposten zogen sich
ohne einen Schuss zu thun, vor ihm zurück.

Die übrigen Truppen verliessen am 4. Februar um 3 Uhr
Morgens Hermanstadt. FML. Baron Puchner befand sich bei der
Brigade Kalliany. Es dämmerte eben, als die 2. Colonne nach
der hergestellten Verbindung mit dem rechten Flügel auf dem
Bergrücken anlangte, welcher auf seiner nordwestlichen Seite
in mässiger Abdachung gegen Salzburg abfällt. Zur rechten
Zeit traf auch die dritte Colonne in ihrer Aufstellung ein,
nachdem die Brückenequipage unter Oberlieutenant Josef Mosing
schon um 11 Uhr Nachts unter Bedeckung durch die 9. Compagnie Bianchi und 1 Zug Szekler-Hussaren vorausgegangen war und

zum Fortkommen der Colonne den Reissbach an zwei Stellen gehörig überbrückt hatte.

Am Fusse des von der zweiten Colonne überstiegenen Höhenzuges breitet sich an beiden Seiten der nach Salzburg führenden Strasse eine kleine Ebene aus, welche an der rechten oder östlichen Seite des Weges etwa 1000 Klafter lang und in ihrer dortigen grössten Ausdehnung bei 400 Klaftern breit ist; an der linken oder westlichen Seite erstreckt sie sich auf 700, stellenweise auch bis auf 1000 Klafter in der Breite bis zur Strasse von Kleinscheuern und noch weiter über diese hinaus und zieht sich längs der Strasse nach Salzburg etwa 800 Klaftern weit bis zu den vor dem Städtchen gelegenen Hügeln, welche den dortigen Salzstock bergen. In der Nähe von Salzburg liegen links von der Strasse am Fusse der erwähnten Hügel und theilweise zwischen ihnen umfangreiche Salzteiche von unergründeter Tiefe; zwischen den von da gegen Norden abfallenden Ausläufern dieser Hügel und den ihnen gegenüber liegenden Höhen des Sesulu Ungurilor, Varhegy und Taborhegy zieht sich in der Richtung von Ost nach West eine Thalschlucht von etwa 1600 Klaftern Länge und höchstens 400 Klafter Breite, in dieser liegt der Bergort Salzburg, von dessen westlichem Ende der Weg in gleicher Richtung nach Toporcza führt.

Vor Salzburg hatte Bem Erdverschanzungen aufgeworfen und in dieselben 15 Kanonen eingeführt, welche durch ihre zweckmässige und gedeckte Aufstellung vollkommen im Stande waren, auch einem mit Übermacht vordringenden Gegner langen und kräftigen Widerstand zu leisten.

Die vorgeschobenen Cavalleriepiquets der Insurgenten eilten, als sie den Anmarsch der Kaiserlichen entdeckten, blitzschnell mit der Meldung davon und letztere fanden, als sie in die Ebene hinabkamen, den Feind bereits in Schlachtordnung. Rechts und links von seinen gedeckten Batterien hatte er mehrere Bataillone Infanterie, an den Flügeln seiner Linie je zwei Escadronen Hussaren und je 4 Geschütze und vor seiner Fronte eine dichte Plänklerkette aufgestellt, seine Reserve an Infanterie und Artillerie stand in Salzburg selbst, seine Gesammtstärke betrug mindestens 4000 Mann Infanterie. 400 Reiter und 29 Kanonen.

Der feindlichen Stellung gegenüber entwickelten sich die Kaiserlichen, so wie es die Umstände zweckmässig erscheinen liessen, und ohne besondere Rücksicht auf die Brigadeneintheilung.

Am linken Flügel des ersten Treffens kam das Romanen-Gränzbataillon unter Major v. Riebel und das componirte Bataillon Erzh. Carl Ferdinand zu stehen, daran schloss sich als Centrum das 2. Bataillon Baron Bianchi, rechts von diesem das Landwehrbataillon Sivkovich, noch weiter hinaus zum rechten Flügel hin das 3. Bataillon dieses Regiments.

Im zweiten Treffen befanden sich am linken Flügel 2 Escadronen Max Chevauxlegers, die siebenbürgisch-sächsischen Jäger, im Centrum das erste Bataillon und die 3. Division Bianchi, das 3. Bataillon Carl Ferdinand, nebst der sämmtlichen Artillerie der Brigade Kalliany.

Als es vollends Tag geworden war und der Nebel, welcher auch an diesem Morgen auf den Feldern lag, sich etwas zu verziehen begann, eröffneten die 7. und 8. Compagnie Bianchi, von welchen je zwei Züge in Plänkler aufgelöst waren, um halb acht Uhr das Gefecht, die Batterien fuhren links von der Strasse im freien Felde auf und forderten vom Oberlieutenant Herle als nunmehrigen Commandanten der gesammten Artillerie des Armeecorps in ihre Stellung gewiesen, mit ihrem Donner die feindlichen Geschütze zum Kampfe. Kaum entbrannte dieser, so erschien auch schon Major Carl von Riebel in des Feindes Rücken und linker Flanke. Dem erkannte zu gut die ihn dort drohende Gefahr und entsendete zwei starke Honvedbataillone und eine sechspfündige Batterie gegen die nicht erwartete Umgehungscolonne, worauf dort ein Kampf begann, in welchem die Kaiserlichen die eigene Tapferkeit und Wichtigkeit ihrer Aufgabe, die Insurgenten aber die Grösse der Gefahr nicht weichen liess, bis nach abwechselnden Ringen das Geschick dieses abgesonderten Gefechtes mit der auf der ganzen Linie allgemein gewordenen Schlacht gleichzeitig entschieden wurde.

Die Kaiserlichen Batterien waren den feindlichen wohlgedeckten und sehr gut bedienten Geschützen zu nahe gerückt, so dass ihnen in kurzer Zeit drei Kanonen demontirt und in einer Batterie 3 Vormeister nach einander getödtet wurden. Allmälig wuchs dieser Verlust; im Verlaufe des zweistündigen Feuers waren

7 Artilleristen gefallen, 11 blessirt, 23 Bespannungspferde erschossen. Oberlieutenant Sichrowsky viermal verwundet und Lieutenant Barst verloren die Pferde unter dem Leibe, aber niemand wankte, die Offizire führten mit ruhiger Kaltblütigkeit ihr Commando, die Mannschaft mit begeistertem Muthe den Kampf weiter fort, Oberlieutenant Schäffer des Trains sorgte mit aufopfernder Hingebung für den Ersatz der Bespannung und als eine Haubitze, von welcher bereits 3 Pferde gefallen waren, in Gefahr kam, von den Honveds genommen zu werden, eilte der Gemeine Pawlik mit dem noch übrigen einzigen Pferde entschlossen herbei und rettete das Geschütz.

Während so der Geschützkampf im Centrum dauerte, nahm das Gefecht auf den Flügeln seine manigfaltigen Wechsel an. Die Kaiserlichen machten gegen den rechten Flügel der Insurgenten eine Schwenkung, um ihn zu umgehen, diese aber erhielten Verstärkung und verlängerten ihre Linie, ihre 4 Geschütze wirkten sehr nachtheilig gegen die Kaiserlichen, Hauptmann d'Or von Carl Ferdinand, Hauptmann Binder von Biedersfeld von den Jägern und noch mancher Brave sanken tödtlich getroffen. Mit dem Schlachtrufe: „Ellöre Magyar!“ bemühten sich die Insurgenten die Kaiserlichen aus ihrer Stellung zurückzudrängen, allein diese hielten festen Stand, die zumeist bedrohten Jäger gingen in die zerstreute Fechtart über und zogen sich, um der Überflügelung vorzubeugen, noch weiter links, ein Zug Max Chevauxlegers unterstützte diese Bewegung mit bestem Erfolge, freiwillige Jäger gingen auf die feindlichen Kanonen los und nöthigten sie zum Weichen und Hauptmann Vukovich liess die 11. und 12. Compagnie Bianchi vorrücken, durch deren Feuer das Gleichgewicht des Gefechtes wieder hergestellt und als auch eine halbe Batterie zur Unterstützung herbeikam, sogar auch offenbarer Vortheil über die Gegner errungen wurde.

Die feindliche Artillerie verursachte den Kaiserlichen immer grösseren Schaden und ohne selbst viel zu leiden hatte sie manchen tapferen Mann dahin gestreckt, dort schloss auch der brave Lieutenant Nahlik von einer Kanonenkugel getroffen seine nur kurze, aber ehrenvolle militärische Laufbahn.

Bei den wachsenden Verlusten zog Oberlieutenant Herle seine Artillerie in eine bessere Stellung etwas zurück, und brachte auch die zwölfpfündige Batterie in eine vortheilhafte Aufstellung. Dieser kurze nur . einige hundert Schritte betragende Rückzug der Artillerie veranlasste auch eine momentane rückgängige Bewegung der ganzen kaiserlichen Linie und verlockte den Insurgentengeneral seine so vortheilhafte Stellung zu verlassen und den Kaiserlichen nachzurücken. Sein Bestreben, die Österreicher auf dem vermeinten Rückzuge zu vernichten, wurde zu seinem eigenen Verderben.

Die kaiserliche Artillerie eröffnete auf allen Punkten von Neuen ein wirksames Feuer, FML. Baron Puchner liess die Reserven vorrücken und befahl einen allgemeinen Bajonettenangriff.

Während dessen bereitete sich in der vordersten Schlachtlinie für das Regiment Bianchi ein sehr rühmlicher Moment vor.

Bei den vielen Verlusten, welche die feindlichen Geschütze bereits angerichtet, wendete sich Oberlieutenant Baron Baum an seinen Bataillonscommandanten Hauptmann Vukovich mit der Bitte, zu gestatten, dass die gegenüber liegende feindliche Batterie mit dem Bajonette angegriffen werde. Hauptmann Vukovich eilte sogleich zu dem nahen Brigadir Obersten Baron Stutterheim mit demselben Antrage und im gleichen Augenblicke erschien auch ein Offizir aus. der Suite des FML. Baron Puchner mit dem Befehle, ungesäumt vorzurücken. Als Oberst Baron Stutterheim hierzu das Weitere commandirte, erbot sich Hauptmann Vever mit dem ersten Bataillone die feindliche Stellung zu stürmen. Oberst Baron Stutterheim ertheilte hierzu sogleich seine Zustimmung. Mit klingendem Spiele ging nun das 1. Bataillon in Divisionscolonnen auf das feindliche Centrum und die dortige Batterie los, die 3. Division folgte, die Plänkler des 2. Bataillons eilten ohne Befehl unverzüglich und freudig zur Theilnahme an dem Sturme herbei.

Die Sonne war höher gestiegen und hatte den Schnee auf den Feldern zum Theile geschmolzen; die zahlreichen Gräben hatten sich mit Wasser gefüllt, der Boden war durchweicht, das Fortkommen für den tief einsinkenden Fuss höchst beschwerlich geworden und ununterbrochen feuerte die feindliche Batterie auf die immer näher kommenden allen Schwierigkeiten trotzenden Sturmcolonnen; noch 50 Schritte vor der Batterie sendet ihnen der letzte Kanonenschuss einen Hagel Kartätschen entgegen und Hauptmann Johann Fiedler der Vordersten einer sinkt zweifach verwundet mit noch mehreren Soldaten zusammen. Vorwärts! Vorwärts! ruft er seiner Compagnie zu, ein Hurrah antwortet dem tapferen Offizir, noch einige Augenblicke und die Batterie ist genommen. Oberlieutenant Baron Baum war der erste, der sich mit seinen Plänklern auf die Geschütze warf und eine vollkommen bespannte Kanone nahm, einer zweiten bemächtigte sich Lieutenant Kövess, als sie eben aufgeprotzt hatte und die Flucht ergreifen wollte, indem er mit zwei Mann herbeieilte, den Fuhrwesenssoldaten niederschiessen und die Bedienungsmannschaft mit dem Bajonette vertreiben liess; das Übrige vollendeten die tapferen Divisionen, 5 Cavalleriegeschütze sammt Munitionswägen und Bespannung wurden erobert, das feindliche Centrum so vollständig gesprengt, dass es ihm unmöglich war, sich weiter zu halten.

Die anderen kaiserlichen Abtheilungen vervollständigten in ihrer allgemeinen Vorrückung die gänzliche Niederlage des Feindes, das Grenadirbataillon warf sich auf den linken Flügel der Insurgenten und auf ihre dortige Batterie; eine Kartätschenladung streckte 30 Grenadire theils todt theils verwundet nieder, aber auf den Ruf des Oberlieutenants Nemeth: „Mir nach" schlossen sich die Lücken und gleich darauf war eine Kanone in den Händen des von einer Escadron Max Chevauxlegers mannhaft unterstützten Bataillons; die übrigen Geschütze fuhren davon, um bald darauf von den Kaiserlichen genommen zu werden.

Wenden wir nun noch den Blick auf die Colonne des Majors Carl v. Riebel und auf ihre höchst wichtige Mitwirkung zu dem Gesammtresultate der Schlacht zurück, nachdem wir genöthigt, dem Drängen der Ereignisse auf den anderen Punkten zu folgen, in der Darstellung ihrer Leistungen abbrechen mussten.

Der Feind hatte dem Major von Riebel, wie schon erwähnt, eine weit überlegene Macht entgegengestellt und von steilen Anhöhen ein wirksames Kreuzfeuer gegen die Kaiserlichen eröffnet. Die Geschütze der Umgehungscolonne erwiederten zwar aus einer guten und gedeckten Stellung das feindliche Feuer, allein ihre Zahl und ihr Kaliber blieb ungenügend und somit auch ihre Wirkung nicht ausreichend.

Unter solchen Umständen versuchte Hauptmann Bergou mit der 2. Compagnie Bianchi einen Sturm gegen die feindliche Artillerie, drang ungeachtet aller Hindernisse mit ausgezeichneter Bravour vor, musste aber schon nahe am Ziele von seinem Vorhaben ablassen, weil sich ihm in der Fronte eine unverhältnissmässig überlegene Macht entgegen stellte und eine andere zahlreiche Abtheilung sich anschickte, ihn von der Colonne abzuschneiden. Er zog sich demnach in voller Ordnung zurück und fand dabei Gelegenheit, der 16. Compagnie Leiningen, welche von einer anderen feindlichen Truppe so hart bedrängt wurde, dass sie beinahe in Gefahr kam, gefangen zu werden, zu Hilfe zu eilen und den Feind mit dem Bajonette vollständig zurückzuwerfen.

Das fortgesetzte feindliche Geschützfeuer der Insurgenten nöthigte den Major Riebel, seine Truppen eben damal etwas zurückzuziehen, als er im Thale die ganze Linie der Kaiserlichen zurückgehen sah. Er dachte aber keinen Augenblick daran, die Flankirung, deren günstigen Erfolg er ungeachtet des ersten Misslingens nicht bezweifelte, aufzugeben, er beabsichtigte vielmehr, mit der ganzen Colonne einen Bajonettangriff auf den ihm gegenüber stehenden Feind auszuführen. Auf das erste Commandowort war die 2. Compagnie Bianchi dazu fertig, und begann den Sturm mit der 5. Compagnie sächsischer Jäger vereint mit einem so schönen Beispiele mannhafter Entschlossenheit, mit solchem Muthe und Selbstvertrauen, dass die übrigen Abtheilungen mit ihm nur wetteifern konnten und die Colonne den Feind in unwiderstehlichem Anfalle zurückwarf. Das 3. Bataillon Sivkovich folgte dieser Bewegung, die Insurgenten hatten keinen Halt mehr möglich, und flohen zu derselben Zeit nach Salzburg, als sich die feindliche Hauptmacht in voller Verwirrung dahin zurückzog.

Hauptmann Bergou leuchtete an Tapferkeit vor andern hervor und fügte dem Feinde noch auf der Flucht bedeutenden Schaden zu. Major v. Riebel zollte ihm auf dem Schlachtfelde für seine Haltung die wohlverdiente wärmste Anerkennung.

Der auf allen Punkten geschlagene Feind retirirte von allen Seiten gedrängt in ordnungsloser Flucht durch Salzburg. Seinen rechten Flügel verfolgte Hauptmann Degnek mit der 12. Compagnie Bianchi und einer an sich gezogenen halben dreipfündigen Batterie, 1 Compagnie Carl Ferdinand und die sächsischen Jäger.

Hauptmann Degmek eilte auf die nach Toporcza führende Rückzugslinie des Feindes und trug viel dazu bei, dass dessen Bagage und Munitionswagen nicht mehr Zeit zur Flucht hatten.

Bem verlor am 4. Februar 1849 über 400 Todte und Blessirte, über 120 Gefangene (ein grösserer Theil wurde nach allen Seiten hin versprengt), 14 Geschütze, 10 Munitionskarren, seinen eigenen Wagen, seine Operationskanzellei und Operationskassa.

Major Zsurmay, welcher am feindlichen linken Flügel stand, rettete sich mit 7—800 Mann und 2 Kanonen nach Marktschelken, Bem entkam an der einen Hand verwundet mit 2500 Mann und den noch restlichen Geschützen über Toporcza nach Reussmarkt.

.Ausser den schon genannten Hauptleuten Vever, Bergou, Fiedler und Degmek, Oberlieutenant Anton Baron Baum und Lieutenant Kövess zeichnete sich Oberlieutenant Heinrich Sartorius aus, welcher als Regiments- und Brigade-Adjutant mit kaltblütiger Entschlossenheit die Befehle an jene Plätze trug, wo das Artilleriefeuer die meisten Opfer fand.

Unter der Mannschaft that sich insbesondere Gefreiter Lukas Berszczyk, welcher mit der goldenen Medaille belohnt wurde, durch persönliche Tapferkeit hervor.

Hauptmann Vever wurde für seine Waffenthat bei Salzburg später mit dem Theresienkreuze, für seine sonstigen verdienstlichen Leistungen mit dem Militärverdienstkreuze, dem russischen Annenorden 2., und Wladimirorden 4. Klasse, beide mit den Schwertern, Oberlieutenant Baron Baum für sein tapferes Benehmen an diesem Tage und bei vielen andern Gelegenheiten mit dem Ritterkreuze des Ordens der eisernen Krone 3. Klasse belöhnt.

Alle Truppenabtheilungen wetteiferten in der Schlacht bei Salzburg in aufopfernder Tapferkeit; dem Infanterie-Regimente Baron Bianchi wurde die allgemeine Anerkennung zu Theil, dass ihm die vorzüglichste Ehre des Tages gebühre und der commandirende General erklärte in seinem späteren Tagesbefehle vom 12. Februar 1849:

„Das vom Hauptmanne Vever commandirte Bataillon des überall ausgezeichneten Regiments Baron Bianchi hat am 4. Februar eine der glänzendsten Waffenthaten ausgeführt!"

Die Kaiserlichen verloren am 4. Februar 1849 bei Salzburg 64 Todte, darunter 3 Offizire, und 128 Verwundete, unter denen

11

ebenfalls 3 Offizire waren, das Regiment Baron Bianchi insbesondere hatte 17 Todte und 51 Verwundete, von denen auf das 2. Bataillon der bei weitem grössere Verlust, nämlich 14 Todte und 31 Verwundete kamen.

An demselben Tage schlug General Engelhardt die Szekler, welche bei Petersberg eine russische Recognoszirungscolonne angegriffen hatten, und während der Schlacht bei Salzburg rückte Oberst Skariatin mit der russischen Besatzungstruppe in Hermanstadt ein.

Bem blieb mit den Trümmern seines Corps die Nacht vom 4. zum 5. Februar in Reussmarkt, seine Vorhut war am 4. spät Abends bis Mühlbach gekommen. Von Seite der Kaiserlichen, welche nur bis Toporcza nachgerückt waren und die Vorposten bis gegen Reussmarkt vorgeschoben hatten, wurde dem Feinde Oberst v. Losenau mit der 5. und 6. Compagnie Baron Bianchi und 1 Escadron Max Chevauxlegers, denen sich Oberlieutenant Sichrowski mit seiner Batterie freiwillig anschloss, nachgesendet; viel zu wenig, um gegen die Flüchtigen etwas Wesentliches ausrichten zu können.

Überfall der Insurgenten zu Mühlbach am 5. Februar 1849.

Die Nachricht von der Niederlage Bems bei Salzburg hatte sich so schnell verbreitet, dass sie noch am 4. Februar in die Festung Karlsburg gelangte, wo sogleich beschlossen wurde, den geschlagenen Insurgenten auf ihrem Rückzuge nach Möglichkeit Abbruch zu thun. In der richtigen Voraussetzung, dass sich der Feind wenigstens theilweise nach Mühlbach geworfen haben dürfte, wurde eine Expeditionscolonne bestehend aus der in Karlsburg gewesenen 10. Compagnie Baron Bianchi unter Oberlieutenant von Thorwesten, 1 Compagnie Romanengränzer, 1 Compagnie siebenbürgisch-sächsischer Jäger, 1 Compagnie Leiningen, 80 Mann Mühlbacher Nationalgarden, welche sich bei Annäherung des an die Piskier Brücke entsendeten Baron Kemeny in die Festung zurückgezogen hatten, dann aus 40 Chevauxlegers und 3 sechspfündigen Kanonen unter dem Befehl des pensionirten Oberstlieutenants

Edlen v. Bartels gestellt, welcher um Mitternacht die Festung verliess, zu Maros-Porto von der dort zur Bewachung der Brücke stehenden Compagnie Romanen-Gränzer die Hälfte mitnahm, und am 5. Februar um 5 Uhr Morgens vor Mühlbach erschien, zu dessen Überfall sogleich geschritten wurde.

Oberlieutenant v. Thorwesten, welcher mit seiner Compagnie die Avantgarde bildete, überstieg mit Lieutenant v. Sonnenstein an der Spitze der einen Hälfte der Compagnie auf Leitern die Stadtmauern bei dem gegen Karlsburg gerichteten Thore, Lieutenant Egremont drang mit der andern Hälfte der Compagnie durch das Leichenthürl, ihm folgte eine halbe Compagnie Romanen-Gränzer; die Mühlbacher Garden stiegen durch ein Fenster in der Mauer nächst dem Petrithurme ein. Die eingedrungenen Truppen, bewältigten schnell die feindlichen Wachen. Leider wartete Oberstlieutenant v. Bartels nicht ab, bis ihm das Stadtthor von Innen aufgemacht wurde und liess es von Aussen einschiessen, worauf die ganze Colonne eindrang, aber auch der Feind allarmirt wurde und sich zur Wehr stellte. In der kürzesten Zeit wurden ihm 54 Mann getödtet, etwa 250 gefangen, der Rest entfloh durch das Reussmarkter Thor. Die Compagnie Bianchi erbeutete die ziemlich reich dotirte feindliche Cassa, nahm einem feindlichen Offizir die Fahne sammt Fahnenband der akademischen Legion ab, ausserdem fiel eine Haubitze, 2 Munitionskarren und sehr viele Bagage in die Hände der Colonne.

Durch diese glücklichen Erfolge verlockt, rückte Oberstlieutenant von Bartels auf der Strasse nach Hermannstadt vor die Stadt und stellte sich dort auf, um dem Hauptcorps des Feindes, welches er auf dem Fusse verfolgt glaubte, den weiteren Rückzug abzuschneiden. Dieser Plan musste aber misslingen, denn Bem war nicht so lebhaft verfolgt und als er auf der Höhe vor Mühlbach erschien und die geringe Stärke der Colonne wahrnahm, liess er in seiner von Natur aus vortrefflichen Stellung eine Batterie auffahren, welche ein rasirendes Feuer eröffnete, dessen Wirkung nicht lange zweifelhaft blieb, weil es die entschlossenste Truppe vernichtet haben würde.

Oberstlieutenant von Bartels erkannte das Missliche seiner Stellung, eine Kanone war ihm bereits demontirt, 2 Pferde der Bespannung getödtet, 3 verwundet, 5 Mann waren gefallen,

7 blessirt; um noch weit grössern Verlusten vorzubeugen, zog
er sich in die Stadt und von dem nachdringenden Feinde verfolgt nach Carlsburg zurück.

Bei diesem Rückzuge wurden noch weitere 36 Mann darunter 3 von Bianchi von der Colonne versprengt und 1 Munitionswagen ging sammt Allem, was die brave Truppe früher dem
Feinde glücklich abgenommen, wieder verloren.

Die 10. Compagnie deckte als Arriergarde den Rückzug
dieser im Wesentlichen verunglückten Expedition.

Verfolgung der Insurgenten nach der Schlacht bei Salzburg. Einnahme von Broos am 7. Februar 1849.

FML. Baron Puchner marschirte am 5. Februar bis Reussmarkt, von wo aus Oberst v. Losenau mit der 3. Division Bianchi
dem combinirten Bataillone Carl Ferdinand, 1 Bataillone des 1. Romanen-Gränzregiments, 1 Division Max Chevauxlegers, der Batterie
des Oberlieutenants Sichrowsky und 1 halben dreipfündigen Batterie die Verfolgung des Feindes fortsetzte und gegen Abend vor
Mühlbach die feindlichen Posten angriff, woran sich die 3. Division Bianchi betheiligte. Das bald abgebrochene Gefecht hatte
keine weiteren Resultate und Oberst v. Losenau übernachtete in
dem nahen Dörfe Reho.

Am 6. Februar rückten die Kaiserlichen gegen Mühlbach
vor, wo sich Oberst v. Losenau mit dem Corps vereinigte. FML.
Baron Puchner liess Bem durch den Oberlieutenant Minassiewicz
von Max Chevauxlegers auffordern, die Waffen zu strecken. Der
schlaue Insurgentenführer hielt den Parlamentär möglichst lange
hin, ordnete inzwischen seinen Abmarsch und als er seinen Rückzug weiter antrat, entliess er auch den Offizir mit einer abschlä-
gigen Antwort. Indessen sollte er doch nicht ganz heil entkommen.
Rittmeister Graf Alberti, welcher bei Petersdorf stand, gewahrte
eine einzelne Colonne retirirender Insurgenten, nahm 580 Mann
mit 17 Offiziren gefangen und erbeutete dabei 48 complete Fuhr-
wesensbespannungen, 1 Feldschmiede, 52 Handpferde und mehrere
Wägen mit Kriegsmateriale.

Nach dem Abzuge des Feindes nahmen die Kaiserlichen Besitz von Mühlbach, welches bei andern Massregeln sehr leicht das Ende Bem's oder doch wenigstens seines damaligen Corps hätte werden können.

Das Grenadirbataillon Urracca, das 3. Bataillon Tursky, die Bukoviner Gränzcordonisten, 2 Escadronen Dragoner, 2 Escadronen Max Chevauxlegers und die 12pfündige Batterie erhielten Befehl in Mühlbach zu bleiben, sie sollten nach dem schon erwähnten Plane des FML. Baron Puchner die Avantgarde bilden, wenn er nach Vertreibung Bem's aus Siebenbürgen sich direkt über Mediasch gegen die Szekler wenden würde; ausserdem wurde aber die Besetzung des Strassenknotens bei Mühlbach auch darum nothwendig, weil Nachrichten eingelaufen waren, dass von Klausenburg eine ansehnliche Verstärkung für Bem im Anmarsche sein solle und demnach der Rücken des kleinen gegen Deva operirenden kaiserlichen Corps nicht ohne Deckung gelassen werden konnte.

Um die weiteren Pläne gegen den Feind zu fördern, wurde Major v. Klokoczau mit dem 3. Bataillone Carl Ferdinand über Karlsburg und Zalatna nach dem Zarander Comitate entsendet, um von dort aus gegen die Insurgenten bei Deva mitzuwirken und Hauptmann v. Reznar erhielt den Auftrag mit dem combinirten Bataillone Carl Ferdinand über Bokay, Al-Gyógy, Folt und Nagy-Rapolt am rechten Ufer der Maros vorzugehen und des Feindes Flanke zu bedrohen.

Der übrige Theil des Corps setzte die Verfolgung der Insurgenten fort, welche Beneczencz und Gyalmár hinter sich angezündet hatten und bivoakirte während der Nacht vom 6. zum 7. Februar bei ungemein strenger Kälte ohne Feuer und genügender Verpflegung bei dem Siboter Posthause. Von hier aus wurde Major Graf Daun mit dem 3. Bataillone Parma, dem 2. Bataillone Bianchi, 1 Escadron Max Chevauxlegers und 1 dreipfündigen Batterie über Felkenyér am Saume der sich gegen Broos hinziehenden Berge entsendet, um letztere Stadt über Kasztó hinaus zu umgehen und dem Feinde in Flanke und Rücken zu fallen, während das Hauptcorps den Angriff von der Hauptstrasse aus in der Fronte ausführen sollte. Graf Daun hatte aber eine unwegsame verschneite Strecke zu durchschreiten und konnte ungeachtet aller Anstrengungen nicht so rasch, als es angenommen wurde, vordringen.

Die Haupttruppe verliess eine Stunde später das Bivoak und traf, weil sie auf guter Strasse marschirte, noch bei völliger Dunkelheit um 3 Uhr Morgens vor Broos ein. Der Feind hatte dort zwei starke Avisoposten aufgestellt, welche die Kaiserlichen mit einigen Flintenschüssen empfingen und schnell zurückeilten. Das Corps formirte sich hierauf auf Kartätschendistanz · von der äussersten Umfassung der Stadt entfernt in zwei Treffen; in dem ersten stand das 1. und 3. Bataillon Bianchi, 1 Bataillon Romanen-Gränzer und 1 dreipfündige Batterie; die übrigen Abtheilungen bildeten das 2. Treffen. In jedem Augenblicke erwartete man das Feuer der Umgehungscolonne, jedoch vergebens; wiederholt gegen deren Marschlinie entsendete Patrouillen konnten keine Spur derselben entdecken.

Inzwischen hatte der Feind Zeit gewonnen, an dem Bache, welcher an der Umfassung von Broos vorbeifliesst, eine dichte Plänklerkette und unter den Weidenbäumen des dortigen Angers Geschütze aufzustellen. Bei anbrechendem Tage überraschte er die beiden Bataillone Bianchi mit einem lebhaften Feuer aus 5 Kanonen, deren Kartätschen sogar bis in das 2. Treffen einschlugen. Für einen Augenblick entstand hiedurch eine Verwirrung, doch wich diese bald den besonnenen Anordnungen der Commandanten. Das zweite Treffen zog sich aus dem Schussbereiche, Oberlieutenant Herle liess die unter dem Commando des Lieutenants Chevalier de Barst gestandenen und grösstentheils von Mannschaft des Regiments Bianchi bedienten Geschütze bis auf 400 Schritte gegen den Feind vorrücken und mit Kartätschen so vortrefflich wirken, dass die Artillerie der Insurgenten durch etwa 50 wohlgezielte Schüsse erschüttert sich zurückziehen musste.

Die kaiserliche Infanterie war gleichzeitig aus dem ersten Treffen schnell zum Angriffe übergegangen. Hauptmann Basilius Pollovina hatte gleich im ersten Momente der Überraschung die Hälfte der 3. Compagnie Bianchi in Plänkler aufgelöst, schnell gegen die Umfassung des Ortes geführt und den Feind rasch von dort vertrieben. Während er an der Spitze seiner Compagnie unaufhaltsam vorstürmte und der retirirenden feindlichen Artillerie den Rückzug abzuschneiden trachtete, hatten auch die übrigen

3 Compagnien des 1. Bataillons Bianchi links, das 3. Bataillon mit einer Division des ersten Romanen-Gränz-Regiments rechts von der Strasse und die sächsischen Jäger am äussersten rechten Flügel des ersten Treffens den Feind ungeachtet seines Widerstandes geworfen. Bei diesem Angriffe war Oberlieutenant Regimentsadjutant Sartorius vom Pferde gestiegen und kämpfte in den ersten Reihen mit, Feldwebel Polka nöthigte an der Spitze eines Zuges von Bianchi die feindliche Artillerie an der ersten Brücke ihre Aufstellung zu verlassen, Oberlieutenant von Karojlovich sah durch eine Seitengasse vordringend, dass eine feindliche Kanone eben geladen wurde, eilte von dem Korporalen Carl Dublainski, Gemeinen Lesko Jarema, Olexa Hotra und Sowko Moros begleitet herbei, Dublainski erschoss ein Pferd der Bespannung, Oberlieutenant Karojlovich warf sich mit den wenigen Leuten auf das Geschütz, verjagte dessen Bedienungsmannschaft nach kurzem Kampfe, wobei ihm Gemeiner Moros das Leben rettete und nahm die Kanone sammt 5 Pferden weg. Hauptmann Pollovina stiess in seinem weiteren Vordringen an der Brücke über den zweiten Bach, welcher die Stadt von der Vorstadt scheidet, auf zwei feindliche Geschütze, welche sich dort wieder aufgestellt und ein abermaliges lebhaftes Feuer eröffnet hatten. Bei seinem Anstürmen protzten die Geschütze auf, aber nur einem gelang es zu entkommen, das zweite gerieth in den Strassengraben und wurde weggenommen. Hauptmann Pollovina kam hier in eine nahe Lebensgefahr; ein Mann der bei dem Geschütze gefangen genommenen Bedeckung schlug von rückwärts auf ihn an, wurde aber bevor er noch Feuer geben konnte, vom Oberlieutenant v. Karojlovich entwaffnet.

Der Feind wurde nun im heftigen Strassenkampfe aus den Häusern, in denen er sich noch zu halten suchte, mit dem Bajonnette hinausgetrieben, endlich nach zweistündigem Kampfe mit einem Verluste von mehr als 200 Todten, Verwundeten und Gefangenen und 2 Geschützen aus der Stadt geworfen und vom Hauptmanne Pollovina noch eine Strecke weit gegen Pad verfolgt.

Die ins Feuer gekommenen Compagnien des Regiments Bianchi hatten 14 Verwundete, 4 Vermisste und 2 Gefangene verloren.

Offizire und Mannschaft hatten sich vortrefflich gehalten, von den ersteren wurde Oberlieutenant Johann v. Karojlovich, der sich bereits wiederholt vor dem Feinde ausgezeichnet hatte, mit dem Orden der eisernen Krone 3. Classe, von der letztern Carl Dublainski, Lesko Jarema, Olexa Hotra und Sowko Mors mit der silbernen Tapferkeitsmedaille 2. Classe belohnt.

Bem war am 7. Februar neuerdings seinem Untergange nahe, dieser hätte zuverlässig eintreten müssen, wäre es der Umgehungscolonne möglich geworden rechtzeitig bei Broos anzukommen.

Eine weitere Verfolgung des Feindes wurde zur Schonung der durch Kälte, Anstrengungen am Marsche und fast 24stündigen Mangel der Verpflegung sehr hergenommenen Truppe nicht verfügt. Soldaten, die sich am Morgen so herrlich geschlagen, deren Begeisterung so viel über die Macht der Beschwerden jeder Art vermochte, wären aber nach einiger Erfrischung freudig noch weiter gezogen, hätten die Piskier Brücke sicher noch vor Abend genommen und dem Kriege wäre für jene Zeit eine entschieden günstigere Wendung gegeben worden.

Das Corps blieb auch noch den folgenden Tag in Broos, nur einzelne Abtheilungen wurden bis Pad einem Militärgränzdorfe an der Devaer Strasse und nach Tordás, welches näher an der Maros liegt, vorgeschoben. Oberstlieutenant Baron Bussek von Max Chevauxlegers unternahm am 8. Februar mit dem 3. Bataillone Sivkovich, den Szekler-Hussaren, einer Division Max Chévauxlegers und einer dreipfündigen Batterie eine Recognoscirung gegen Piski und rückte Abends mit dem Rapporte ein, dass die dortige Brücke über die Strel vom Feinde besetzt sei.

Schlacht bei Piski am 9. Februar 1849.

FML. Baron Puchner, der es nie geduldet hatte, dass es ihm auf dem Marsche besser gehe, als dem gemeinen Soldaten, war in Broos in Folge der ausgestandenen Strapatzen meist an das Bett gefesselt; dessungeachtet beschäftigte er sich mit den Dispositionen für den folgenden Tag. Diesen gemäss sollte die Avantgarde, aus den zu Pad und Tordás stehenden Compagnien und Geschützen gebildet, um halb sieben Uhr Früh die Ankunft des Corps in Pad erwarten, bei dessen Annäherung gegen Piski vorrücken und die Höhen vor diesem Dorfe besetzen. Darauf sollte das Hauptcorps folgen und weitre diesen Dispositionen an Ort und Stelle erhalten.

Am 9. Februar brach das Corps um 5 Uhr Morgens von Broos auf. Voran marschirte die Brigade Baron Stutterheim mit den 3 Bataillonen Bianchi, von denen das erste statt des erkrankten Hauptmannes Vever Hauptmann Basilius Pollovina commandirte. In derselben Brigade befanden sich die 3., 4., 5. und ein Detachement der 6. Compagnie des siebenbürgisch - sächsischen Jägerbataillons, die Szekler - Hussaren, 1 sechspfündige und ½ dreipfündige Batterie. Darauf folgte die Brigade Kalliany, bestehend aus den zwei Bataillonen Sivkovich, 1 Bataillon des 1. Romanen-Gränz-Regiments, 2 Escadronen Max Chevauxlegers, 1 sechspfündigen und ½ dreipfündigen Batterie; endlich die Brigade Losenau mit dem 3. Bataillone Parma, 4 Escadronen Max Chevauxlegers, 1 sechs- und ½ dreipfündigen Batterie.

Die ganze von Broos ausmarschirte Streitmacht des FML. Baron Puchner betrug am 9. Februar 3260 Mann Infanterie, darunter 1600 Mann von Infanterie - Regimente Baron Bianchi, 700 Reiter, 3 sechs- und 2 dreipfündige Batterien.

Der noch sehr leidende commandirende General hielt in Pad einige Zeit an, indessen übernahm General Kalliany das Commando über das vorrückende Corps.

Die Strasse, welche die Truppen einschlugen, zieht sich von Ost nach West am Fusse wellenförmig zwischen Broos bis Piski gelegener theilweise bewaldeter Höhen, welche sich nördlich zur Strasse in mässigen Abhängen herabsenken, westlich gegen die Strel ziemlich steil abfallen. Der letztgenannte Fluss kommt aus den Pujer Bergen, windet sich bei Batiz aus dem engen Thale, in welchem er vom Hatzeger Gebiete an mehrere Stunden weit eingeschlossen ist und eilet von Süd nach Nord der Maros zu. Vor seiner Ausmündung lässt er dort, wo er in die kleine Ebene hinaustritt, am rechten Ufer einen schmalen Streifen von 5 –600 Schritten Breite und 1500 Schritten Länge an der Berglehne für die Häuser und Gärten des Dorfes Piski übrig, an dessen äussersten Hütten die Strasse vorüber führt, welche sich von da unter einem rechten Winkel an einem aus soliden Materiale erbauten Wirthshause vorbei zu der nur wenige Schritte weiter entfernten, bei 30 Klaftern langen in der Mitte durch eine Scheidewand der Länge nach getheilten hölzernen Jochbrücke über die Strel wendet.

Von Pad angefangen liegt zwischen der Strasse und der Maros eine Ebene; ihre Länge beträgt bei 2700, ihre Breite bei Pad 6—700, bei Piski etwa 2800 Schritte.

Das linke Ufer der Strel ist der Brücke gegenüber in einer Länge von etwa 6000 und einer Breite von 2500 bis 3000 Schritten meistens eben; mässige Anhöhen im Westen begränzen diese Fläche, welche häufig durch Baumgruppen insbesondere aber zunächst am Flusse oberhalb und unterhalb der Brücke mit einem dichten Gehölze von starken Weiden und Erlen und mit Gebüsche besetzt war und von der nahe bei Dedács vorbei durch die Dörfer Szt. András und Szántóhalma nach Deva führenden Strasse in westlicher und von dem über Bácsi und Batiz nach Hatzeg laufenden Wege in südlicher Richtung durchschnitten wird.

Auf der ganzen Landschaft lag Schnee, die Strel und Maros waren zugefroren, doch war erstere an Stellen, wo sie rascher fliesst, mit nur schwachem Eise bedeckt, und in der Regel nur für einzelne Fussgänger überschreitbar.

Die Brücke über die Strel hielt Baron Kemeny mit 2 Bataillonen Infanterie, 1 Division Cavallerie und 12 Geschützen, letztere in sehr günstige Stellungen eingeführt, in entschlossenen Händen; das Piskier Wirthshaus und die anstossenden Höhen waren von den Insurgenten gut besetzt, die übrige Stellung Kemeny's in der Fronte durch die Strel, in der linken Flanke durch die Maros gedeckt.

Als das Corps der Kaiserlichen in Pad angekommen war, wurden die weiteren Dispositionen zum Angriffe des Feindes hinausgegeben. Oberlieutenant Herle sollte rechts von der Strasse mit zwei sechs- und einer dreipfündigen Batterie unter Bedeckung des 3. Bataillons Parma auf der Ebene vorrücken, die Brigade Stutterheim als Centrum, sobald Oberlieutenant Herle die feindliche Artillerie geworfen haben wird, die Piskier Brücke mit Sturm nehmen, die Brigade Kalliany die beiden Flügel der Stellung bilden, die Reservebrigade Losenau endlich dem Gefechte in angemessener Entfernung folgen.

Bei Piski etwa um halb neun Uhr Vormittags angelangt, gingen die Kaiserlichen sogleich in die Treffenaufstellung über; das 2. Bataillon Bianchi auf der Strasse, das 1. rechts von derselben, darauf die Jäger und zur Deckung der rechten Flanke dieser Abtheilungen die 3. Division Bianchi, welche die 9. Compagnie zur Verstärkung der Kanonenbedeckung abgegeben hatte, bewegten sich in Divisionscolonnen vorwärts; die Brigade Kalliany entsendete die zwei Bataillone Sivkovich auf den linken, das Romanen-Gränzbataillon auf den rechten Flügel, Oberlieutenant Herle rückte mit seinen Geschützen bis auf 900 Schritte gegen den Feind und stellte auf einer kleinen Anhöhe links von der Strasse eine halbe dreipfündige Batterie auf.

Auf dem rechten Flügel eröffnete die dreipfündige Batterie das Feuer, an dem sich die übrigen zwei Batterien sogleich betheiligten. Während des nun durch zwei Stunden fortdauernden Geschützkampfes avancirte die Artillerie vom rechten zum linken Flügel staffelförmig und batterieweise immer näher an das Strelufer, demontirte zwei feindliche Kanonen, und nöthigte die übrigen, 500 Schritte weiter rückwärts zu gehen.

Inzwischen hatte die 11. und 12. Compagnie Bianchi und Sivkovich am linken Flügel den Feind von den Höhen und aus dem Wirthshause nächst der Brücke vertrieben, letzteres mit dem Bajonette genommen, was nicht entfloh, darin niedergemacht, den Feind über die Brücke gejagt und darauf die Gärten und sonstigen geeigneten Punkte am rechten Strelufer besetzt, von wo aus ein lebhaftes Gewehrfeuer gegen die im Gehölze des linken Ufers stehenden Insurgenten unterhalten wurde.

Nun rückte die 7. und 8. Compagnie Bianchi unter Anführung des Oberlieutenants Anton Baron Baum vor, um die Brücke zu erstürmen. Diese wurde mit hartnäckiger Tapferkeit vertheidigt. Die Division Bianchi hatte auf dem engen Raume, auf welchem sie sich befand, ein von allen Seiten concentrirtes Feuer auszuhalten und fand bei ihren unerschrockenen Anstürmen die Streuhölzer der Brücke an der Seite des linken Ufers in bedeutender Ausdehnung ausgehoben.

Dieses Hinderniss allein hielt sie auf und der Feind verdoppelte sein Feuer auf die sich auf der Brücke häufenden Züge mit solcher Wirkung, dass die Division in kurzer Zeit 30 Mann an Todten und Verwundeten verlor. Oberlieutenant Baron Baum sah sich für den Augenblick genöthigt, zurückzugehen, wollte aber durchaus nicht gänzlich weichen, und vertheilte seine Mannschaft hinter alle nur möglichen schützenden Gegenstände an der Brücke,

Zur Unterstützung der 4. Division Bianchi wurden die sieben-
bürgisch - sächsischen Jäger vorgeschickt, ihr tapferes und vom
Baron Baum unterstütztes Vordringen scheiterte an demselben
Hindernisse.

Die braven Truppen liessen sich aber durch die misslungenen
ersten Versuche nicht abschrecken, die 1. und 2. Compagnie Bianchi eilte gleichfalls herbei, und vom Neuen begann die blutige
Arbeit, die Jäger an der Spitze, welche, obwohl noch junge Soldaten, es an Tapferkeit und Hingebung bewährten Veteranen
gleichthaten. Die Hindernisse bestanden zwar noch, aber die
Erbitterung über das frühere Misslingen liess solche nun geringer erscheinen, der Muth und die Todesverachtung führte die
Soldaten auf den schmalen Längenbalken vorwärts, einige erklet-
terten die Brückenverkleidung und brachten sich auf dieser um-
saust von feindlichen Kugeln weiter. Wohl mancher brave Mann
stürzte von dem unsicheren Pfade in die unter der Brücke stellenweise offene Strel, die Lieutenants Wolf und Baron Kanitz vom
Regimente Bianchi, fanden auf der Brücke den Ehrentod. Endlich
gelangten einige unter dem Hagel von Geschossen jeder Art a t
das linke Ufer und machten den Nachfolgenden den Übergang
leichter, bald sind die Stürmenden, Hauptmann Albert v. Klokoczan und Oberlieutenant Frühbeck von den Jägern, Oberlieutenant
Baron Baum, und v. Asboth von Bianchi voran, alle hinüber gekommen und jagen den Feind mit Bajonett und Kolben vor
sich her.

Leider wurde nun die nöthige Ordnung vermisst. Niemand
führte ein das Ganze leitende Commando, die einzelnen Abtheilungen handelten für sich, und so rückte man etwa 2—300.
Schritte weit vor.

In diesem Momente, es mochte 11 Uhr Vormittags gewesen
sein, erschien Bem, welcher ausser schon früher eingetroffenen 3000
Mann, darunter das Bataillon des 1. Szekler-Regimentes unter Major
Moritz und 8 Geschützen, Abends zuvor noch das 24. und 38. Honved-
Bataillon, 1 Bataillon Torontaler Garden, das 3. Bataillon des Regi-
mentesMariassy, 1 Division Kaiser-Hussaren, 1 Abtheilung Biharer
berittener Lanciers und 2 sechspfündige Batterien aus Arad als
Verstärkung erhalten hatte, auf dem Kampfplatze und stand nun

den Kaiserlichen mit etwa 9000 Mann und beiläufig 30 Geschützen gegenüber.

Als er bei seinem Anmarsche aus den zahlreichen Verwundeten. welche am Wege lagen, und den demontirten Kanonen, welche am Schleppseile zurückgezogen wurden. den misslichen Stand seiner Truppen an der Brücke erkannte, sendete er das Bataillon Mariassy und 1 Honved-Bataillon voraus. Das erstere erschien nun an einer Einbiegung der Strasse vor den noch in der Verfolgung der zurückgeworfenen Feinde begriffenen kaiserlichen Abtheilungen, von denen Oberlieutenant Baron Baum mit dem grösseren Theile seiner Mannschaft ein Gehölz rechts von der Strasse besetzt behielt, und hiedurch spätere augenscheinliche grosse Verluste verhüthete.

Das Bataillon Mariassy trat nichts weniger als feindselig auf. Weisse Tücher wehten von vielen seiner Bajonette, einzelne Leute winkten damit, nahmen allmählig die Gewehre bei Fuss, machten keine Miene angreifen zu wollen, dagegen aber gaben sie durch freundliche Zurufe in deutscher und ungarischer Sprache ihre Absicht deutlich kund, sich ergeben zu wollen.

Die Kaiserlichen stellten darauf sogleich das Schiessen ein, man näherte sich gegenseitig und es ergab sich nun eine Szene. die durch das bunte Gemenge von Freund und Feind überraschend und eigenthümlich wurde, durch den dabei vorgekommenen Mangel jeder Einheit im Handeln der Insurgenten die richtige Beurtheilung ihrer eigentlichen Absicht erschwerte und deren Ausgang endlich die Feinde fast allgemein mit dem Vorwurfe eines Verrathes belastete, dessen Annahme später um so leichter Eingang fand, als am 17. Jänner 1849 eine Abtheilung des übergegangenen Regiments Wasa während des Gefechtes bei Unter-Turczek gegen die 7. Compagnie von Parma Infanterie unter dem Vorwande sich ergeben zu wollen und die Bevölkerung von Neu-Arad am 8. Februar 1849 gegen den FML. Gläser, dessen Mannschaft mit dem Wehen weisser Tücher auf den zu ihrem Untergange bestimmten Platz verlockend, einen ähnlichen Verrath wirklich verübte.

Es ist durch mehrseitige höchst achtungswürdige Augenzeugen erwiesen. dass die vorerwähnten Aeusserungen des Willens sich zu ergeben, aus den Reihen der Insurgenten wirklich laut wurden, es ist thatsächlich geschehen, dass sich Offizire und Mannschaft wirklich ergaben, und ihre Waffen den Kaiserlichen auslieferten; es kam aber nach denselben glaubwürdigen Quellen auch vor, dass Insurgenten die kaiserlichen Offizire damals auf forderten, sie mögen die Waffen ablegen und sich ergeben. So hatte sich z. B. der Commandant des 1. Bataillons Baron Bianchi Hauptmann Basilius Pollovina an die Spitze der Kaiserlichen begeben, um zu sehen, was dort vorgehe, als eben ein feindlicher Reiter daher gesprengt kam; Pollovina fasste sein Pferd beim Zügel und frug ihn, wer er sei? — Auf die Antwort: „Ich bin der feindliche Commandant" erklärte ihn Hauptmann Pollovina als seinen Gefangenen und als der Reiter (es war ohne Zweifel Baron Kemeny gewesen) plötzlich sein Pferd wendete und ausriss, schoss ihm Feldwebel Demeter Martinovich in dem Momente, als er sich fast auf den Hals seines Thieres niederbeugte, nach, so dass der Schuss über ihn hinweg ging. Gleich darauf war Hauptmann Pollovina von mehreren feindlichen Offiziren umstellt, ein Hauptmann von Mariassy fasste ihn mit der Hand an der Schulter, und wollte ihn gefangen nehmen, andere versuchten dasselbe an anderen Offiziren und Soldaten.

Während diess so vorging, fielen von einer ganz anderen Seite, als aus welcher die hier mit den Kaiserlichen vermengten Feinde gekommen waren, nämlich aus der Richtung der geraden Verlängerung der Brückenlinie verheerende Kartätschenschüsse aus feindlichen Geschützen in den aus Freund und Feind entstandenen Knäuel der Leute und die Szene änderte sich in furchtbarer Weise; die vor wenigen Augenblicken noch fraternisirenden Gegner schossen, stachen und schlugen wechselseitig auf einander los, eine dichte Plänklerkette und hinter diesen geschlossene Honvedabtheilungen rückten zum Angriffe heran, der wirre Haufe drängte sich zu der ungangbaren Brücke und nicht nur die Kaiserlichen suchten sich durch rasche Flucht zu retten, es schlossen sich ihnen auch feindliche Offizire und Soldaten in gleicher Absicht an und wurden gleichmässig verfolgt.

Von dieser Verwirrung blieb nur Oberlieutenant Baron Baum mit seinem kleinen Häuflein frei. Er hatte seinen Leuten nicht gestattet ihre Stellung zu verlassen und beobachtete aufmerksam

was vorging. Als die feindlichen Tirailleurs und Massen nun vor-
rückten, leistete er ihnen einen zwar kurzen, aber kräftigen Widerstand und bewirkte wenigstens so viel, dass er die Umgehung
der Kaiserlichen in ihrer rechten Flanke und ihre gänzliche Gefangennehmung verhinderte.

Nachdem er diess erreicht und sich nicht mehr weiter halten
konnte, warf er sich mit seinen Leuten unterhalb der Brücke in
eine offene Stelle des Flusses, wo das Eis durch Kanonenkugeln
eingeschossen war und rettete sich, bis an den Hals im Wasser
watend, glücklich an das rechte Ufer. Oberlieutenant v. Asboth
und viele Soldaten schlugen ähnlichen Weg über die mürbe Eisdecke und wo diese unter ihren Füssen einbrach oder nicht auslangte, durch das Wasser ein und erreichten nicht ohne augen-
scheinlicher Gefahr, den Tod im Flusse zu finden, die Ihrigen.
Viele, unter ihnen Oberlieutenant Mosing, stürzten im Gedränge
von den Brückentrümen herab, und nicht allen war es vergönnt,
lebendig aus dem eisigen Wasser zu entkommen.

In dem Getümmel am linken Ufer gerieth Lieutenant von
Mold mit 30 Mann von Bianchi unter mehr als 100 Honveds,
welche ihn und die Mannschaft überwältigten und entwaffneten,
ihm selbst aber die Schärpe um den Hals schlangen, um ihn zu
erwürgen. Da rief der ebenfalls gefangene Korporal Kochanovski
seinen Kameraden zu: „Folget meinem Beispiele!" Mit diesen
Worten entriss er plötzlich einem Honved das Gewehr, versetzte
mit dem Kolben einem feindlichen Offizir einen Stoss auf die Brust
entwand ihm den Säbel, reichte ihm den Lieutenant v. Mold und
rief ihm zu: „Ich bahne Ihnen mit meinem Leben den Weg
zu den Unseren!" Die übrigen Gefangenen machten es dem
braven Kochanovski nach, waren in einem Augenblicke mit den
Gewehren ihrer Feinde bewaffnet, sprengten die mehr als dreimal
stärkeren Honveds auseinander und retteten sich bis auf 8 Mann,
welche hier ihren Tod fanden, über die Leichen der von ihnen
erschlagenen Feinde.

Lieutenant von Mold durch die bereits erlittenen Misshandlungen und den darauf erfolgten Kampf erschöpft und durch einen
Schuss an der Hand verwundet, erlag den Anstrengungen und
konnte nicht mehr weiter. Da fasste ihn Kochanovski in seine
Arme und trug ihn von den nachgesendeten Schüssen der Feinde

ununterbrochen begleitet auf dem gefahrvollen Wege über die schwankende Eisdecke glücklich an das rechte Ufer des Flusses.

Der dankerfüllte Offizir bot dem aufopferungsvollen Retter seine ganze Barschaft im Betrage von mehr als 100 Gulden zur Belohnung an; Kochanowski aber lehnte dieses Geschenk mit den Worten ab, er finde sich durch seine Freude über die gelungene That belohnt. Dafür zierte bald darauf die goldene Tapferkeitsmedaille die Brust des edlen Mannes.

Der Feind stellte nun selbst die Brücke her, folgte den Kaiserlichen auf das rechte Ufer und setzte dort seine Verheerung fort, welche den Kaiserlichen bei 200 Todte und Verwundete kostete; hier wurde auch der allgemein geehrte ritterliche Oberst Losy v. Losenau durch eine Flintenkugel tödtlich getroffen.

Die Insurgenten bemächtigten sich nach einem mörderischen Kampfe des Wirthshauses nächst der Brücke, rückten an der Häuserreihe vorwärts, setzten das Handgemenge unter stets wachsender Vermehrung ihrer Streitkräfte am rechten Ufer eine Zeit lang fort und warfen sich auf die Batterie des Oberlieutenants Hitsch. Dieser wurde durch einen Bajonettstich verwundet und gefangen, der brave Korporal Mandolak, welcher seinen Commandanten befreien wollte, opferte dabei sein Leben auf.

Zu derselben Zeit rettete Corporal Gowron seinem Regimentscommandanten dem Obersten Baron Stutterheim das Leben, indem er einen Honved, der auf den Obersten nur einige Schritte entfernt anschlug, noch bevor derselbe das Gewehr abfeuern konnte mit dem Bajonette niederstiess. Er wurde dafür mit der silbernen Tapferkeitsmedaille 2. Classe belohnt.

Lieutenant Benedikti des Regiments wurde von einem Honvedhauptmanne angefallen und gerieth in Gefahr entwaffnet und gefangen zu werden; da eilte Hauptmann Bergou herbei, überwältigte den Honvedoffizir und machte ihn selbst zum Gefangenen.

Die Insurgenten hatten die Batterie des Oberlieutenants Hitsch bereits in ihre Gewalt bekommen, da sammelte Hauptmann Degmek schnell etwa 25 Mann von Bianchi, stürzte auf die Feinde los und entriss ihnen zwei der erbeuteten Kanonen, drei andere wurden durch die Bedienungsmannschaft dem Feinde wieder abgenommen, wobei Oberlieutenant Herle, welcher zwei dreipfündige

Kanonen schnell auf einer kleinen Erhöhung aufführen und aus kurzer Distanz in die Feinde mit Kartätschen feuern liess, die Bemühungen der braven Mannschaft wesentlich unterstützte. Ein Geschütz und 1 Munitionswagen gingen aber verloren, weil die gedungenen Civilfuhrknechte mit den Bespannungen davongeritten waren.

Eine links von der Strasse gestandene halbe Batterie, bereits in höchster Gefahr vom Feinde weggenommen zu werden, wurde vom Oberlieutenant Sartorius gerettet, indem er schnell einen Zug von Bianchi sammelte und unter dem heftigsten Feuer die Geschütze in Sicherheit brachte.

So ging die mit schweren Opfern genommene Brücke mit noch grösseren Verlusten verloren, die den fraternisirenden Insurgenten abgenommene Fahne, welche sich dermal im Carlsburger Zeughause befindet, war das Einzige, was man gewonnen hatte und zu dem Schmerze über den erlittenen Verlust kam noch der Ingrimm über vermeinten Verrath hinzu. Nach der vorausgeschickten Darstellung und der Ansicht mehrerer vertrauenswürdiger Zeugen ist es aber nur gerecht, wenn man die Feinde von dem Vorwurfe des Verrathes freispricht, selbst wenn ihre eigenen Schriftsteller den geschilderten Vorgang als eine Kriegslist bezeichnen und ihr sogar einen verdienstlichen Werth beilegen, es liegt vielmehr weit näher, dass sich ein grosser Theil der Insurgenten damal wirklich ergeben wollte, während andere von dieser Absicht entweder nichts wussten, oder sie nicht theilten und ohne alle Hinterlist feindselig auftraten, dass endlich Bem, als er beim Anmarsche das zweifelhafte Benehmen seiner Abtheilung wahrnahm, in seine eigenen Leute wie in die Kaiserlichen hineinschiessen liess.

Während das Handgemenge in hundertfältigen Gestalten auf dem rechten Streufer wüthete und die Honveds die eigenen Gefährten von Mariassy, welche sie wegen ihrer Adjustirung von den Kaiserlichen nicht unterscheiden konnten, nicht schonten, wirbelten die Trommeln auf österreichischer Seite Vergatterung, die Soldaten eilten sich zu railliren, es gelang den Offiziren, besonders dem dafür später vom FML. Baron Puchner auf dem Schlachtfelde belobten Oberlieutenant v. Asboth in kürzester Zeit die Ordnung herzustellen und das Corps nahm seine ursprüngliche Aufstellung

12

ein. während sich die Insurgenten über die Brücke auf die Ebene des rechten Ufers ergossen, und nachdem sie das von den Kaiserlichen mit einem wohlgezielten Feuer und darauf mit der blanken Waffe hartnäckig vertheidigte Wirthshaus nach mörderischem Kampfe genommen und die südlich davon gelegene Höhe mit einem Szekler- und einem Honvedbataillone besetzt hatten, rückte feindliche Cavallerie heran und demaskirte eine Batterie, welche die Kaiserlichen mit heftigem Kartätschenfeuer bestrich und die Entwicklung anderer Bataillone und Batterien auf dem feindlichen linken Flügel ermöglichte.

Oberlieutenant Herle, welcher mit aller Energie die neue Aufstellung des Corps mit einer Batterie unterstützte und dabei zwei Pferde unter dem Leibe verlor, war von der Bespannung und den Munitionswägen, mit welchen die Bauern davongegangen waren. verlassen worden und genöthigt eine Zeit lang auf offenem Terrain seine Stellung zu halten und gegen die Übermacht mit nur wenigem Vorrathe an Munition einen sehr ungleichen Kampf zu bestehen. Doch je grösser die Gefahr, desto fester seine Entschlossenheit; mit ruhigem Blicke nahm er die feindlichen Batterien und Massen aufs Korn, ertheilte schnell und kaltblütig seine Befehle und die Schüsse der Batterie rissen breite Lücken in der feindlichen Reihen. Um ihn zu vernichten, führte Bem eine halbe Batterie persönlich über die Brücke, gewann durch schnelle Umgehung das zunächst der Strasse gelegene höhere Terrain und griff von dort aus den Oberlieutenant Herle in seiner linken Flanke an. Allein der alte Meister hatte dem kühnen Jünger das Maneuvre von Hermanstadt nicht ganz abgelernt; Herle bildete sogleich mit der halben Batterie eine Flanke gegen Bems Geschütze, zog die anderen drei Kanonen mit ungemeiner Anstrengung aus der feindlichen Schusslinie etwa 200 Schritte weit zurück und seitwärts und widerstand mit tapferer Ausdauer. Inzwischen hatte die Schlacht auf der ganzen Linie vom Neuen begonnen. FML. Baron Puchner war auf dem Kampfplatze erschienen. übernahm das Commando und brachte schnell Einheit und Übereinstimmung in seine Bataillone. Die Artillerie hatte treffliche Positionen genommen, Hauptmann Palliczek, dem Generalstabe des Commandirenden zugetheilt, brachte die Bespannungen und Munitionswägen zurück, das Feuer wurde immer lebhafter, die

Kaiserlichen, welche sich durch schnöde List um die blutig er-
kämpften Vortheile betrogen glaubten, fochten erbitterter wie
zuvor. FML. Baron Puchner befahl dem combinirten Bataillone
Carl Ferdinand unter Hauptmann v. Reznar, welches vom rechten
Marosufer herbeigerufen den Strom bei Bábolna glücklich überschritten hatte und dem 1. Bataillone Bianchi die vom Feinde
besetzten Höhen, wo sich bereits das 3. Bataillon Sivkovich im
Gefechte befand, zu erstürmen. Ungeachtet des abschüssigen,
durchnässten und schlüpfrigen Bodens wurden die Anhöhen rasch
erstiegen, und die Szekler und Honveds hinabgeworfen. Die kaiserlichen Offizire - auch hier wieder überall voran hatten insbesondere
das Feuer des Feindes auf sich gelenkt, Major v. Kunich von
Sivkovich wurde durch eine Flintenkugel am Unterkiefer schwer
verwundet, dem biederen braven Hauptmanne v. Meissner von
Bianchi der linke Oberschenkel zerschmettert, in Folge dessen er
später zu Carlsburg starb, und Lieutenant Flamm am Knie verwundet.

In der Ebene hielt sich der Feind mit zäher Tapferkeit.
Der Chef des Generalstabes Major Teutsch wollte mit Infanterie
und einer Division Max Chevauxlegers den feindlichen linken
Flügel umgehen, die dort aufgestellten Hussaren schlugen jedoch
die Attaque ab und die Chevauxlegers mussten ungeachtet der
heldenmüthigen Tapferkeit des Oberstlieutenants Baron Bussek
weichen. Den verfolgenden Hussaren warf sich Hauptmann von
Stromfeld mit sechs Zügen von Bianchi in offener Frontformation
entgegen; die Mannschaft hatte die letzte Patrone im Laufe, liess
die Reiter bis auf 60 Schritte ankommen, gab dann eine verheerende Decharge unter sie und stürmte ihnen mit gefälltem
Bajonette entgegen. Die Hussaren, welche schon durch die Kugeln
an Mannschaft und Pferden grossen Verlust erlitten hatten, warteten die Bajonette nicht ab, und kehrten vor einer Truppe um.
welche den seltenen Muth hatte einer Cavallerieattaque auf solche
Weise mit der blanken Waffe entgegen zu gehen. Bei der darauf
erfolgten allgemeinen Vorrückung der Kaiserlichen wurde die feindliche Linie immer mehr erschüttert, die Hussaren am feindlichen
linken Flügel endlich durch die Chevauxlegers vollständig geworfen.
Am rechten und linken Flügel geschlagen, konnte sich Bem auch
im Centrum nicht mehr halten; nach einem letzten Versuche die

Kaiserlichen mit Kartätschen aufzuhalten, liess er seine Geschütze aufprotzen und eilte über die Brücke hinüber, ihm folgten im unordentlichen Gedränge die von allen Seiten verfolgten Insurgenten und füllten die Brücke in dichten Haufen. Zu ihrem Verderben sprengte Oberlieutenant·Herle mit einer halben Batterie ganz nahe heran und eröffnete ein Kartätschenfeuer gegen sie, dessen furchtbare Wirkung die Brücke mit Leichen bedeckte. Darauf folgten das 1. Bataillon Bianchi und das Bataillon Carl Ferdinand den Flüchtigen auf dem Fusse nach, griffen den Feind, der sich nochmals stellte, mit dem Bajonette an und warfen jeden Widerstand nieder. Die Kaiserlichen eroberten hierbei eine Kanone sammt Bespannung und zwei volle Munitionswägen, wobei sich vor allen Feldwebel Anton Sloinsky auszeichnete, welcher, wie auch der Corporal Theodor Tycki und Gemeiner Nussin Fuchs für ihre persönliche Tapferkeit in dieser Schlacht mit der silbernen Medaille zweiter Classe belohnt wurden. Der Rest des Corps rückte nach, um halb vier Uhr Nachmittags war der Feind an allen Punkten bis Dedács verdrängt. Vor Szt. András stand Bem mit geordneten Reserven, nahm die fliehenden Abtheilungen auf und erwiederte das Artilleriefeuer der vordringenden Kaiserlichen aus halb demontirten Geschützen. Leider lähmte ein höchst bedauerlicher Umstand die weitere Thätigkeit des Corps. Infanterie und Artillerie hatte sich fast ganz verschossen, die Reservemunition war fünf Meilen vom Schlachtfelde entfernt, das Gefecht konnte nur noch matt fortgeführt werden, Oberlieutenant Herle suchte in Ermanglung scharfer Munition dem Feinde endlich nur noch mit leeren Haubitzenpatronen zu imponiren, um ihn vom ernstlichen Vordringen, wozu er sich anschickte, abzuhalten. FML. Baron Puchner zog sich auf das rechte Strelufer und sodann unbehelligt nach Broos zurück, seine Absichten waren gescheitert, zu dem Verluste Siebenbürgens hier der Anfang gemacht. Das Regiment Baron Bianchi hatte mit Einrechnung des Hauptmanns v. Meissner 3 Offizire und 42 Mann todt; 7 Offizire nämlich Hauptmann Bergou, Oberlieutenant Mosing, die Lieutenants Schwingenschlögel, Köves, v. Mold, Hirling, Flamm und 136 Mann verwundet, 57 Mann wurden vermisst. Der Gesammtverlust des Corps bestand in 5 todten, 1 gefangenen und 9 blessirten Offiziren, in 125 Todten, 381 Verwundeten, 141 Vermissten und 22 Gefangenen vom Feldwebel und

Wachtmeister abwärts, von welchem Gesammtverluste nahezu zwei Fünftel auf das Regiment Baron Bianchi entfallen.

Die Verluste des Feindes waren sehr gross. Nach glaubwürdigen Aussagen Devaer Bürger, welche durchaus nicht im Verdachte standen, die Verluste der Insurgenten grösser, als sie wirklich waren, erscheinen lassen zu wollen, wurden an der Piskier Brücke weit über 1000 Gefallene begraben. Zieht man hiervon die nach den dienstlichen Verlusteingaben wahrheitsgetreu berechnete Anzahl der Todten auf der kaiserlichen Seite ab, so ergibt sich leicht von selbst, wie viele Insurgenten in dieser blutigsten aller Schlachten des siebenbürgischen Winterfeldzuges gefallen waren. Das gewöhnliche Verhältniss der Zahl der Verwundeten zu jener der in. den Schlachten Getödteten lässt auf den weiteren Verlust der Insurgenten an Blessirten mit ziemlich genauer Wahrscheinlichkeit schliessen. Hauptmann Csernoevich, welcher am 12. Februar Deva überfiel und dort 96 Feinde gefangen nahm, fand daselbst noch über 300 sämmtlich schwer Verwundete im Spitale und eine grosse Menge war vor seiner Ankunft während des 10. und 11. Februar ihren Wunden erlegen, am 14. Februar waren auch von den letzterwähnten 300 Blessirten wieder 116 gestorben. Feindliche Offizire selbst ,gaben den Verlust an Todten auf 1000 Mann an, das 24. Honvedbataillon hatte allein 2 todte und 5 blessirte Offizire, 140 Todte und 160 Verwundete vom Feldwebel abwärts und etwa 80 Vermisste, es war von mehr als 1000 Mann auf 640 herabgeschmolzen.

Nach dem Rückzuge der Kaiserlichen von Piski hielt die erste Compagnie von Bianchi noch eine Zeit lang Pad besetzt und folgte dann mit den übrigen vom 1. Bataillone des Regiments ausgestellten Vorposten der Haupttruppe. Nach kurzer Rast brach das Corps mit Zurücklassung der Verwundeten, deren Los dem Feinde empfohlen und von diesem geachtet wurde, von Broos um 2 Uhr nach Mitternacht auf und wendete sich gegen Mühlbach zurück. Als sich die Téte, bei welcher sich FML. Baron Puchner befand. Gylmár näherte, kamen ihr einige wenige Munitionswägen entgegen und kehrten auf Befehl des Commandirenden wieder um.

Nach einem sehr beschwerlichen Marsche wurde gegen Mittag Mühlbach erreicht, wo das Hauptquartier mit den sächsischen Jägern blieb.

Die Brigade Kalliany wurde als linker Flügel nach Szasz-Pian verlegt; von der Brigade Stutterheim marschirten 3 Bataillone Bianchi, 1 Division Szeklerhussaren, 1 Escadron Max Chevauxlegers und 1 sechspfündige Batterie gleich von Sibot links von der Hauptstrasse nach dem an der Maros liegenden Orte Alvincz ab, um dort den rechten Flügel der Aufstellung zu bilden; die Reservebrigade des Obersten Coppet rückte aus Mühlbach zwischen beide Flügel auf eine gegen Sibot sich terassenförmig absenkende Hochebene und schob ihre Vorposten bis gegen Sibot vor.

In Alvincz sollte die Brigade Stutterheim nach den vielen ausgestandenen Beschwerden etwas ausruhen können und Munition aus der nahen Festung Carlsburg an sich ziehen. Die 7. Compagnie unter Lieutenant Gustav Eckhardt bezog die Vorposten. die 8. unter Oberlieutenant Baron Baum übernahm die Kanonenbedeckung. Um die Mannschaft dieser Compagnie nur einigermassen kampffähig zu machen, wurden alle in der Brigade noch vorfindigen Patronen gesammelt und so viel aufgebracht, dass die beiden Compagnien mit 6.—8 Stück per Mann betheilt werden konnten.

Die so nothwendige Ruhe wurde der Brigade nicht zu Theil.

Bem war den Kaiserlichen am 10. Februar nachgegangen, die Insurgenten verbrannten ohne mindester militärischer Nothwendigkeit das Militärgränzdorf Pad, hielten sich nur einige Stunden in Broos auf, warfen Abends den bei Sibot aufgestellten Cavallerieposten und wendeten sich auf der schon bezeichneten Seitenstrasse nach Alvincz. Lieutenant Eckhardt hatte dort um 10 Uhr Abends kaum alle Posten aufgestellt, als eine gegen Sibot ausgesendete Cavalleriepatrouille zurücksprengte und meldete, dass der Feind nahe. In demselben Augenblicke wurden in der That auch schon die Vedetten von den feindlichen Hussaren angegriffen und zurückgedrängt. Lieutenant Eckhardt schickte unverzüglich einen Tambour in das Dorf um Allarm zu schlagen, er selbst rückte mit der Mannschaft des Offizirspostens den Reitern, die ihn allsogleich attaquirten, entgegen, trieb sie mit einer wohlgezielten Decharge zurück und nahm von den sich zurückziehenden Vedetten so viele als möglich auf. In den Flanken von feindlicher fanterie und in der Fronte von den Hussaren bedroht, zog er sich' fechtend in das Dorf; der Feind folgte ihm auf dem Fusse. Eckhardt hatte die äussersten Häuser besetzt und von hier aus wurde der Feind, so gut es das Schneelicht gestattete und wie der Erfolg bewährte, nicht vergeblich beschossen. Jede Patrone galt für ein kostbares Gut und wurde sorgfältig an Mann gebracht. Als sich Lieutenant Eckhardt gänzlich verschossen hatte, löste ihn Oberlieutenant Baron Baum ab und setzte mit gleicher Entschlossenheit den begonnenen tapferen Widerstand fort, während der Brigadir Oberst Baron Stutterheim, welcher auf das erste Allarmzeichen zu Pferde sass, für alles in jenem kritischen Augenblicke Nothwendige unermüdet Sorge trug.

Bei der Vertheidigung des Einganges in das Dorf zeichnete sich namentlich auch Feldwebel Teliczewski durch persönlichen Muth aus und wurde dafür mit der silbernen Tapferkeitsmedaille zweiter Classe belohnt.

Durch den Widerstand der 7. und 8. Compagnie, an dem sich wieder Oberlieutenant Sartorius ehrenvoll betheiligte, wurde es dem Lieutenant Chevalier de Barst möglich, seine Batterie zu bespannen und mit ihr unter dem Schutze einer Abtheilung Max Chevauxlegers zurückzugehen, die übrige Brigade wurde in den Stand gesetzt, sich mit ausgezeichneter Schnelligkeit und Ordnung zu railliren. Besonderes Verdienst erwarben sich dabei Hauptmann Bergou, welcher damal die Fahne des 1. Bataillons persönlich in Sicherheit brachte, Hauptmann Degmek, Oberlieutenant Nako, Lieutenant Raab und Oberlieutenant Sartorius. Sie waren die ersten am Platze und hoben durch vorleuchtendes Beispiel die Ausdauer der müden Soldaten, welche die eigene Ermattung vergassen, als sie den hingebenden Eifer der Offizire, welche es keinen Augenblick besser gehabt hatten, sahen.

Bei dem Mangel an Munition, der Entfernung der Brigade vom Centrum und der Unmöglichkeit rechtzeitiger Unterstützung konnte Oberst Baron Stutterheim weder ein grösseres Gefecht annehmen, noch Alvincz behaupten, zog sich mit Ausnahme der 6. Division, welche zu weit entfernt bequartirt war, daher nicht so schnell zur Haupttruppe gelangen konnte, aber unter der umsichtigen Führung des Hauptmanns Degmek über die gefrorene Maros ging und sich später zu Maros - Porto mit der Brigade wieder vereinte, mit einem Verluste von 31 Mann, von denen einige getödtet oder blessirt wurden die mehreren aber in feindliche Gefangenschaft geriethen, in Ordnung nach Carlsburg, der einzigen ihm übrig gebliebenen Linie zurück, liess nach dem Überschreiten der Maros bei Maros-Porto einen Theil der Brücke am linken Ufer ungangbar machen und den Übergang durch das dritte Bataillon unter Hauptmann Stromfeld und 3 Geschütze decken.

Durch das Feuern in Alvincz wurde das ganze Corps alarmirt, zog sich in Mühlbach zusammen und nahm auf den östlich von der Stadt liegenden Höhen eine sehr vortheilhafte Aufstellung. Bem hatte aber nicht beabsichtigt, den FML. Baron Puchner eine neue Schlacht zu liefern, es war ihm vielmehr darum zu thun, Mediasch zu erreichen und dort neue Hilfsmittel zur Fortsetzung des Kampfes aus dem Szeklerlande an sich zu ziehen. Er verliess demnach Alvincz am 11. Februar in der Frühe, marschirte bis Orda und wendete sich im Angesichte der Festung, welche seine Colonnen mit ihren schwersten Geschütze nicht hätte erreichen können, gegen Blasendorf.

Die Brigaden des Generals Kalliany und des an die Stelle des Obersten v. Losenau getretenen Obersten v. Coppet marschirten an demselben Tage bis Grosspold und am 12. Februar weiter gegen Hermanstadt, die Brigade Kalliany und 1 Bataillon Tursky blieben unterwegs in Secsel und Grossau, die Brigade Coppet rückte nach Hermanstadt ab, wo sie die kaiserlich russischen Truppen begrüsste.

Am 13. Februar verliess die Brigade Stutterheim mit dem 3. Bataillone Carl Ferdinand, welches unter Major Johann v. Klokoczan, weil es jenseits Abrudbánya auf den theils ungangbar gemachten, theils tief verschneiten Gebirgswegen nicht fortkommen konnte und ohne den in Mühlbach erhaltenen Auftrag, wenn er bei günstigeren Verhältnissen überhaupt noch zeitgemäss gewesen wäre, ausführen zu können, unverrichteter Sachen zurückkehren musste, die Festung Carlsburg, nahm von dort einen bedeutenden Munitionsvorrath für das Corps mit und gelangte, nachdem sie mehrere Tage zu Grossau und Neppendorf kantonirt hatte, am 21. Februar nach Hermanstadt, wo Hauptmann Bergou statt des erkrankten Hauptmanns v. Stromfeld das Commando des komponirten 3. Bataillons Bianchi übernahm.

Lage der Kaiserlichen nach der Schlacht bei Piski.

Bem war inzwischen nach Mediasch gekommen, welches am 8. Februar von Major Baron von der Heydte nach Vertreibung einer dort gebliebenen Insurgentenabtheilung besetzt, am 9. von dem Insurgentenmajor Zsurmay wieder genommen, gebrandschatzt, aber noch an demselben Tage verlassen abermal von Major Heydte besetzt, und am 10. Februar bei Annäherung Bems wieder geräumt worden war.

Der Insurgentenführer versäumte, sobald er in Mediasch festen Fuss gefasst, keinen Augenblick, sich möglichst zu verstärken. Schon am 17. Februar rückten 5 Bataillone Szekler, 1 Division Hussaren und 6 Geschütze in Schässburg ein, welches Oberstlieutenant Nipp von Tursky und Major Heydte mit ihrer schwachen Truppenzahl und 5 Compagnien Schässburger Garden verlassen, und sich nach Fogaras wenden mussten, wohin FML. Baron Puchner ein Romanen-Gränz-Bataillon zu ihrer Aufnahme und Verstärkung entsendete.

Allmälig wuchsen die Streitkräfte Bems zu Mediasch und in der Umgebung bis nahe auf 12000 Mann und 7 sechspfündige Batterien und lasteten mit schwerem Drucke unerschwinglicher Brandschatzungen und aussaugender Requisitionen von Lebensmitteln, Zugvieh und Eisen (die Insurgenten nahmen insbesondere auch alle Kugeln, welche als Uhrgewichte dienten, mit sich) auf dem hartgeprüften Sachsenlande, namentlich auf dem Schässburger Stuhle. Eine andere ansehnliche Macht der Insurgenten stand zu Maros-Vásárhely als Reserve.

Weit ungünstiger gestalteten sich die Verhältnisse des FML. Baron Puchner, welcher nach einem am 18. Februar an den Feldmarschall Fürsten Windischgrätz wiederholten Ansuchen um Zusendung des versprochenen Hilfscorps in seinem Schreiben vom 22. Februar dem Marschalle die Lage offen schilderte, in welcher er sich befand und worin er darstellte, „dass seine Verhältnisse durch die zeitweise errungenen wenn auch glänzenden Siege nicht verbessert werden, denn seine wenigen Truppen erkauften jeden Vortheil mit grossen Opfern an Todten und Blessirten, diese Verluste und das Zugrundegehen des Materials seien unersetzlich weil nicht die geringste Hilfe komme, selbst die Lebensmittel würden schon schwieriger beigestellt; nebst grossen Verlusten vor dem Feinde habe das Corps bei 1000 Mann in den Spitälern während die Zahl der Kaiserlichen schmelze, bekomme Bem stets neue Zuzüge aus Ungarn, und sei um so stärker, wenn man ihn vernichtet glaubt, während ihm (FML. Puchner) ein Sieg in seinen nächsten Folgen zur Niederlage werde; er habe mit dem Blute seiner Tapfern 21 Kanonen genommen, Bem sei von Broos nur mit 2 Kanonen und 3000 Mann entkommen und habe nun wieder bei 8000 Mann mit 25—30 Kanonen und Kriegsbedarf genug, dabei verlangen die Russen 2 erprobte Bataillone zur Deckung für Hermanstadt und General Engelhardt die Unschädlichmachung der Szekler; die Sachsen klagen, dass sie für ihre Treue preisgegeben werden, die zugesicherte Hilfe aus dem Banate, auf welche die weiteren Operationen gegründet werden könnten, erscheine nicht; unter sölchen Umständen sei es also nicht gerathen, die Insurgenten anzugreifen."

Nach dem Abgange dieses Berichtes schienen sich die Wolken dennoch wieder etwas zu zerstreuen. Zuerst waren günstige Nachrichten vom Obersten Urban aus dem Norden Siebenbürgens auf dem Umwege über die Moldau und Wallachei im Puchnerschen Hauptquartiere angekommen. Urban hatte von Pajana-Stamp aus die feindliche Stellung bei Maroseny durch einen eben so kühnen als beschwerlichen, bei ungeheurer Kälte und über Hochgebirge ausgeführten Marsch umgangen und am Morgen des 6. Februar 1849 den ganzen dortigen feindlichen Posten unter Major Kofler mit Mann, Pferd und Geschütz gefangen genommen.

Als der Pass nach Siebenbürgen wieder frei geworden, entschloss sich FML. v. Malkowsky, welcher mit einer Division die Bukowina besetzt hielt, nach Siebenbürgen einzurücken und die Waffen des FML. Baron Puchner zu unterstützen. Oberst Urban bildete die Avantgarde dieser beabsichtigten Expedition, rückte am 12. Februar vor, schlug den Insurgentenobersten Rizko am 18. Februar bei Bayersdorf auf das Haupt und besetzte Bistritz, wo er sich genöthigt sah, bis zum 25. Februar unthätig zu bleiben, denn die ihm nachrückende Brigade Fischer, bei welcher sich auch das 4. Bataillon des Regimentes Baron Bianchi befand, war nur bis Borgo-Prund vorgegangen und FML. v. Malkowsky mit seinem Hauptquartiere in Maroseny stehen geblieben, weil er von dem Commandirenden in Galizien G. d. C. Baron Hammerstein den gemessenen Befehl erhalten, sich strenge nach seinen Instructionen zu benehmen, welche dahin lauteten, einem etwaigen Einbruche der Insurgenten aus Oberungarn in die Bukowina die Spitze zu bieten und allen übrigen auch noch so lockenden offensiven Operationen zu entsagen.

Kaum hatte Bem von der Niederlage Rizko's Kenntniss erhalten, so eilte er nach M. Vásárhely und marschirte von dort mit 5 Bataillonen, 3 Escadronen und 15 sechspfündigen Geschützen auf Bistritz los.

Gegen eine solche Macht konnte sich der mit nur 1300 Mann, 3 sechspfündigen und 4 dreipfündigen Kanonen allein gelassene Oberst Urban nicht halten, und zog sich nach Borgo Zsosseny zurück, wo er nach fruchtlosem Warten auf die Brigade Fischer am 26. Februar sich tapfer gegen die Insurgenten vertheidigte, von der Übermacht aber genöthigt wurde, bis Tihutza zurückzugehen.

FML. Baron Puchner, welcher nur das Vorrücken des Obersten Urban und die Absichten des FML. v. Malkowsky erfahren und von dem zur Besatzung Temesvárs gehörigen Generalen Grafen Leiningen den Bericht vom 28. Februar erhalten hatte, dass er bei Faczet stehe, den Majoren Eisler mit einem Bataillone des illyrisch-banatischen Gränzregimentes nach Dobra entsendet, dieser eine Compagnie bis Deva vorgeschoben habe und dadurch einem Einbruche der Insurgenten von der Arader Seite vorgebeugt werde, ergriff alsogleich wieder die Offensive.

Von der italienischen Armee war Major Moroičić des Generalstabes und Oberst Van der Null beim Corps eingetroffen, ersterer um als Chef des Generalstabes des siebenbürgischen Armeecorps zu fungiren, letzterer um ein Brigadecommando zu übernehmen, weil FML. v. Gedeon und General Schurtter erkrankt waren.

Das Corps erhielt eine neue Eintheilung in drei Brigaden. Die erste derselben commandirte Oberst Van der Null; sie bestand aus dem 3. Feld- und dem 1. Landwehr-Bataillone Sivkovich, dem 3. Bataillone Graf Leiningen-Infanterie, 1 Bataillon Romanen-

Gränzer, 2 Escadronen Savoyen-Dragoner, 1 sechspfündigen und 1 dreipfündigen Batterie.

Die zweite Brigade, bestehend aus den wie früher in 3 Bataillone getheilten 11 Compagnien des Infanterie-Regimentes Baron Bianchi, dem 3. Bataillone Carl Ferdinand, 1 Bataillone Romanen-Gränzer, den Szekler-Hussaren, 1 sechspfündigen und 1 dreipfündigen Batterie, behielt Oberst Baron Stutterheim.

. Zu der dritten Brigade unter Oberstlieutenant Baron Urracca gehörten das Grenadirbataillon, das 3. Bataillon Tursky, das 3. Bataillon Parma, 2 Divisionen sächsischer Jäger, 1 Division Bukovinaer Gränz-Cordonisten, 8 Escadronen Max Chevauxlegers, 1 zwölfpfündige und 1 sechspfündige Batterie.

Ausserdem wurde die fliegende Colonne des Majors Baron Heydte mit dem einstweiligen Standorte Leschkirch neu zusammengesetzt und bestand aus dem kombinirten Bataillone Carl Ferdinand, 1 Division Romanen-Gränzer, 2 1/2 Escadronen Savoyen-Dragoner, 5 Compagnien Schässburger Garden und 4 dreipfündigen Geschützen.

Das Divisions-Commando erhielt General v. Kalliany. Die Stärke der obigen 3 Brigaden betrug 7800 Mann Infanterie 900 Reiter, 6 zwölfpfündige, 18 sechspfündige und 12 dreipfündige, zusammen 36 Geschütze; Major Baron Heydte hatte 800 Mann Infanterie, höchstens 200 Reiter, 4 Geschütze und die erwähnten Garden unter seinem Befehle.

Vorrückung der Kaiserlichen gegen Mediasch.

FML. Baron Puchner beabsichtigte die Kockellinie zu gewinnen, die Insurgenten zunächst aus dem Sachsenlande zu vertreiben, und den schonungslosen Gewaltthätigkeiten des Feindes, welcher die sächsischen Bezirke dem gänzlichen Ruine entgegenzutreiben drohte, Einhalt zu thun, sodann nach M. Vásárhely vorzudringen, sich mit FML. v. Malkowsky, dessen Vorrückung er als zuverlässig voraussetzte, zu verbinden und sodann den Verhältnissen gemäss zu handeln.

Die schon erwähnten Umstände schienen dem Unternehmen günstig, nur die Russen in Hermanstadt machten Anstände und drohten abzuziehen, wenn nicht wenigstens 2000 Mann erprobter österreichischer Truppen in Hermanstadt zurückbleiben würden.

Diess wäre beiläufig ein Viertel des ganzen kaiserlichen Corps gewesen, welches zu den bevorstehenden Operationen bestimmt war; einem solchen Verlangen konnte nicht entsprochen werden. Endlich begnügte sich Oberst Skariatin damit, dass sich die Kaiserlichen nicht allzuweit von Hermanstadt entfernen und 1300 Rekruten unter Oberstlieutenant Dorazile von Erzh. Carl Ferdinand Infanterie in Hermanstadt bleiben sollten.

Die wieder beginnende Thätigkeit erfüllte die kaiserlichen Truppen mit Freude und neuer Hoffnung. Am 1. März 1849 marschirte die Brigade Van der Null, welche schon Tags zuvor nach Stolzenburg vorgeschoben worden war, als Avantgarde voraus, die beiden anderen Brigaden rückten an diesem Tage von Hermanstadt ab. Nach einem sehr beschwerlichen Marsche auf der bereits durch das Thauwetter aufgeweichten Strasse erreichte Oberst Van der Null Arbegen, ein Dorf an der Weiss, einem Nebenflüsschen der grossen Kockel. Etwa ⁵/₈ Meilen tiefer mündet das Thal der Weiss unterhalb Frauendorf in jenes der Kockel, welches sich von da westlich in der Richtung gegen Carlsburg, nordöstlich über Mediasch, Schässburg und Weisskirchen hinauszieht. Die Höhen, welche dieses Thal am rechten Kockelufer begränzen, sind auf ihren Ausläufern mit Reben bepflanzt oder als gutes Ackerland cultivirt, jene, welche dasselbe am linken Ufer des Flusses einschliessen, meist bewaldet, ihre mitunter steilen Abfälle sind beinahe rechtwinkelig gegen die an ihrem Fusse gelegene Strasse gerichtet und erstrecken sich an manchen Stellen terrassenförmig auch über diese bis nahe an die Kockel. Mehrere Bäche, darunter der Kapus - Patak bei Klein-Kopisch, Valle Somortulni etwa ¼ Meile weiter östlich von diesem Orte und der Ibis - Patak etwas über eine Viertelmeile vor Mediasch die grösseren sind, treten aus den Schluchten heraus; die Strasse mit guten Brücken versehen, ist an den schmäleren Stellen etwa 200, an den breiteren bei 500 Klaftern von dem Flusse entfernt.

An dieser Strasse liegt eine halbe Meile oberhalb Frauendorf Klein-Kopisch (Kis-Kapus), etwa ⁵/₈ Meilen weiter hinauf am rechten Kockelufer Gross-Probstdorf und etwas höher hinauf am linken Kockelufer knapp an der Strasse das Probstdorfer Wirthshaus aus soliden Materiale aufgebaut, unterhalb dieses Gebäudes kommt aus der nahen Schlucht ein Bach mit hohem ziemlich steilen rechten Ufer, beiläufig 500 Klafter oberhalb des Wirthshauses eilet aus einer anderen Schlucht der Ibisbach hervor, dessen rechtes Ufer sich nächst der Strasse als eine steile ziemlich hohe Terasse erhebt, welche die Strasse weithin beherrscht. Etwas weiter gegen Mediasch liegt unterhalb des anstossenden Plateaus ein Meierhof und von hier an dehnt sich die höher gelegene schöne von einem Kreise von Bergen umgebene kleine Ebene in einer Länge von ¼ und einer Breite von ⅛ Meile bis zu dem Städtchen Mediasch aus.

Bem hatte alle Vortheile, welche ihm das Terrain bot, sehr gut benützt, namentlich die dominirende Terasse oberhalb des Probstdorfer Wirthshauses zu einer festen Artillerieposition eingerichtet und auf dem Plateau oberhalb des erwähnten Meierhofes einen Jägergraben von etwa 20 Klaftern Länge zur Deckung einer Batterie, deren ausgezeichnete Stellung abermal die Strasse beherrschte, herstellen, endlich die Brücken über die angeschwollene Kockel bei Klein-Kopisch und Grossprobstdorf abtragen lassen.

Dieser Theil des Kockelthales von Frauendorf angefangen bis Mediasch sollte nun der Schauplatz der Ereignisse der nächsten zwei Tage werden.

Während die Brigade Van der Null bis Arbegen vorging, erreichten die beiden andern das Dorf Reussen. An demselben Tage verdrängte Hauptmann Vever mit einem Bataillone Leiningen 1 Flügel Savoyen-Dragoner, ¼ dreipfündigen Batterie und 3 Compagnien Infanterie, welche zu seiner Unterstützung aus Carlsburg gekommen waren, die Insurgenten aus Koszlár und Blasendorf

Treffen bei Klein-Kopisch am 2. März 1849.

Am 2. März marschirte Oberst Van der Null von Arbegen nach Frauendorf und entsendete nach 9 Uhr Vormittags seine Vorposten gegen Klein-Kopisch, welches er noch an diesem Tage besetzen sollte; die Brigade Stutterheim hatte nur bis Arbegen vorzurücken, Major Baron von der Heydte in Martinsdorf einzutreffen, um am 3. März über Almen und Meschen in des Feindes linker Flanke zu operiren.

Kaum war die Vorpostenkette des Obersten Van der Null gebildet, so eröffnete sie auch gegen jene des Feindes, welcher 5 — 600 Honveds, 1 Escadron Hussaren und 1 sechspfündige Batterie vorgeschoben hatte, ein heftiges Feuer und als darauf von beiden Seiten immer mehrere Truppen vorgeschickt worden waren, ging das anfängliche Vorpostengefecht in ein förmliches Treffen über.

Oberst Van der Null warf die Insurgenten rasch über Klein-Kopisch hinaus und bis hinter das Probstdorfer Wirthshaus zurück, wo sie sich unter dem Schutze ihrer Verschanzungen wieder stellten. Van der Null besetzte das Wirthshaus und dessen nächste Umgebung mit dem einen Bataillone Sivkovich, die Höhe südlich davon durch Romanen-Gränzer, stellte auf und links von der Strasse eine sechspfündige Batterie und als Reserve das andere Bataillon Sivkovich mit der Cavallerie in geeigneter Position auf.

Bem, welcher in der vorausgegangenen Nacht von M. Vásárhely zurückgekehrt war, hatte inzwischen zahlreiche Verstärkungen auf den Kampfplatz gebracht. Die Insurgenten griffen die Stellung der Kaiserlichen mit mehreren Bataillonen an; man liess sie ruhig bis in solche Nähe kommen, in welcher jedes Feuer verheerend wirken muss, und die Kugeln des Bataillons Sivkovich sowie jene der Batterie, bei welcher sich der Feuerwerker Satory und Corporal Scheiger rühmlich hervorthaten, lichteten die feindlichen Reihen, welche nach grossen Verlusten zurückweichen mussten. Wiederholt versuchte Stürme wurden mit gleichem Erfolge zurückgewiesen. Endlich wurden die Stürmenden durch neue Bataillone abgelöst, neue Geschütze verstärkten die feindliche Artillerie und vom Neuen wüthete der erbitterte Streit gegen die kleine aber unerschrockene Schaar der Kaiserlichen. Die Insurgenten zählten nicht ihre Gefallenen und concentrirten die Übermacht ihrer Geschütze gegen die kaiserliche Batterie derart, dass diese sich genöthigt sah, sich etwas zurückzuziehen, und das brave Bataillon Sivkovich einige Zeit die ganze Wucht des feindlichen Druckes auszuhalten hatte.

Da führte Oberst Van der Null auch das andere Bataillon Sivkovich vor, beide warfen nun den Feind mit dem Bajonette zurück und trieben ihn vollends in die Flucht, worauf Savoyen-Dragoner in die Fliehenden einhieben und ihnen noch grossen Abbruch thaten.

Als darauf Bem alle Truppen, die er bei sich hatte, zu einem allgemeinen Angriffe auf die Stellung der kaiserlichen Brigade vorrücken liess, zog sich Oberst Van der Null, welcher solcher Übermacht nicht lange hätte widerstehen können, bis auf eine Abtheilung von 200 Romanen-Gränzern, welche von der Brigade abgeschnitten einen andern Rückzug nehmen mussten, in voller Ordnung bis Klein-Kopisch zurück, wo er von der Brigade Stutterheim aufgenommen wurde, welche, als sie in Marktschelken angekommen den Kanonendonner vor sich hörte, sogleich dem Schlachtfelde zueilte, auf welchem sie um 5 Uhr Nachmittags in dem eben bezeichneten Momente eintraf.

Oberst Baron Stutterheim entsendete nach Aufnahme der ersten Brigade sogleich das 1. Bataillon Bianchi auf die südlich von der Strasse gelegenen Höhen und das 3. Bataillon Carl Ferdinand zu dessen Unterstützung, um den dort vordringenden Feind zu vertreiben; das 2. Bataillon des Regiments nahm auf der Strasse, das 3. links von diesem Stellung. Hauptmann Bergou erstürmte die vom Feinde bereits stark besetzten Berge mit einer unwiderstehlichen Bravour, wurde aber dabei durch eine Flintenkugel am linken Unterschenkel verwundet; darauf besetzte die 2. Compagnie unter Lieutenant Leczynski den gesäuberten Wald und wies die wiederholten Anstrengungen des Feindes, sich in den Besitz der verlorenen Stellung zu setzen, zurück, während Oberlieutenant v. Thorwesten, welcher aus Carlsburg zum Regimente eingerückt war, mit der 1. Compagnie einen noch höheren Punkt am äussersten rechten Flügel erstürmte, wodurch sich der Feind genöthigt sah, mit seinem ganzen linken Flügel zu weichen.

Das 2. und 3. Bataillon Bianchi focht in seiner Aufstellung mit gleicher Tapferkeit und gleichem Glücke und als dort eine feindliche Batterie im Galopp avancirte, um in der nächsten Nähe dieser Bataillone eine Stellung zu nehmen, eilte ihr Oberlieutenant Baron Baum mit der 4. Division schnell entgegen und zwang sie mit einer wohlangebrachten Decharge augenblicklich zur Umkehr.

Die Insurgenten, auf allen Punkten durch das Regiment Ba-

ron Bianchi zurückgeworfen, mussten den Kaiserlichen das Feld
überlassen, diese wurden durch die hereingebrochene Nacht gehindert, das Gefecht weiter fortzusetzen, und weil in Klein-Kopisch
während des Kampfes mehrere Häuser in Brand gerathen waren,
marschirten beide Brigaden nach Frauendorf zurück. Dort hatten
sie sich kaum einiger Ruhe überlassen wollen, als sie von dem
Feinde, welcher in aller Stille nachgekommen war, abermal angegriffen wurden. Das 2. Bataillon Baron Bianchi, welches die
Vorposten bezogen hatte, entdeckte aber rechtzeitig die anrückenden Honveds, Oberlieutenant Baron Baum begrüsste sie zuerst mit
einem ausgiebigen Feuer, welches gleich darauf die übrigen Abtheilungen des Bataillons übernahmen und ohne einen Fussbreit
zu weichen fortsetzten, bis sie von dem 1. Bataillone abgelöst
wurden, welches den Feind, nachdem das neue Gefecht im Ganzen bei 2 Stunden gedauert, nöthigte, abermal unverrichteter
Dinge abzuziehen.

Ungeachtet die Kaiserlichen von halb 10 Uhr Vormittags
bis 9 Uhr Abends und in der Nacht neuerdings durch längere
Zeit im Feuer standen, so hatten sie doch verhältnissmässig keinen sehr grossen Verlust erlitten, dieser bestand in 16 Todten,
84 Verwundeten und 4 Vermissten; davon kamen auf das Regiment Baron Bianchi 6 Todte, 20 Blessirte und die 4 Vermissten.
Der Verlust des Feindes wurde nicht genau bekannt, aus der Art
des bei dem Wirthshause Statt gefundenen Kampfes lässt sich jedoch leicht ermessen, dass derselbe ein bedeutender gewesen
sein müsse.

Schlacht bei Mediasch am 3. März 1849.

General Kalliany, welcher mit der Reservebrigade Urracca
am 2. März nach Marktschelken gekommen war, brach am 3. März
Morgens weiter auf und entsendete über die von der 1. und 2.
Brigade eingelaufenen Berichte eine Umgehungscolonne unter dem
Major Grafen Daun, bestehend aus dem 3. Bataillone Parma, 1
Division sächsischer Jäger und den Bukowinaer Gränzcordonisten
nach Eibisdorf, um von dort aus vereint mit Major Baron v. d.

Heydte um so nachdrücklicher in der linken Flanke des Feindes zu wirken und so den Werth seiner verschanzten Stellungen an der Mediascher Strasse abzuschwächen.

Der Rest der Reservebrigade kam um 11 Uhr Vormittags nach Frauendorf, um 12 Uhr wurde zum Angriffe des Dorfes Klein-Kopisch geschritten, welches die feindliche Avantgarde mit einer Division Hussaren und einer sechspfündigen Batterie besetzt hielt, beim Annähern der Kaiserlichen aber, nachdem sie auf die am linken Flügel vorrückende Division Max Chevauxlegers einige Kanonenschüsse abgefeuert, sich auf ihre Haupttruppe zurückzog. Diese stand am linken Ufer des vor dem Grossprobstdorfer Wirthshause aus der Bergschlucht herauskommenden Baches, reichte mit ihrem rechten Flügel bis an die Kockel, ihr linker Flügel hielt die Höhen, welche die Strasse beherrschen, stark besetzt, in ihrem Centrum waren 3 sechspfündige Batterien durch Erdaufwürfe gedeckt aufgestellt.

Die kaiserliche 1. und 2. Brigade entwickelte sich dem Feinde gegenüber in Schlachtordnung, jene entsendete das mittlerweile eingerückte 3. Bataillon Leiningen, diese das 1. und 3. Bataillon Bianchi und das 3. Bataillon Carl Ferdinand zur Besetzung der Höhen, welche dem feindlichen linken Flügel gegenüber lagen, die Artillerie nahm unter Bedeckung des 2. Bataillons Bianchi zweckmässige Aufstellungen. Herle, welcher am 17. Februar zum Hauptmanne befördert worden war, brachte ungesehen vom Feinde und mit ungeheurer Anstrengung einige zwölfpfündige Geschütze auf die südlich von Klein-Kopisch gelegene die feindliche Stellung überragende Anhöhe Seszu mare, von welcher er in die feindliche Batterie hineinsehen konnte. Inzwischen hatte der Kampf im Thale nach 2 Uhr Nachmittags begonnen, die kaiserlichen Geschütze setzten der feindlichen Artillerie mit Erfolg zu und erschütterten die Insurgenten auf den Höhen. Plötzlich überraschten die zwölfpfündigen Kanonen von Seszu mare mit ihren verderblichen Geschossen den Feind der Art, dass er, nachdem ihm mehrere Geschütze demontirt worden und ein Munitionswagen in die Luft geflogen war, sich gezwungen sah, sein Geschütz, um es nicht gänzlich preiszugeben, zurückzuziehen.

Die Bataillone Carl Ferdinand und Leiningen bedrängten die feindliche Infanterie auf den Höhen und die ganze Stellung der

Insurgenten musste aufgegeben werden, als das 3. Bataillon Tursky von der Reservebrigade herbeigerufen, vom Major Maroičič angewiesen wurde, den äussersten linken Flügel der Insurgenten zu umgehen. Die Kaiserlichen folgten dem Feinde, der nun seine zweite sehr starke Position einnahm und von hier aus seinen gut gedeckten Geschützen ein neues furchtbares Feuer eröffnete, welches unverzüglich erwiedert wurde. Oberst Van der Null griff um 5 Uhr Nachmittags mit seiner Brigade und 2 sechspfündigen Batterien die feindliche Mittelstellung an. Diese war aber durch das Terrain so fest, dass die Artillerie gegen sie nicht recht wirken konnte und auch dann noch keine erheblichen Resultate erzielt wurden, als noch eine weitere halbe sechspfündige Batterie den Angriff unterstützte. Nach längerem Geschützkampfe recognoscirte Hauptmann Herle die Höhe rechts von der Strasse und gelangte auf einem schmalen Fusssteige abermals auf eine dominirende Höhe. Dorthin brachte er sogleich 2 dreipfündige Geschütze, liess das im Wege stehende Gestrüppe und Holz niederschlagen, bestrich nun die Flanke der feindlichen Batterie und nöthigte sie nach etwa 10 Kugelschüssen ihre zweite Aufstellung zu verlassen und die dritte zu suchen. Inzwischen war die Cavallerie mit einer Division Jäger in der rechten feindlichen Flanke vorgerückt und bedrohte dort ernstlich die Stellung der Gegner, während das 1. Bataillon Bianchi, neben diesem das 3., und weiter noch 1 Bataillon Sivkovich auf die vom linken Flügel des Feindes besetzten waldigen Höhen losgingen, und ungeachtet der steilen Abhänge und der tapferen Gegenwehr des Feindes eine nach der andern wegnahmen. Bei diesen Stürmen that sich insbesondere Oberlieutenant Georg Nako mit der 9. und Lieutenant Raab mit einer halben Compagnie Bianchi hervor.

Die feindliche Artillerie war hinter dem Erdaufwurfe oberhalb des schon erwähnten Meierhofes aufgefahren und beherrschte von dort aus die Strasse und die zwischen dieser und der Kockel liegende Ebene mit neuem lebhaften Feuer.

Eine sechspfündige Batterie commandirt von Lieutenant Stroppel des Regiments griff sie kühn und mit Geschick an, wie später die Spuren zeigten, muss jede Kugel in die Batterie der Insurgenten eingeschlagen haben.

Noch immer war von der Mitwirkung der Umgehungscolonne

unter Major Graf Daun und Major Baron Heydte nichts wahrnehmen. Da kam durch die von Meschen nach dem Schlachtfelde führende Schlucht eine Infanterieabtheilung anmarschirt. Die Kaiserlichen hielten sie anfänglich für die Colonne Heydte's und liessen sie ankommen, bis dieselbe ihr Geschütz wirken liess. Hauptmann Pollovina stand als Commandant des 1. Bataillons nahe an der Ausmündung der Schlucht und von dieser etwas zurückgezogen auf der bewaldeten gegen die Strasse abdachenden Berglehne, erkannte die in der Schlucht anrückende Colonne als eine feindliche und nahm gleichzeitig wahr, dass sich die Insurgenten in der Ebene zu einem allgemeinen Angriffe anschickten. Die Übereinstimmung dieser Bewegung mit jener der vordringenden feindlichen Seitencolonne bestimmten ihn, die gegen ihn vorrückende Abtheilung der feindlichen Hauptmacht unverzüglich anzugreifen und wie er richtig voraussetzte, die nächsten kaiserlichen Abtheilungen mit sich fortzureissen, wodurch auch die in der Schlucht vorrückenden Feinde nothwendig zurückgedrängt und ihre Absichten vereitelt werden sollten. Er liess demnach die ihm -zunächst stehende 3. und 4. Compagnie Bianchi schnell zum Angriffe formiren und über die Schlucht hinaus unter fortwährenden Sturmstreiche auf den Feind losbrechen. Diess geschah mit solcher Entschiedenheit, dass die Insurgenten nach einer gegen die Division aus ziemlicher Entfernung abgegebenen Decharge stutzten und als sie ersahen, dass auch die übrigen dortigen kaiserlichen Abtheilungen dem entschlossenen Beispiele des Hauptmannes Pollovina folgten, sich zur Flucht wendeten.

Die feindliche Seitencolonne fand es unter diesen Umständen nach einigen Kanonenschüssen gerathen, sich eiligst gegen den linken Flügel ihrer Haupttruppe zurückzuziehen, und bald war von ihr nichts mehr zu sehen.

Bei diesen glücklichen Erfolgen liessen sich die sämmtlichen Abtheilungen der 1. und 2. Brigade nicht mehr aufhalten und stürmten mit dem Bajonette unaufhaltsam vorwärts. Lieutenant Leczynski drückte bei dem Sturme einer Anhöhe mit der 2. Compagnie den Feind so entschieden zurück, dass er hiedurch wesentlich zu dessen gänzlichen Rückzuge beitrug, die Bataillone Carl Ferdinand, Leiningen und Tursky wetteiferten mit Bianchi in glänzender Bravour.

Der Feind wich nun auf allen Punkten, verliess mit seinen Geschützen nach ausgezeichnet tapferem Widerstande auch den von Kugeln zerwühlten Erdaufwurf und floh nach Mediasch.

Es war vollständig Nacht geworden, das Getöse des Kampfes schwieg, die Kaiserlichen, in ihrer Mitte der commandirende General, bivoakirten bei nasskaltem Wetter auf dem Schlachtfelde.

Major Baron v. d. Heydte stiess am 3. März bei Meschen auf eine feindliche Truppe und trieb sie zurück. Durch unrichtige Nachrichten über die Operationen des Corps getäuscht, zog er sich nach Mártonfalva und seine Mitwirkung zur Schlacht ging verloren.

Major Graf Daun kam um 4 Uhr Nachmittags nach Eibisdorf, welches etwa eine halbe Meile südlich von der Strasse zwischen den Bergen liegt und wo er die Colonne des Majors Baron Heydte zu treffen vermeinte. Dieser Ort war aber vom Feinde zur Sicherung seiner linken Flanke mit 1 Bataillon Infanterie, 1 Division Hussaren und 2 Geschützen besetzt. Obwohl Major Graf Daun mit aller sonstigen militärischen Vorsicht vorrückte, so wurde er dennoch durch einen plötzlichen Angriff in Flanke und Rücken überrascht und verlor in kurzer Zeit eine bedeutende Anzahl an Todten und Verwundeten und musste sich, weil er ohne Geschütz war, zurückziehen; seine Aufgabe wurde zwar vereitelt der gelegte Hinterhalt blieb aber ohne weitere Folgen; er zog sich über Meschen und Reichersdorf auf seine geschlagene Haupttruppe zurück.

Das kaiserliche Armeecorps, dessen Reservebrigade fast gar nicht in das Gefecht kam, verlor in dieser Schlacht 27 Todte darunter Hauptmann Baron Jugenitz von E. H. Carl Ferdinand Infanterie, 207 Verwundete, darunter Lieutenant Prohaska von Leiningen Infanterie, 55 Vermisste und 4 Gefangene. Hiervon kommen auf das Infanterie-Regiment Baron Bianchi 3 Todte, 45 Verwundete, 7 Vermisste und 4 Gefangene. Drei Munitionswägen wurden in den kaiserlichen Batterien durch feindliche Granaten in die Luft gesprengt.

Der feindliche Verlust bestand, so viel man in Erfahrung bringen konnte, in mehr als 100 Todten, 360 Verwundeten und 207 Gefangenen; 6 feindliche Geschütze wurden demontirt, viele

Bespannungspferde getödtet und 2 Pulverkarren in die Luft gesprengt.

Die Macht der Insurgenten unter Bem's persönlichem Commando betrug 4500 Mann Infanterie, 300 Reiter und 3 sechspfündige Batterien.

FML. Baron Puchner unterliess es sogleich in Mediasch einzurücken, weil er die Stadt vor den Verheerungen eines fliehenden Feindes bewahren und die ermüdeten Truppen nicht in einen gefahrvollen nächtlichen Strassenkampf oder in ein Defiléegefecht verwickeln wollte und besorgte, dass sich feindliche Verstärkungen von Schässburg nähern.

Inzwischen räumten die Insurgenten mit möglichster Eile die Stadt, zogen sich auf das rechte Kockelufer und von da über Darlocz, wo ihre Geschütze den grössten Theil der Nacht im Strassenkothe stecken blieben, nach Elisabethstadt; hier gingen sie wieder auf das linke Kockelufer über und erreichten, alle Brücken hinter sich zerstörend, am 5. März Schässburg, den Schlüsselpunkt der oberen Kockel, welchen Bem nun besetzte, wobei er das Szeklerland als Basis seiner Operationen behielt.

Die Kaiserlichen rückten am 4. März um 8 Uhr Morgens in Mediasch ein, die Brigade Van der Null wurde zur Verfolgung des Feindes entsendet, kehrte aber am Abende erfolglos zurück. Am 5. März wurde ein nutzloser Rasttag gehalten.

Flankenmarsch nach Trappold.

FML. Baron Puchner gab nun den Plan auf sogleich nach M. Vásárhely vorzurücken, weil er dadurch Flanken und Rücken preisgegeben und das Sachsenland den Exzessen des Feindes ganz ausgesetzt hätte. In dem Berichte vom 4. März 1849 an den FM. Fürsten Windischgrätz entwickelte er seine nächsten Absichten in folgender Weise:

Die Richtung, nach welcher die Operationen fortgesetzt werden, hängt zum Theile von den Bewegungen ab, welche der Feind auf seinem Rückzuge nimmt: so wie die Verhältnisse jedoch gegenwärtig bestehen, wird beabsichtigt, nach Schässburg zu rücken, um diesen Stuhl von der Invasion der Szekler zu befreien, diese selbst vom Bem'schen Insurgentencorps in M. Vásárhely zu trennen, sonach dasselbe von da zu werfen und die Verbindung mit dem Malkowsky'schen Corps und Oberst Urban, sowie mit der Bukowina wieder herzustellen. Gelingt dies, wie zu hoffen Grund vorhanden ist, und erhalten die Truppencorps unter GM. Graf Leiningen bei Dobra und FML. v. Malkowsky im Norden Siebenbürgens die Instruction, bei dem Eindringen zahlreicher Insurgenten aus Ungarn nach Siebenbürgen die Vereinigung mit dem k. k. siebenb. Armeecorps nöthigenfalls an der oberen Maros zu bewirken, so lässt sich ein erfolgreicher Widerstand hoffen, während sonst das mobile kaiserliche Corps, welches durch die fortwährenden Gefechte auch in seinem Stande zusammenschmolz, zu schwach werden dürfte; daher der Marschall gebeten wurde, den beiden Corps die Weisung zu geben, bei drohender Gefahr über Aufforderung des k. k. siebenb. Corpscommando sich mit diesem förmlich zu vereinigen."

In der Hauptsache wurde auch nach diesen Grundzügen gehandelt, obgleich sich schon folgenden Tags das Gerücht verbreitete, dass Oberst Urban wieder in die Bukowina zurückgedrängt worden sei. Dieses Gerücht war leider eine Wahrheit, alle Voraussetzungen Baron Puchner's auf baldige nahende Hilfe hatten inzwischen jeden Grund verloren, es hätten daher die darauf gestützten Pläne schon desshalb fallen müssen.

Der commandirende General unternahm am 6. März 1849 einen Flankenmarsch, welcher über Reichersdorf, Agneteln und Hendorf in eine feste Stellung zwischen diesem Orte und Trappold führen sollte, um von dort aus den Insurgenten die Verbindung mit dem Szeklerlande abschneiden, gegen dieses in der Richtung gegen Keresztur und Udvarhely etwas Entscheidendes unternehmen und den Feind zunächst in Schässburg selbst von einer nicht erwarteten, die Stadt beherrschenden Seite angreifen zu können, während derselbe einem Angriffe nur von der Mediascher Seite entgegensah, und die Zugänge dort so stark befestigte, dass dieselben nur mit grossen Opfern hätten genommen werden können.

Zu Mediasch blieben 3 Compagnien Tursky unter Major Nehiba und eine Escadron Max Chevauxlegers unter Rittmeister Grafen Alberti, eine viel zu geringe Besatzung für den Knotenpunkt mehrerer damal so wichtigen Strassen und zur Deckung des Rückens des Armeecorps.

Die Brigade Van der Null marschirte als Avantgarde und erreichte an diesem Tage Birthälm, die Brigaden Stutterheim und Urracca mit dem Hauptquartiere Reichersdorf.

Hier erwirkte Hauptmann-Auditor Nahlik vom Commandirenden die Genehmigung seines schon öfter gemachten Vorschlages einige Rakettengeschütze, deren Nothwendigkeit sich auf dem eigenthümlichen siebenbürgischen Kriegsschauplatze längst fühlbar gemacht hatte, aus dem Banate für das Corps zu beziehen, und erhielt den Auftrag, dieselben von dem Generalen Grafen Leiningen, den er an der Gränze Siebenbürgens aufsuchen sollte, selbst abzuholen. Hauptmann-Auditor Nahlik ging unverzüglich ab musste aber schon in Mediasch erfahren, dass der kürzere Weg über Blasendorf für einen einzelnen Offizir vollkommen unsicher sei, weil dort eine feindliche Abtheilung häufige Streifpatrouillen mache. Er wählte demnach den Weg über Hermanstadt, entging aber auch hier bei Frauendorf nur mit seltenem Glücke den Händen feindlicher Hussaren, ein Zeichen, wie wenig Flanke, Rücken und die Verbindung der Kaiserlichen mit Hermanstadt gesichert waren.

Das Corps gelangte auf sehr schlechten Landwegen am 8. März nach Trappold und Henndorf und stand am 9. März an der Südseite von Schässburg.

Major Baron v. d. Heydte erreichte an diesem Tage Besendorf und beunruhigte von dort, Rittmeister Graf Alberti von Dános aus die Insurgenten, eine Division Savoyen-Dragoner erhielt die Bestimmung über Wolkendorf zu streifen, bei dem Angriffe auf Schässburg gegen Weisskirchen vorzurücken und sich mit dem rechten Flügel der Kaiserlichen in Verbindung zu setzen.

Einnahme Hermanstadt's durch die Insurgenten am 11. März 1849.

Bem hatte in der That Schässburg am 9. März verlassen, warf die zu Mediasch gelassene schwache Truppe, welche Graf Alberti mit seinen Reitern eben noch hatte erreichen können, hinaus, rückte von da am 10. März auf der Strasse nach Hermanstadt vor und erschien am 11. Nachmittags mit etwa 10.000 Mann und 4 Batterien bei Grossscheuern. Die retirirende Mediascher Besatzung, deren Rückzug durch Grafen Alberti heldenmüthig gedeckt wurde, brachte die Nachricht von der drohenden Gefahr nach Hermanstadt. Oberst Skariatin stellte sich mit den Russen, 700 Mann von Carl Ferdinand unter Hauptmann Grafen Heussenstamm und 80 Mann des Regiments Bianchi, welche sich als transene Mannschaft in Hermanstadt gesammelt hatten, unter Lieutenant Julius Horst am Fusse des Altenberges dem Feinde entgegen, die ermüdete Mediascher Besatzung, 2 Compagnien Leiningen, 1 Compagnie Romanengränzer, der Rest der jungen Mannschaft von Carl Ferdinand und 2 schlagfertige Bataillone der Hermanstädter Nationalgarde waren in der Stadt gelassen worden.

Oberst Skariatin wurde nach einem tapferen Widerstande aus seiner Stellung gedrängt und nahm eine neue auf der Ebene; auch hier überwältigt zog er sich in das Retrenchement zurück, schlug hier zwei Stürme ab und zog sich endlich der Übermacht weichend durch die Stadt auf der nach dem Rothenthurmpasse führenden Strasse nach Talmatsch zurück; ihm schlossen sich die kaiserlichen Truppen, sehr viele Nationalgarden und Bewohner Hermanstadts an.

So war endlich das Ziel der angestrengten Bemühungen des Feindes erreicht; die Stadt, eines solchen Loses nicht gewärtig, war mit 18 dort zurückgelassenen Geschützen, darunter die bei Salzburg eroberte Cavalleriebatterie, und zahlreichen Vorräthen genommen und erwartete mit Angst die ihr zugeschworene Rache. Bem zeigte sich als ein edler Feind, und wenn auch in den ersten Momenten einzelne grobe Ausschreitungen vorfielen, namentlich der treue Anhänger der kaiserlichen Sache v. Benigni den Tod für seine unerschrockene Hingebung fand, die Stadt eine erhebliche Brandsteuer erlegen und eine drückende Einquartierung tragen musste, so dankte sie doch dem verständigen und auf strenge Mannszucht haltenden Bem ihre Rettung vor weit schlimmeren Folgen.

Oberlieutenant Christof Kaass des Regiments Baron Bianchi war mit dem ganzen Depôt in Hermanstadt; er erkannte mehr als andere die gefahrvolle Lage, rettete die Regimentscasse mit einer Barschaft von 12000 fl. CM., das Materiale und die Gelder der Offizirsequipirung nebst zahlreichen Monturen und zog sich mit Lieutenant Horst, dann den kranken Offiziren des Regiments Hauptmann Sertić, Oberlieutenant Hradil und Mosing und Lieutenant Fiedler nebst der Musikbande nach Boitza. Oberstlieutenant Berger, Major Teuchert und Hauptmann v. Gablenz retteten sich nach Poplaka, einem romanischen Dorfe, erstere beide wurden am folgenden Tage, als sie über Rezinar nach dem Rothenthurmpasse gelangen wollten, von feindlichen Hussaren gefangen genommen nach Hermanstadt zurückgebracht und darauf von Bem entlassen; beide vortreffliche Offizire wurden noch im Laufe des Jahres 1849, und zwar Major Teuchert mit 31. März und Oberstlieutenant Berger als Oberst mit 15. Dezember in den wohlverdienten Ruhestand versetzt. Hauptmann v. Gablenz begab sich in das Gebirge, wo er in einer Sägemühle von einem Romanen Unterkunft und Schutz vor den streifenden Patrouillen fand, bis ihn Kälte und schlechte Nahrung zwangen, nach Orlat zu gehen, wo er schwer erkrankt und lange verborgen am 3. Mai erkannt, gefangen genommen und darauf sehr anständig behandelt wurde.

Das schwerste Los feindlicher Gefangenschaft traf den krank darniederliegenden Hauptmann Johann Fiedler. Mit der noch eiternden Blessur wurde er in der Kaserne in Arrest gesetzt, ein Stuhl und ein Strohsack dem Kranken zur Einrichtung gegeben und er wegen der Gelder, welche er im October 1848 zu Mühlbach übernahm und nach Hermanstadt abführte, vor ein Kriegsgericht gestellt. Durch 3 Wochen des ihm wiederholt angedrohten Todes gewärtig, wurde er endlich von dem nach Hermanstadt zurückgekehrten Bem nach ausgestandenen tiefen Körper- und Seelenleiden mit Bedauern über das missbilligte Verfahren vollständig in Freiheit gesetzt.

Oberlieutenant Kaass ging am 15. März von Boitza mit

der schon erwähuten Mannschaft von Bianchi und allen Kranken. die sich aus den Spitälern geflüchet und seiner umsichtigen und aufopfernden Obsorge anvertraut hatten, zusammen mit etwa 700 Mann in die Wallachei; der aufrichtige Dank Aller war der schönste Lohn, welchen der edle Offizir redlich verdiente, als er nach vielen Entbehrungen und ununterbrochener Anstrengung für das Wohl seiner Schützlinge am 17. April in Krajowa wieder zu dem Regimente stiess.

Das kaiserliche Armeecorps besetzte in der Nacht vom 9. zum 10. März das vom Feinde verlassene Schässburg und als nach vielem Bezweifeln endlich deutlich vorlag, dass sich Bem nach Hermanstadt gewendet, setzten sich die kaiserlichen Truppen erst in der Nacht vom 10. zum 11. März auf dem kürzeren aber schlechteren Wege über Leschkirch eben dahin in Marsch. In Birthälm legte das Regiment Baron Bianchi, um leichter fortzukommen die Tornister ab. Diese wurden auf Wägen nachgeführt, leider fielen jene des 1. Bataillons sämmtlich in die Hände des Feindes.

Am 12. März um 8 Morgens stand die Avantgarde unter Oberst Van der Null zu Rothberg nicht mehr ferne von Hermanstadt; um diese Zeit erfuhr FML. Baron Puchner die Ereignisse des vorigen Tages und reissend schnell durchflog diese Kunde die Reihen aller Abtheilungen.

Wer könnte das Gefühl richtig schildern, welches die Brust der Offizire und Soldaten erfüllte! Monate lang trug die begeisterte Hingebung alle Drangsale eines Feldzuges, welcher zu den mühevollsten gerechnet werden darf, mit freudiger Standhaftigkeit; das Corps hatte wohl reichlichen Ruhm geerntet, aber das Höchste war noch nicht errungen; blutgetränkte Schlachtfelder sprachen von der Tapferkeit der Kaiserlichen, aber nachdem dort so viele theure Genossen frühzeitig dem blühenden Leben entrissen tief gebettet lagen, war noch ein grosses Stück Arbeit zu thun; frohen Muthes hatte sich jedes Herz in der Anhoffung des endlichen vollständigen Sieges gehoben, da war plötzlich die ganze Sachlage unglücklich gewendet und die Stadt, deren Erhaltung mit der Behauptung Siebenbürgens für gleichbedeutend galt, war in des Feindes Gewalt. Bitterer Missmuth hatte die Gemüther ergriffen und noch ein anderer schmerzlicher Kummer

nebenbei jene erfasst, welche ihre Familien und Angehörigen
in den Händen der Feinde wissen mussten, um welche das Bangen
noch mehr gesteigert wurde, als bald darauf das tausendzüngige
Gerücht Nachrichten von Gräueln, welche an Frauen und Kindern
verübt worden sein sollten, wie sich aber später erwies, nie ge-
schahen, herum trug.

FML. Baron Puchner wurde durch das Geschehene auf das
Heftigste angegriffen; seine so vielfältig leidende Gesundheit brach
vollends zusammen und da er bei seinen Körperleiden nun nicht
im Stande war, weiter zu wirken, so sah er sich schmerzlich
genöthigt, das Commando dem Generalen v. Kalliany zu übergeben
und mit dem General-Commando-Adjutanten Majoren v. Reichetzer,
so lange der Weg noch offen war, nach dem Rothenthurmpasse
und später in die Wallachei zu gehen, wo er sich allmählig erholte.

Nach den ersten Stürmen des plötzlich aufgeregten Schmerzes
trat bei der Truppe wieder die Ruhe entschlossenen Muthes ein
und allgemein war das Begehren, gegen Hermanstadt aufzubrechen.
Hätte man diesem Impulse folgen können, so wäre es wahrschein-
lich geschehen, dass sich die Geschicke nochmals anders gestaltet
hätten, denn Bems Armee war damal, wenn auch an Zahl sehr
stark angewachsen, doch noch nicht so sehr zu fürchten; sie bestand grössten Theils aus Zuzügen von sehr tüchtigen, aber noch
nicht gehörig organisirten und eingeübten Leuten und war durch
den angestrengten Marsch von Schässburg zu sehr abgemüdet; die
Insurgenten selbst zweifelten ernstlich, dass sie sich in dem Besitze der schnell eroberten Stadt werden erhalten können.

Marsch der Kaiserlichen nach Kronstadt.

Am 13. März marschirte das Corps von Leschkirch bis nach
Girlsau und Freck und Oberst Van der Null eilte nach Talmatsch
um mit dem Obersten Skariatin den Angriff auf Hermanstadt für
den 14. März zu verabreden.

Die Insurgenten waren an diesem Tage mit einer Colonne
auf der Strasse bis Westen vorgerückt und zündeten dieses

Gränzdorf böswillig an; eine andere Colonne hatte sich gegen Leschkirch gewendet und dort den krank zurückgebliebenen Obersten Coppet, etwa 50 Mann und mehrere Bagagen sammt der Brückenequipage gefangen genommen.

Der Angriff auf Hermanstadt musste aber unterbleiben, denn in der Nacht vom 13. zum 14. März langte ein Schreiben des Generals Engelhardt aus Kronstadt ein, in welchem er erklärte, dass er marschbereit sei, um Kronstadt zu verlassen, weil die Kaiserlichen nach dem Verluste von Hermanstadt Truppen genug haben, um Kronstadt zu besetzen. Diesem Schreiben folgte sogleich ein zweites noch dringlicheres, in welchem er den Generalen Kalliany aufforderte, schleunig nach Kronstadt zu kommen, widrigens er dasselbe räumen würde, weil es von 10.000 Szeklern bedroht sei.

Unter dem Eindrucke dieser Erklärungen wurde der Angriff auf Hermanstadt aufgegeben, Oberst Skariatin hiervon in Kenntniss gesetzt und der Marsch nach Kronstadt in der Hoffnung angetreten, zuerst die Szekler zu schlagen, dann dem Bem'schen Corps eine glückliche Schlacht zu liefern und so den früheren günstigen Stand der Dinge wieder herzustellen.

Es kam jedoch anders und von nun an begann für das k. k. siebenbürgische Armeecorps überhaupt und für das Regiment Baron Bianchi insbesondere eine Zeit, welche innerhalb einer Dauer von fünf Monaten so viel Elend mit sich brachte, dass die Grösse der dem Offizir und Soldaten aufgebürdeten Leiden nur durch die Standhaftigkeit, mit welcher sie von Allen ertragen wurden und durch die würdige Haltung, welche das Corps bald darauf auf fremden Boden bei Entbehrungen und verheerenden Krankheiten mit mannhafter Ergebung in das Unvermeidliche an den Tag legte, überboten wurde.

Am 14. März Nachmittags brach das Corps gegen Kronstadt auf, die Brigade Van der Null kam nach A. Vist, die Brigaden Stutterheim und Urracca mit dem Hauptquartiere nach Ucsa.

Oberst Skariatin hatte erklärt, er werde Talmatsch halten, wenn die Altbrücke zwischen Girlsau und Freck von den Kaiserlichen besetzt bleibe. Es wurde demnach Major v. Klókoczan mit 1 Bataillon von Erzh. Carl Ferdinand, 1 Bataillon Romanengränzern, 1 Escadron Savoyen-Dragoner und einer halben dreipfündigen Batterie mit dem Auftrage entsendet, die erwähnte Brücke zu besetzen, mit aller Anstrengung zu vertheidigen und wenn er durch Übermacht zurückgedrängt werden sollte, dieselbe ungangbar zu machen.

Am 15. März setzte das Corps den Marsch nach Fogaras fort; in der darauf folgenden Nacht wurde Major Klokoczau an der Brücke angegriffen und nach einem Verluste von 80 Mann an Todten und Blessirten zurückgedrängt, worauf er sich nicht weiter verfolgt auf die Haupttruppe zurückzog und sich am 17. März mit der Brigade Stutterheim vereinigte.

Der Feind rückte den Kaiserlichen auf dem Fusse nach. Seine Avantgarde nahm zwei aus Fogaras dem Corps nachkommende eiserne Geschütze weg, doch wurden diese von Lieutenant Stein mit einem Zuge Max Chevauxlegers wieder herausgehauen wobei der feindliche Offizier mit 10 Hussaren auf dem Platze blieb.

Am 18. März kam die Brigade Van der Null nach Kronstadt, die beiden anderen blieben in Zeiden einem bedeutenden Marktflecken am Rande des Burzenlandes; General v. Kalliany ging mit dem Hauptquartiere nach Kronstadt ab, um mit dem russischen Commandanten daselbst die nöthigen Verabredungen zu treffen; das Resultat derselben war kein erfreuliches. General Engelhardt versagte jede Mitwirkung gegen die Insurgenten und verlangte beharrlich, dass die Brigade Van der Null den Tömöscher Pass durch ihre Aufstellung in den Siebendörfern decke. Obgleich dadurch die Streitmacht der Kaiserlichen für den Fall einer Schlacht gegen die nachrückenden Rebellen bedeutend geschwächt wurde, so sah sich General Kalliany dennoch genöthigt dem Begehren der Russen zu willfahren.

Gefecht bei Zeiden am 19. März 1849.

Am 19. März hatte das 3. Bataillon Bianchi unter Commando des mittlerweile beförderten Hauptmanns Kolarevic die Vorposten auf der Höhe im Walde zwischen Vledény und Zeiden bezogen und wurde um halb acht Uhr Morgens vom Feinde angegriffen. Kolarevic leistete, ungeachtet ihm das hereingebrochene eisige

Schneegestöber sehr hinderlich war, durch zweckmässige Anordnungen und entsprechende Benützung des Terrains mit dem Bataillone bis 10 Uhr gegen den überlegenen Feind tapferen Widerstand und wurde dann durch das sächsische Jägerbataillon verstärkt.

· Inzwischen waren auch die Brigaden Stutterheim und Urracca
ausgerückt und stellten sich in der Ebene zwischen Zeiden und
dem Walde in Schlachtordnung auf, rechts von der Strasse das
Bataillon Parma, das 2., dann das 1. Bataillon Bianchi in Divisionsmassen; hinter dem 1. Bataillone Bianchi stand das 3. Bataillon Tursky, das Grenadirbataillon mit den Geschützen am
Eingange von Zeiden, das Regiment Max Chevauxlegers deckte
die rechte Flanke.

Der scharfe Wind trieb den Kaiserlichen die Schneeflocken
in die Augen, so dass sie nur sehr schlecht vor sich sehen konnten,
während die Insurgenten mit dem Winde im Rücken von dieser
Belästigung frei waren. Nachdem sich die Plänkler aus dem Walde
hatten heranziehen müssen, folgte ihnen der Feind sogleich nach.
Eine dreipfündige Batterie fuhr etwa 600 Schritte vor dem Walde
auf und eröffnete ihr Feuer gegen dessen Colonnen, die kaiserlichen 3 Bataillone des ersten Treffens warfen sie in den Wald
zurück, während die kaiserliche Artillerie, welche wegen des
Schneegestöbers ganz undienstbar wurde, bis nach Zeiden zurückging.

Das Bataillon Parma und ein Theil des 3. Bataillons Bianchi
besetzten die bewaldeten Höhen in der linken Flanke der Kaiserlichen, das 2. und der Rest des 3. Bataillons Bianchi im
Vereine mit den sächsischen Jägern fochten im Centrum, das
1. Bataillon Bianchi hatte die erste Division in Plänkler aufgelöst
und avancirte von dem Bataillone Tursky echelonirt gegen den
feindlichen linken Flügel, einige Abtheilungen des Oberlieutenants
v. Thorwesten und Lieutenants v. Mold drangen auch schon in den
Wald vor.

Der Feind warf jedoch dem kaiserlichen linken Flügel eine
weit überwiegende Zahl von Truppen entgegen und drängte ihn
zurück, schlug den Angriff des Centrums durch ein heftiges Kar-
tätschen- und Plänklerfeuer ab und zwang so den rechten Flügel
die bereits errungenen Vortheile aufzugeben. Die Kaiserlichen
mussten um 2 Uhr Nachmittags den Rückzug antreten. Die Insurgenten folgten ihnen sogleich nach. Um letzteren das Eindringen

in Zeiden zu verwehren, besetzte Hauptmann Kolarevic mit einer kleinen Abtheilung, die er in dem entstandenen Gedränge aufraffen konnte, den Eingang des Marktes und vertheidigte diese Stellung so lange, bis alle kaiserlichen Abtheilungen passirten. Das Bataillon Tursky kam der kleinen Schar des Hauptmanns Kolarevic zu Hilfe, es war aber zu spät, letzterer zog sich kämpfend zurück und das Bataillon Tursky und eine Division Max Chevauxlegers stellten sich am Ausgange des Marktes auf, um die rückkehrenden Plänkler aufzunehmen.

Kaum war Zeiden geräumt, so wurde es auch vom Feinde besetzt, seine Artillerie fuhr rasch durch den Ort und beschoss die in guter Ordnung zurückgehenden Kaiserlichen mit Kartätschen und später mit Vollkugeln.

In diesem Gefechte haben sich ausser dem Hauptmanne Kolarevic noch Oberlieutenant Wilhelm Raffelsberger, v. Thorwesten, Leczynski und Lieutenant v. Mold, dann der Oberlieutenant und Brigadeadjutant Ritter v. Horodyski des Regiments durch persönliche Tapferkeit hervorgethan. Das Regiment verlor an diesem Tage 10 Todte, 23 Verwundete, unter letzteren Oberlieutenant Leczynski am Fusse schwer blessirt, 28 Vermisste und 4 Gefangene.

Die beiden Brigaden nahmen hinter dem Flüsschen Weidenbach Stellung und marschirten gegen 4 Uhr nach Kronstadt ohne vom Feinde verfolgt zu werden.

Am 20. stellten sich beide Brigaden gegen Tartlau gerichtet in Schlachtordnung, um auch von dieser Seite den Abzug der Russen in die Wallachei zu decken, den diese Vormittags antraten.

Übertritt des siebenbürgischen Armeecorps in die Wallachei.

General Kalliany sah sich nun in der peinlichen Nothlage unter solchen noch vor Kurzem nicht geahnten Umständen das siebenbürgische Armeecorps in die Wallachei zu führen, da der Erfolg einer Schlacht zweifelhafter denn je geworden, auch nur für zwei Schlachttage Munition vorhanden und im Falle eines Unglückes nur eine einzige und höchst beschwerliche Rückzugslinie über den Tömöscher Pass offen war.

Um 12 Uhr Mittags folgten die Brigaden Stutterheim und Urracca den Russen und bezogen zu Obertömös, die Brigade Van der Null bei Untertömös ein Bivoak und ein Courier wurde an den FML. Baron Puchner abgesendet, damit dieser entscheide, ob der weitere Marsch des Corps durch die Wallachei nach dem Banate oder durch die Moldau nach Galizien fortgesetzt werden solle.

Am 21. März wurde die Brigade Van der Null um 11 Uhr Vormittags von den Insurgenten angegriffen und zog sich nach einem dreistündigen Gefechte zurück. Der Marsch über den Prädial gehörte nicht unter die geringsten Beschwerden dieses Feldzuges. Das Regiment Bianchi musste die Gewehre in Piramiden stellen, um die Geschütze und Wägen auf dem schlechten und gefährlichen Wege weiterzubringen und alle Anstrengungen wurden gemacht, um das ärarische Gut und die schwer bepackten Fuhren zahlreicher Kronstädter Bürger, welche sich dem Corps angeschlossen hatten, zu retten. Die Hast fortzukommen nahm zu, als die Brigade Van der Null ins Gefecht kam; unter den Wägen entstand Unordnung, das fürchterliche Unwetter machte sie noch grösser und nicht wenige Bagage- und Proviantwägen gingen verloren. Nach unsäglichen Beschwerden lagerten die Brigaden Stutterheim und Urracca in der Nähe des Klosters Sinai, die Brigade Van der Null mit der Artillerie, welche nicht weiter fortkommen konnte, noch ein gutes Stück weiter zurück.

Am 22. März drangen über 50 Ungarn dem Armeecorps, das inzwischen die wallachische Gränze überschritten hatte nach, wurden aber durch Kosaken zurückgetrieben; 5 eiserne Kanonen mussten im Kloster Sinai stehen gelassen werden.

Das Corps hatte sehr wenig klingende Münze, für Verpflegung konnte noch nicht gesorgt sein, zu der Erschöpfung durch die fürchterlichen Strapatzen gesellte sich der Hunger.

Am 23. März kam das Hauptquartier nach Kimpina, die Cavallerie nach Plojeschti, die Brigade Stutterheim nach Koena, Brigade Urracca nach Telega, Brigade Van der Null nach Breba. So vertheilt blieb das Corps bis zum 25. März, während die nöthigsten Vorkehrungen wegen Verpflegung der Truppen im Einverständnisse mit der wallachischen Regierung getroffen wurden.

14

Am 26. März ging das Hauptquartier nach Filipesti de Türg, Brigade Stutterheim nach Moreni, Brigade Urracca nach Margneni, Brigade Van der Null nach Margureni. Hauptmann Baron Diemar des Pensionsstandes brachte am 29. März einige Tausend Gulden in Gold und Silber aus Krajova und den Befehl, dass das Corps nach dem Banate aufzubrechen habe; Major Teutsch hatte ein nicht bedeutendes bares Darlehen in Bukarest aufgebracht.

Mit ihm rückte Hauptmann Auditor Nahlik wieder im Hauptquartiere ein. Er war nach seiner schon erwähnten Abreise von Reichersdorf am 8. März nach Välya mare bei Facset gekommen, wo General Graf Leiningen den Insurgenten den Pass bei Szoborsin mit seinen Kanonen und Raketen verlegte und da dieser keine Raketengeschütze entbehren konnte, wendete sich Hauptmann Nahlik nach Temesvar, wo es ihm gelang, nach Darstellung der Verhältnisse des siebenbürgischen Armeecorps von dem Festungscommandanten FZM. Baron Rukavina eine unbespannte halbe Raketenbatterie sammt 3 Munitionswägen und vollständiger Bedienung und bei dem in Siebenbürgen bereits sehr fühlbar gewordenen Mangel an Artilleristen auch 12 zu Vormeistern geeignete Unterkanonire zu erhalten.

Am 10. März Früh setzte sich Hauptmann - Auditor Nahlik mit seiner Abtheilung mit Benützung der Vorspann in Marsch, erreichte spät Abends Facset, brach am folgenden Tage um 1 Uhr nach Mitternacht weiter auf, fand bei Kossowitza eine halbe Compagnie Banater-Gränzer und 10 Seressaner zu seiner Bedeckung bestimmt und erreichte Nachmittags bei langsamen Fortkommen mit Ochsenbespannung Dobra. Bald nach seinem Aufbruche von da wurde ihm durch Landleute und vorausgeschickte Seressaner berichtet, dass Insurgenten aus dem Zarander Comitate gekommen in M. Illye stehen und mit Patrouillen auch das linke Marosufer durchstreifen. Diess war in der That der Fall. Durch eine glückliche Verwendung der Seressaner, welche bald einzeln bald vereint auf ihren flinken Pferden bald vor bald in der linken Flanke der kleinen Colonne schwärmen mussten, hielt sich Hauptmann-Auditor Nahlik den Feind die ganze Nacht von Lesnek bis Szt. Andras vom Leibe, während die Bedeckung stets schlagfertig, die Raketisten mit den Raketen im Tornister jeden Augenblick sich aufzustellen gegenwärtig, den Marsch mit aller Vorsicht fortsetzte.

Auf der Piskier Brücke erhielt er durch einen vom FML. von Pfersmann abgesendeten Jäger des sächsischen Bataillons am Morgen des 12. März den vom 11. 4 Uhr Nachmittags datirten Befehl, wo möglich Carlsburg zu erreichen, weil der Feind vor Hermanstadt stehe. In Folge dessen rückte er auch dort ein und übergab Geschütze und Mannschaft an den Festungscommandanten Obersten August.

Das Festungscommando fand es schon am 15. März nothwendig sich mit dem Obersten Skariatin, den es im Rothenthurmpasse vermuthete, in Verbindung zu setzen. Hauptmann - Auditor Nahlik erbot sich diese Verbindung zu vermitteln und ging mit den Depeschen am obigen Tage Nachmittags, weil ein anderer Weg durchaus unmöglich war, über Broos, Hatzeg und den Vulkanpass in die Wallachei, bis wohin ihn sein gutes Glück wiederholt den Nachstellungen der Insurgenten entzog. Über Türgusiuluj am 19. März nach Rymnik gelangt, fand er dort den FML. v. Pfersmann mit dem siebenbürgischen General - Commando - Personale und erfuhr, dass Oberst Skariatin bereits aus Siebenbürgen verdrängt, daher die ganze gefahrvolle Mission vergeblich war, worauf er wieder die Truppe aufsuchte und sich ihr anschloss.

Mit 1. April 1849 wurde Hauptmann Franz Vukovich zum Majoren befördert und behielt das Commando des 2. Bataillons.

Am 3. April trat das Corps den ihm anbefohlenen Marsch an und gelangte am 16. April nach Krajowa, wo FML. v. Malkowsky statt des noch immer kranken FML. Baron Puchner das Commando übernahm, wo auch die meisten der aus Hermanstadt gekommenen Truppenabtheilungen und viele Nationalgarden aufgenommen wurden und wohin Major Baron von der Heydte, welcher am 21. März über den Törzburger Pass auf Wallachisches Gebiet übergetreten war, seine Colonne zu dem Armeecorps brachte.

Am 22. April betraten die kaiserlichen Truppen wieder den österreichischen Boden, welchen sie unter den Klängen der Volkshymne jubelnd begrüssten. In wenigen Stunden erreichten sie Orsova, hielten hier Rasttag und wurden darauf in ihre Aufstellungen entsendet.

FML. v. Malkowsky beabsichtigte mit dem siebenbürgischen Armeecorps eine solche Stellung im Banate zu nehmen, dass er

14*

mit dem Gros in Boksan den linken Flügel über Weisskirchen und Orawitza vorschiebend, durch Bedrohung der feindlichen Operationslinie die Cernirung der Festung Temesvar verhindern, sich mit dieser und dem Generalen Thodorovicz in Verbindung setzen und das weitere Vordringen der Insurgenten hemmen könne. Leider wurde von allen dem nichts erreicht.

Das siebenbürgische Armeecorps fand in seiner neuen Aufstellung seinen alten Gegner Bem wieder vor sich. Derselbe war, nachdem er Siebenbürgen mit Ausnahme der Festung Carlsburg, des Schlosses zu Deva und des Gebirges zwischen der Maros und Aranyos in seine Gewalt bekommen hatte, im Interesse der Insurrection im Banate aufgetreten. Diessmal war das Zusammentreffen mit ihm ein kurzes. FML. Malkowsky liess die Donaustrasse, welche nach Orsova führt, in erster Linie durch eine Division Banater-Romanengränzer, in zweiter durch das 2. Bataillon Baron Bianchi und zwei sechspfündige Geschütze besetzen. Das Bataillon bezog am 1. Mai 1849 seinen Posten in der Veteranischen Höhle mit Mundvorrath auf sechs Wochen versehen.

Die Brigade Stutterheim wurde nach Mehadia verlegt, das 1. Bataillon Bianchi nach Plugowa vorgeschoben. Die übrigen Brigaden auf die zweckmässig erachteten Punkte vertheilt.

Um die zur Realisirung der Hauptabsicht des FML. v. Malkowsky wichtigen Orte Weisskirchen und Orawitza zu sichern, wurde nach ersterem Orte Major Carl v. Riebel mit dem Bataillone Leiningen, nach dem zweiten das 3. Bataillon Sivkovich mittelst Dampfbotes am 2. Mai über Basiasch entsendet; beide trafen am 5. Mai an ihren Bestimmungsorten ein. Das Bataillon in Orawitza wurde alsbald von den Insurgenten angegriffen und nach Szaszka zurückgedrängt. Auf die Nachricht von diesem Unfalle detachirte FML. Malkowsky 1 Compagnie Bianchi und die Hatzeger Schützencompagnie, um eine feindliche Umgehung Szaszka's zu hindern.

Major Carl von Riebel ohne Geschütz, ohne Cavallerie und ohne Verbindung mit dem Corps verlangte dringend die nöthige Verstärkung, es wurde ihm das Landwehrbataillon Sivkovich, 1 Division Max Chevauxlegers und eine halbe sechspfündige Batterie nachgesendet; bevor aber diese Colonne ankam, warfen sich am 8. Mai zwei Bataillone Infanterie und 1 Division Cavallerie mit 8 Geschützen auf das Bataillon Leiningen und Major Carl v. Riebel musste sich nach einem wahrhaft heldenmüthigen Widerstande mit einem Verluste von 25 Todten und 49 Verwundeten zurückziehen; noch grössere Verluste wurden durch die aufopfernde Tapferkeit des Hauptmanns Desputh verhütet.

Mit dem Verluste von Weisskirchen war auch die Verbindung mit Basiasch und Semlin verloren. Aus letzterem Orte bezog das Corps den grösseren Theil seiner Verpflegung; diese musste nun gegen Bezahlung in Gold und Silber aus Serbien beigeschafft werden, es fehlte aber an klingender Münze. Hauptmann-Auditor Nahlik trieb den Bedarf an Silbergeld und Dukaten für einige Zeit in Orsowa auf und ging um grössere Summen beizuschaffen, am 12. Mai mit unbeschränkter Vollmacht des FML. Baron Puchner nach Bukarest ab.

Rückzug des siebenbürgischen Armeecorps von Orsowa nach der Wallachei.

Inzwischen wurden die Verhältnisse der kaiserlichen Waffen im Banate immer schlechter, Bem hatte seine Vereinigung mit Perczel bewirkt, General Thodorovich dagegen, statt seine Verbindung mit dem siebenbürgischen Armeecorps zu ermöglichen, sich nach Tomassowatz gewendet und FML. v. Malkowsky blieb isolirt.

Bei dem Andrängen des Feindes musste sich Oberstlieutenant Eisler, welcher mit 3 Bataillons, 1 Division Max Chevauxlegers, 1 Division Hussaren und 9 sechspfündigen Geschützen Szaszka besetzt gehalten, am 11. Mai zurückziehen.

FML. v. Malkowsky zur Offensive zu schwach beschloss nun bis zu der schon damal erwarteten Mitwirkung der Russen und bis zum Vorrücken der Südarmee eine starke defensive Stellung zu behaupten; sein linker Flügel stand in Almas, der rechte in den Schlüsseln von Slatina und Teregowa, die Donaustrasse und die Bergpässe blieben besetzt.

Oberstlieutenant Eisler durch 1 Bataillon Carl Ferdinand und 1 halbe 3pfündige Batterie verstärkt nahm eine Stellung am Stanczilowaberge, musste aber auch hier weichen und besetzte am 13. Mai die Höhen von Cercovar zwischen Lapusnitzel und Bergoven, wohin zu seiner Verstärkung das 1. Bataillon Bianchi, das Bataillon Leiningen, 1 Division Max Chevauxlegers, 1 Division Savoyen-Dragoner und eine halbe Raketenbatterie abrückte, während das 3. Bataillon Carl Ferdinand, die Hatzeger Schützen, 1 Escadron Cavallerie und 4 dreipfündige Geschütze vor dem Prigoer Schlüssel den Vorpostendienst versahen. General Graf Paar, welcher am 6. Mai mit einer halben Raketenbatterie in Orsowa mittelst Dampfbotes angekommen war, hatte das Commando der Cercovaer Position übernommen und wurde am 13. Mai Abends von einer Übermacht angegriffen und verdrängt. Am 14. Mai ordnete FML. Malkowsky den Rückzug aller Truppen nach Orsowa an, welcher am 15. Mai bewirkt wurde.

Während der Feind mit starker Macht gegen Orsowa vorrückte, langte die Nachricht ein, dass auch eine starke Colonne Insurgenten auf dem Gebirge an der österreichisch-wallachischen Gränze über den Cordonsposten Pojana Rakeli marschire um den Kaiserlichen den Rückzug bei der Wodizaer Mühle, die einzige Communication zu Lande nach der Wallachei, abzuschneiden. Da trat das Armeecorps in der Nacht vom 15. zum 16. Mai zum zweiten Male auf das wallachische Gebiet über.

Das zweite Bataillon Bianchi, aus der Veteranischen Höhle abberufen, hatte den Mundvorrath, welcher in Orsowa noch übrig war, mitzunehmen, was durch die besondere Thätigkeit des Oberlieutenants Kövess auch glücklich bewirkt wurde.

Das Corps, dem sich 8 Compagnien Banater Gränzer anschlossen, schlug auf der Ebene zwischen Czernetz und Turnu Severinulnj nicht sehr weit von der Donau ein Lager auf. Armselige Hütten aus dürftigem Laubwerke, welches in der glühenden Sonnenhitze schnell verdorrte, boten kaum für einige Tage, weit weniger für mehrere Wochen eine nur den dringendsten Erfordernissen entsprechende Unterkunft; Fieber, Typhus und Cholera traten immer drohender auf, aber kein genügendes Spital stand zur Aufnahme des erkrankten Soldaten bereit. Mehrere verlassene Häuser zu Czernetz, wo das Hauptquartier war, theilweise ohne

Fenster und Thüren, nahmen eine nur geringe Zahl Kranker auf, sehr viele lagen in Gärten auf blossem Boden; — es fehlte an Ärzten, der Corpschefarzt Dr. Rohm leistete Ausserordentliches, allein seine und seiner wenigen Collegen Hilfe reichte nicht aus; endlich wurde eine grosse Baracke als Spital erbaut, welche zwar etwas besser aber bei Weitem nicht genügend entsprach. Hunderte und Hunderte, deren die Schlachten schonten, fanden hier ihr trauriges Ende.

Bei den noch gesund Gebliebenen war die Noth eingekehrt, die Banknoten wurden kaum zu zwei Dritteln des Nennwerthes angenommen. Da brachte Hauptmann - Auditor Nahlik, dem es in Bukarest gelungen war, bei dem Wechsler Hilel Ben Manoach, welcher den Österreichern freundlich gesinnt war, mit keinen anderen Opfern als den gewöhnlichen Kaufmannsspesen ein Anlehen von 100.000 fl. CM. in Zwanzigern zu contrahiren, einen bedeutenden Theil und bis zum Anfange Juni den Rest dieser Summe in das Lager, wodurch den Verlegenheiten für kurze Zeit etwas abgeholfen wurde.

Am 18. Juni brannte beinahe die Hälfte des armseligen Lagers nieder; in den Flammen gingen vielen Offiziren und Soldaten die wenigen Habseligkeiten zu Grunde.

Übernahme des Commando's durch FML. Grafen Clam-Gallas.

Am 20. Juni übernahm FML. Graf Clam - Gallas zum Jubel des Corps das Commando; nebst ihm waren auch die Generäle Graf Pergen und v. Coppet eingetroffen, die Truppen wurden in zwei Divisionen und 4 Brigaden in nachstehender Weise eingetheilt:

Die erste Division erhielt General Graf Pergen, die zweite General v. Coppet. In der ersteren war

die Brigade Van der Null mit dem 3. Bataillone Parma,

2 Bataillonen Carl Ferdinand,

1 Division Bukovinaer Gränzcordonisten,

2 Escadronen Szekler-Hussaren.

1 sechspfündigen Batterie (Nr. 1).

$\frac{1}{2}$ Raketen-Batterie.

Die Brigade Stutterheim mit

11 Compagnien Bianchi nun in 2 Bataillone getheilt,

2 Bataillonen Sivkovich,

1 Bataillone siebenbürgisch-sächsischer Jäger,

2 Escadronen Max Chevauxlegers,

1 sechspfündigen Batterie (Nr. 2).

Zur Division des GM. v. Coppet gehörten:

Die Brigade Eisler mit

1 Grenadirbataillone Urracca,

1 Bataillone Tursky,

1 Romanen-Gränzbataillone,

1$\frac{1}{2}$ Bataillone Romanen-Banater-Gränzer,

1 Bataillone Leiningen,

2 Escadronen Max Chevauxlegers,

1 zwölfpfündigen Batterie.

Die Cavallerie-Brigade des Obersten Schöuberger mit

4 Escadronen Max Chevauxlegers,

6 Escadronen Savoyen-Dragoner.

Die Geschützreserve bestand aus einer sechs - und einer dreipfündigen Batterie, die übrigen dreipfündigen Geschütze wurden mit den überflüssigen Bagagen einstweilen nach Widdin gebracht.

Dem Corpscommandanten FML. Grafen Clam - Gallas stand als Chef des Generalstabs Hauptmann Wagner, als Artilleriechef nunmehr Major Schön und als Corpsadjutant Major Hanibal Freiherr von Puchner zur Seite.

Widerstand der Festung Karlsburg gegen die Insurgenten vom 24. März bis 24. Juli 1849.

Theilnahme der 10. Compagnie des Regiments Baron Bianchi an den dortigen Ereignissen.

Während das siebenbürgische Armeecorps die Wallachei durchzog, eine Zeit lang bei Orsowa stand und endlich wieder auf wallachischen Boden lagerte, hatte das in der Festung Karlsburg zurück gebliebene getreue Häuflein unter dem Obersten von August den Insurgenten einen entschlossenen Widerstand entgegen gesetzt, welchen wir hier, um die Gränzen der Regimentsgeschichte nicht zu überschreiten, nur skizziren dürfen, um die Mitwirkung der 10. Compagnie des Regiments bei demselben einfügen zu können.

Nach dem Falle Hermanstadt's und der Verdrängung der Russen aus Rothenthurm forderte Bem mit einem aus letzterem Orte vom 16. März 1849 datirten Schreiben die Festung zur Übergabe auf.

Am 24. März näherten sich die Feinde unter Baron Kemeny den Werken und forderten am 25. erneuert die Übergabe, was gar nicht beantwortet wurde.

In der Festung befanden sich 13 Compagnien Infanterie, darunter die 10. Compagnie von Baron Bianchi unter Hauptmann v. Asboth und Lieutenant v. Sonnenstein, 1 Zug Max Chevauxlegers und 171 Artilleristen, zusammen 2500 Mann mit 71 Geschützen verschiedenen Kalibers und den zuletzt dahin gebrachten 3 Raketengeschützen.

Durch das Zusammengreifen des Commandanten und der ihm zur Seite gewesenen Stabsoffizire und Militärbeamten wurden die Werke zur Vertheidigung möglichst in den Stand gesetzt, Proviant auf 3 Monate, das nöthige Schlachtvieh und Viehfutter aus den nächsten Ortschaften eingebracht.

Am 26. März war die Cernirung ziemlich vollständig; die Festung wurde geschlossen und am 27. Vormittags fiel von den Wällen der erste Kanonenschuss gegen eine sich nähernde Cavalleriepatrouille. Von nun an brachte fast jeder Tag kleinere

Gefechte, an denen sich die 10. Compagnie mit vielem Verdienste betheiligte.

Am 2. April um 5 Uhr Nachmittags begann unter Bem's persönlichem Commando die erste ernstere Beschiessung; ihr folgte eine neuerliche Aufforderung zur Übergabe und nach deren Ablehnung um 9 Uhr Abends das abermalige Feuer des Feindes aus 30pfündigen Mörsern, aus Haubitzen und mit Raketen, jedoch ohne erheblichen Erfolg.

In der zweiten Hälfte Aprils übernahm der Insurgentenoberst · Baron Stein das Commando der Belagerungstruppen und schickte sich zum regelrechten Angriffe an. Seine Thätigkeit wurde wiederholt durch die Romanen unter Axentie Severu von Aussen und durch noch häufigere Ausfälle und das Artilleriefeuer aus der Festung gestört und erst am 23. Juni war der Bau seiner Batterie am Galgenberge beendet und das Geschütz dort eingeführt.

Am 24. Juni begann Oberst Baron Stein aus 2 achtzehnpfündigen Positionsgeschützen, 2 sechzigpfündigen, 2 dreissigpfündigen und 1 zehnpfündigen Mörser, 8 Haubitzen und 6 Raketengeschützen um halb 6 Uhr Morgens das Feuer, welches von den Wällen mit allem Nachdrucke erwiedert erst zu Mittag aufhörte. Die bischöfliche Residenz, die Domkirche, das Zeughaus, die Wohnung des Festungs- und des Platz-Commandanten, das Seminar, das Schulgebäude, das Franziskanerkloster sammt Kirche, ein Wohnhaus der bischöflichen Geistlichkeit (Jericho genannt) und ein grosser Schober eingebrachten noch unausgedroschenen Getreides standen in Flammen, 3 Brunnen waren verschüttet, fast alle anderen Gebäude waren mehr oder weniger beschädigt. Bei einer solchen auf einem so engen Raume wie jenem in der inneren Festung Karlsburg verhältnissmässig sehr bedeutenden Verheerung hatte die Besatzung, welche bei Weitem nicht in den Casematten Raum hatte und grossen Theils auf den Wällen stand, dennoch nur 1 Todten und 3 Blessirte verloren. Das Feuer der Kaiserlichen demontirte dem Feinde einen Achtzehnpfünder, die beiden sechzigpfündigen Mörser und 1 Haubitze und tödtete ihm viele Menschen und Pferde.

Bei der überraschenden Wendung, welche die Ereignisse in Siebenbürgen genommen, war für die mehreren Bedürfnisse der

Festung von ihr selbst erst in den letzten Momenten Sorge
getragen worden. Bald zeigte es sich, dass für längere Dauer
das Futter für das Schlachtvieh nicht ausreichen werde. Um den
Vorrath zu schonen, musste die Heerde unter dem Schutze dichter
Plänklerketten auf dem Glacis geweidet werden; in gleicher Weise
suchte man auch das in der Nähe der Festung gereifte Getreide,
soweit es von den Insurgenten nicht niedergebrannt wurde, ein-
zubringen.

So waren auch am 9. Juli 2 Compagnien Leiningen und 2
Compagnien Romanen-Gränzer zum Schutze der weidenden Heerde
ausgerückt. Die 10. Compagnie Bianchi war als Reserve verdeckt
im Graben aufgestellt. Der Feind griff die ersteren beiden Divisionen mit bedeutenden Kräften an, die Kaiserlichen unterhielten
standhaft ein lebhaftes Feuer, die Geschütze der Festung leisteten
ihnen ausgiebige Unterstützung, der Feind musste sich etwas zurückziehen und die Division Leiningen errang entschiedene Vortheile.
Dagegen wurden die ausgestellten Sicherheitsposten der 10. Compagnie aus den nahen Häusern und Gartenzäunen der unteren
Stadt sehr heftig beschossen. Da beschloss Hauptmann v. Asboth
die Feinde aus diesen sehr schädlichen Verstecken zu verjagen
und letztere zu vernichten. Er stürmte den dreimal stärkeren
Feind mit dem Bajonette, warf ihn unterstützt durch den ausgezeichneten Lieutenant v. Sonnenstein und den der Compagnie zu-
getheilten Lieutenant Salmen v. Sivkovich von Haus zu Haus bis
über den Gesundheitskanal; während dieses Vordringens wurden
einige der Festung zunächst gelegene dem Feinde Schutz bie-
tende Häuser in Brand gesteckt und zerstört.

Bei dem Vorstürmen der Compagnie drang Corporal
Ilrinko Krzywego mit dem Gefreiten Ivan Dobina, Gemeinen An-
druch Bundza, Ignatz Mazakowsky und Daniel Cwihun unter heftigem Kleingewehrfeuer der Feinde durch die schmale Oeffnung
einer Bretterwand in das Haus des Bürgers Hoffinger, wo sich 2
feindliche Offizire und 16 Insurgenten befanden; 1 Offizir und
3—4 Mann entflohen durch ein Fenster, die übrigen wurden theils
niedergemacht, theils gefangen genommen, dabei Waffen, Munition, Lebensmittel und als das Wichtigste ein Befehlsprotocoll
erbeutet, in welchem sich die aus dem feindlichen Hauptquartiere

zu Teckendorf vom 27. Juni datirte Kundmachung befand, dass
die Russen zur Mitwirkung mit den Kaiserlichen in das Land eingerückt seien. Diese erste Nachricht von den militärischen Vorgängen ausserhalb des Festungsrayons wurde mit Jubel aufgenommen und erfüllte die Besatzung mit frischem Muthe.

Für die an diesem Tage bewiesene Tapferkeit erhielt Korporal Krziwego die goldene Tapferkeitsmedaille und den russischen
Georgsorden 5. Klasse, Gefreiter Dobina und die Gemeinen
Bundza, Mazakowsky und Cwibun die silberne Tapferkeitsmedaille
1. Klasse.

Der Feind unternahm nichts Erhebliches mehr gegen die
Festung, einzelne Beschiessungen von den Wällen und kleinere
Ausfälle fügten ihm von Zeit zu Zeit empfindlichen Schaden zu,
am 24. Juli 1849 zog er gänzlich ab.

Einrücken der Russen und des k. k. siebenbürgischen Armeecorps in Siebenbürgen.

Inzwischen hatte der Aufstand in Ungarn und Siebenbürgen
immer grössere Dimensionen gewonnen, zu seiner Dämpfung die
äussersten Mittel in Anspruch genommen und mit dem kaiserlichen Heere wirkten endlich auch die russischen Truppen mit.

General der Infanterie Lüders, Commandant des russischen
5. Armeecorps, welches damal in der Moldau und Wallachei stand,
erhielt Mitte Juni 1849 den Befehl, vereint mit dem k. k. siebenbürgischen Armeecorps auf dem ungarisch-siebenbürgischen Kriegsschauplatze aufzutreten. Er wählte unter mehreren Operations-
plänen jenen, in Siebenbürgen einzurücken, dasselbe vom Feinde
zu säubern, diesen in das Banat zu drängen und ihn auf die von
Norden und Nordosten herabwirkenden k. k. österreichischen und
k. russischen Heersäulen zu werfen.

General d. I. Lüders rückte demnach mit einem Corps von
26 Bataillons, 34 Escadronen, im Ganzen mit 25000 Mann und
68 Geschützen gegen den Predial und den Tömöscher Pass, während sich General-Lieutenant Grotenhjelm mit 8 Bataillons, 12

Escadronen, zusammen 9400 Mann und 24 Geschützen, nebst der Colonne des k. k. Obersten Urban bestehend aus 3000 Mann und 9 Geschützen durch den Pass von Tihutza nach Siebenbürgen aus der Bukowina in Bewegung setzte, so dass mit Einrechnung des siebenbürgischen Armeecorps etwa 47.000 Mann und 134 Geschütze mit den Reserven in der Wallachei, Moldau und Bukowina unter dem Befehle des G. d. I. Lüders in Siebenbürgen stehen sollten.

Diesen Truppen konnte der inzwischen aus dem Banate nach seinem Hauptquartiere M. Vásárhely zurückgekehrte nunmehrige Feldmarschal-Lieutenant der Insurgenten, Bem, nur etwa 25000 Mann Infanterie, 1500 Mann Cavallerie und 120 Geschütze, welche Macht jedoch an verschiedenen von einander sehr entfernten Punkten vertheilt war, entgegenstellen.

Am 19. Juni 1849 griff die Avantgarde des G. d. I. Lüders die Insurgenten unter Szabo am Prädial an, drängte sie nach hartnäckigem Kampfe bis Untertömös, wo sie sich zwischen steilen Felsen und hinter Erdaufwürfen bis zum 20. Juni hielten, hier erst nach schweren Verlusten wichen und sich der Csik zuwendeten, wohin ihnen bald auch die feindliche Besatzung von Törzburg nachfolgte.

Am 20. Juni drang General Engelhardt mit den Russen über den Törzburger Pass ein und schob seine Vorposten bis Zeiden, eine dritte russische Colonne unter Oberst Lein und geführt von dem Hauptmanne Carl Vever vertrieb den Feind vom Ojtozer Passe.

General Hassford schlug am 24. Juni die Insurgenten unter Gál Sándor an der Kököser Brücke, nahm am 25. Juni Sepsi-Szt.-György und am 26. Juni Kezdi-Vásárhely, wo er die Kanonengiesserei, Pulvermühle und Zünderfabrik zerstören liess und sich kurz darauf mit dem Obersten Lein in Verbindung setzte.

Lüders liess nun zur Deckung des Törzburger Passes das Infanterie-Regiment Wolhinien mit 4 Bataillons und 1 Batterie, dann das Regiment Bug-Uhlanen, 400 Kosaken und ½ Cavallerie-Batterie zurück und wendete sich am 2. Juli gegen Hermanstadt; als aber Gál Sándor mit 6000 Mann, 4 Batterien und zahlreichem Landsturme neuerdings gegen Kronstadt vordrang, kehrte Lüders mit der Division Hassford von Vledény um und marschirte nach

Tartlau, schlug die Insurgenten am 5. Juli bei Kökös, besetzte Sepsi-Szt.-György und Uzon und ging nach Kronstadt, wo er selbst bis zum Einrücken des k. k. siebenbürgischen Armeecorps verblieb.

Dieses hatte die Todesstätte des Czernetzer Lagers am 23. Juni 1849 in einer Stärke von 13⅔ Bataillons, 16 Escadronen und 33 Geschützen, 10000 Mann mit 2200 Pferden in 3 Colonnen verlassen und marschirte über Bruskari, Jablonitza, Balezitza Gogoss, Krajowa, Balsz, Kalibass, Serideni, Slavitest nach Rymnik, wo es sich am 4., 5. und 6. Juli 1849 concentrirte. Kein Marsch konnte beschwerlicher sein, als der eben zurückgelegte. In der Sonnenglut des heissen Landstriches bewegten sich die Colonnen wie in einer Einöde, die Bewohner der Ortschaften flohen die Truppen aus Furcht vor der Cholera und wo sie sich nicht zurückziehen konnten, benahmen sie sich feindselig; die Soldaten mussten vor den Dörfern im Freien übernachten, war einer irgend wo in einer Ortschaft krank zurückgeblieben, so wurde er nach dem Abmarsche der Truppen hinausgewiesen und so mancher von diesen Unglücklichen sah die österreichischen Gränzen nicht wieder. Das siebenbürgische Armeecorps sollte nach Forcirung des Rothenthurmpasses nach Hermanstadt vorrücken, erhielt aber am 6. Juli den Befehl, über den Törzburger Pass nach Kronstadt zu marschiren, wo die Colonnen über Stoczony, Meitsch, Pitesti, Redesti, Roskar, Rukur, Törzburg und Rosenau am 13., 14. und 15. Juli eintrafen.

G. d. I. Lüders überliess nun dem FML. Grafen Clam-Gallas die Bezwingung der Czik, wobei ihn der russische General Rennenkampf mit den schon erwähnten am Tömöscher Passe zurückgelassenen russischen Truppen unterstützen sollte. Vorläufig hatte sich FML. Clam-Gallas nur auf die Defensive zu beschränken, bis Lüders Hermanstadt genommen und Carlsburg entsetzt haben würde.

Indessen hatte die gegen Hermanstadt unter General Engelhardt vorgeschobene Avantgarde der Russen am 12. Juli Fogaras den Insurgenten entrissen; am 20. Juli vertrieb sie dieselben auch aus dem Rothenthurmpasse und zog am 21. Juli unter dem Jubel der Bevölkerung in Hermanstadt ein.

Während dies im Süden geschah, rückte Generallieutenant Grotenhjelm im Norden Siebenbürgens vor, verdrängte die Insurgenten am 21. Juni von der Turiakbrücke bei Maroseny und am 22. Juni aus ihrer befestigten Stellung bei Borgo-Prund; die aus österreichischen Truppen bestehende Avantgarde der Colonne des Generals Paulow vertrieb den Feind aus dem Ilawa-Thale und von der Brücke bei Földra, worauf Grotenhjelm eine Stellung zu Borgo-Russ nahm und hier die weiteren Befehle des Generals Lüders in der Defensive abwartete, in welcher er aber nicht unangefochten blieb, denn Bem rückte am 25. Juni gegen ihn vor, wurde aber von den alliirten Truppen am 27. und 28. Juni bei Wallendorf geschlagen, worauf er sich nach Bistritz zog.

Am 9. Juli erhielt Grotenhjelm den Befehl anzugreifen, vertrieb Bem am 10. Juli aus Bistritz und schlug ihn am 16. Juli bei Szeretfalva und am 23. Juli bei Teckendorf.

Treffen bei Szemeria am 23. Juli 1489.

Das k. k. siebenbürgische Corps hatte nach dem Abmarsche der russischen Hauptmacht mit der Brigade des Obersten Eisler Marienburg besetzt, ihre Vorposten standen bis Hidweg und Rothbach, ihre Patrouillen streiften bis gegen Nussbach; die Brigade Schönberger stand in Brenndorf, die Brigade Stutterheim zu Illyefalva und Honigberg, die Brigade Van der Null zu Sepsi - Szent-György, die russische Brigade Rennenkampf bei Kökös, die Banater Romanen blieben als Besatzung zu Kronstadt.

Die Insurgenten hatten sich am 20. Juli mit bedeutender Macht gegen Sepsi-Szent-György gewendet und die Brigade Van der Null genöthigt, den Ort zu verlassen, weil jede Brigade die Weisung hatte, sich mit dem Feinde allein in kein ernstliches Gefecht einzulassen; eben so zog sich auch die Brigade Rennenkampf hinter die Kökösbrücke.

Am 21. Juli griff der Feind den rechten Flügel der Kaiserlichen an, die Brigade Van der Null zog sich hinter die Alt und die Insurgenten dirigirten ihre Colonnen gegen die Siebendörfer, was den Corpscommandanten vermuthen liess, der Feind wolle seinen rechten Flügel verdrängen und das Corps von Kronstadt abschneiden. Dieses Manoeuvre war aber nur eine Maske zur Deckung jenes abenteuerlichen Einbruches, welchen Bem mit 2000 Mann und 6 Geschützen in die Moldau versuchte, um dieses Land im Rücken der Russen zu insurgiren.

FML. Graf Clam-Gallas fasste nun der nahe liegenden obigen Annahme gemäss den Entschluss, mit einer überraschenden Bewegung die vermeinte Absicht des Feindes zu vereiteln. Er entsendete die 2 Bataillone des Regiments Wollhinien mit 4 Geschützen zum Tömöscher Passe, um die dortige Besatzung zu verstärken, concentrirte seine ganze Macht bei Marienburg und wollte schon um Mitternacht vom 21. zum 22. Juli aufbrechen, den Feind überfallen und in Front und Rücken angreifen. Diese Expedition verspätete sich aber wegen vorgekommener Anstände mit der Verpflegung und unterblieb.

Indessen unternahm Oberst Eisler eine Recognoszirung, bei welcher der Feind seine ganze Stärke entwickeln musste und es sich zeigte, dass letzterer bei Sepsi-Szt.-György und Uzon Stellung genommen habe. Da FML. Clam-Gallas keine Position hatte, um sich gegen alle möglichen Ereignisse sichern zu können, so fand er sich in dem Beschlusse bestärkt, mit seiner ganzen verfügbaren Macht in die Offensive überzugehen, um dem Feinde einen Schlag beizubringen, welcher wenigstens auf einige Tage die Ruhe sichern sollte, bis die Zeit der allgemeinen Vorrückung gekommen sein würde. Er befahl demnach dem russischen Uhlanen-Regimente vom Bug am 23. Juli gegen 9 Uhr Vormittags bei Kökös mit 4 Cavalleriegeschützen durch eine Furth über die Alt zu rücken, und den Feind im geeigneten Momente in der dortigen Ebene anzugreifen, die nach Tömös entsendeten zwei russischen Bataillone wurden sammt den Geschützen zurückberufen, um den linken Flügel des Feindes zu bedrohen.

Am 23. Juli 1849 nach 2 Uhr Morgens rückte das Corps über Hidweg und Arapataka nach Illyefalva; voran die Brigade Van der Null, ihr folgte die Brigade Stutterheim und dieser die Brigade Eisler; die Brigade Schönberger marschirte von Brenndorf für sich ab und hatte um 9 Uhr Vormittags die Alt bei Al-Doboly zu überschreiten.

Es hatte die ganze Nacht und während des Marsches so stark geregnet, dass die Wege grundlos, theilweise von der aus-

getretenen Alt überschwemmt wurden und die Vorrückung nur
langsam geschehen konnte. Kanonen und Munitionskarren mussten
mit erst requirirten Ochsen bespannt werden und ungeachtet die
Entfernung von Marienburg bis Illyefalva kaum mehr als vier
Wegstunden ausmacht, kam die Vortruppe erst um 2 Uhr Nachmittags dort an und war das Corps daselbst erst um 4 Uhr concentrirt.

Die von Illyefalva neben Szent-Király über Szemeria nach
Sepsi-Szent-György führende Strasse zieht sich am Fusse einer
Berglehne, welche streckenweise von bedeutenden Wasserrissen
durchschnitten sich im Westen an das höher aufsteigende bewal-
dete Gebirge anschliesst und damal mit hohem Getreide bewach-
sen war. Östlich von der Strasse gegen die Alt ist das Gelände
über Szemeria und Sepsi-Szt.-György hinaus eben und für Ca-
valleriebewegungen geeignet.

Das Dorf Szemeria liegt am südlichen Abhange einer in der
Mitte durch eine etwa 800 Schritte lange schmale Schlucht ge-
spaltenen Anhöhe, vom Westen kommt durch das 500 Schritte
breite Elöpataker Defilée ein Bach heraus, welcher sich am östlichen Ende des Dorfes nach Süden wendet und etwa 2500 Schritte
tiefer in die Alt mündet.

Beim Anlangen der Kaiserlichen zogen sich die in Illyefalva
gestandenen feindlichen Vorposten auf die in und hinter Szent-
Király, einem Dorfe westlich von der Strasse, aufgestellte zahlreiche aus Infanterie, Cavallerie und Artillerie bestehende Vortruppe
zurück. Die Hauptmacht der Insurgenten unter Gál Sándor stand
bei Szemeria und hatte auf der nördlich hinter dem Orte gelegenen dominirenden Höhe nächst der Dorfkirche 1 Batterie und
in westlicher Richtung von da 4 Bataillone, am Eingange von
Szemeria 1 Bataillon, 1 Escadron und 2 Geschütze aufgestellt.
Die Gesammtstärke der Insurgenten betrug 7–8000 Mann mit
4 Batterien.

Gegen 5 Uhr Nachmittags rückte das Corps aus Illyefalva
vor. Die Brigade Van der Null bildete den linken Flügel, die Brigade Stutterheim marschirte im Centrum mit den beiden Bataill-
lonen Bianchi in geschlossenen Bataillonscolonnen durch die hohe
Frucht, die beiden Bataillone Sivkovich rechts von Bianchi neben
der Strasse, auf welcher sich das Geschütz bewegte. Die Bri-

15

gade Schönberger nahm ihren Weg in der Ebene zwischen der Strasse und der Alt, die Brigade Eisler rückte zu beiden Seiten der Strasse als Reserve nach. Der k. russische General war bis Killyen, einem Dorfe am linken Ufer der Alt etwa eine halbe Stunde weit von Szemeria entfernt, vorgedrungen und bedrohte die linke Flanke des Feindes.

Sobald der Befehl zum Angriffe gegeben worden war, rückte die Brigade Van der Null aus der Marschcolonne von der Hauptstrasse links seitwärts gegen die Anhöhen vor und bildete nach Massgabe ihrer Annäherung an den Feind Bataillons-Staffelcolonnen vom rechten Flügel aus, die sächsischen Jäger wurden auf einem Waldwege entsendet, um beim Angriffe auf Szemeria die rechte Flanke des Feindes zu fassen.

Die Brigade warf sich mit freudigem Hurrahrufe ungestüm auf das Dorf Szent-Király und jagte den Feind auf die jenseitigen Anhöhen zurück, worauf die Plänklerlinie sich fortwährend links ziehend dem Waldsaume zueilte. Während sie dort durch das Gehölze nur langsamer vordringen konnte, rückte die Brigade Stutterheim in gleiche Höhe mit ihr vor, die zwölfpfündige Batterie unter Oberlieutenant Sichrowsky fuhr auf der Strasse auf und verjagte die vor Szemeria gestandene Abtheilung und ihre Geschütze, die übrigen Batterien, terassenförmig vom linken zum rechten Flügel echelonirt eröffneten das prachtvolle Schauspiel eines wohlgeordneten und lebhaften Kanonenfeuers, welches das Dorf Szemeria, um den Feind daraus zu vertreiben, in etwa einer halben Stunde in Brand steckte.

Die Insurgenten verstärkten ihren rechten Flügel, aber die Brigade Van der Null drang unaufhaltsam weiter, die Raketen waren stets in der vordersten Plänklerkette, bald war der Feind aus dem Gehölze verdrängt und eine Waldspitze Szemeria gegenüber genommen. Die zur Brigade gehörige Batterie hatte sich bei deren Vorrücken wegen des für sechspfündige Geschütze unwegsamen Terrains nicht anschliessen können, ihr Commandant Lieutenant Rückauf bahnte sich erst später durch eine Einsattlung, nach Überwindung grosser Schwierigkeiten und unter einem heftigen Artilleriefeuer der Insurgenten den Weg und gelangte ebenfalls zu der erwähnten Waldspitze, wo man von den Bäumen gedeckt sämmtliche Geschütze der Brigade aufgeführt wurden und

die dominirende feindliche Position bei der Kirche beschossen. Inzwischen war die Brigade Stutterheim bis vor Szemeria vorgedrungen und General Rennenkampf nahte der linken Flanke des Feindes mit seinen Geschützen.

Es dämmerte bereits, als von den Anhöhen jenseits Szemeria zwei feindliche Bataillone sich rasch in das Elöpataker Defilée hinabliessen, diesseits desselben in den Wald drangen und vereint mit den schon früher dort im Feuer gewesenen Insurgenten die allmälig ermüdenden Abtheilungen der Brigade Van der Null mit dem Bajonette angriffen. Die sächsischen Jäger hatten sich zu weit entfernt, die Brigade stand demnach in diesem Momente einer bedeutenden Anzahl meist ganz frischer Truppen allein entgegen. Die Gränzcordonisten und die Bataillone Parma und Carl Ferdinand warfen die Stürmenden, welche sich zwischen sie und die Geschütze drängen wollten, zweimal zurück; als aber der Feind neue Verstärkungen erhielt, kam die sechspfündige Batterie, welche Lieutenant Rückauf durch eine Flintenkugel am rechten Oberarme blessirt, hatte verlassen müssen, in ernstliche Gefahr.

In diesem Augenblicke befahl der Divisionär GM. Graf Pergen dem 2. Bataillone Bianchi der Brigade Van der Null zu Hilfe zu eilen. Es ist unstreitig, dass das geringste Versäumen den Verlust der Batterie und der beinahe gewonnenen Schlacht hätte herbeiführen können. Hauptmann Sertić, welcher schon am 26. Juni statt des erkrankten Majors Vukovich das Bataillons - Commando übernommen hatte, führte seine Truppe rasch vor und warf die Insurgenten mit dem Bajonette nach einem kurzen aber heftigen Kampfe in das Dorf hinab; die Geschütze waren gerettet, der Brigade Luft gemacht.

Ungeachtet Szemeria im Brande stand, hatten es die Feinde doch nicht ganz verlassen. Die Brigade Van der Null unternahm zweimal einen Sturm auf die westlichen Umzäumungen des Dorfes, musste beide Male weichen und erst durch die Raketen konnten die Insurgenten von dort vertrieben werden. Die Brigade bemächtigte sich nun des Plateaus jenseits des Elöpataker Defilées und des Waldrandes oberhalb Sepsi-Szent-György, welcher dem feindlichen rechten Flügel zum Stützpunkte diente, wodurch der Rückzug des Feindes vorbereitet wurde.

Während dieser Kampf dauerte erbat sich Hauptmann Pollovina von dem Brigadir-Obersten Baron Stutterheim die Genehmigung aus seiner Stellung links von der Strasse das in Brand gesteckte Szemeria mit dem 1. Bataillone Bianchi zu stürmen, um so die volle Entscheidung des Tages schneller herbeizuführen. Kaum erscholl der Sturmstreich, so lagen auch schon die hohen äusseren Umfriedungen des Ortes niedergerissen, das Bataillon brach sich wenngleich mit vielen Schwierigkeiten über die Gartenzäune und Gräben unaufhaltsam Bahn und stürmte muthig auf eine vorpoussirte von zahlreicher Cavallerie wohl gedeckte feindliche Batterie los, welcher es nur mit Mühe gelang, eiligst zu entkommen. Zugleich mit der Artillerie waren auch die rück- und seitwärts gestandenen feindlichen Abtheilungen verschwunden, denn beinahe gleichzeitig stürmten das 3. Feld- und 1. Landwehr - Bataillon Sivkovich den Eingang des Dorfes und trugen zur Vertreibung des Feindes tapfer bei. Hauptmann Pollovina, der sich nun mit seinem in wenig Sekunden in Frontstellung entwickelten Bataillone jenseits Szemeria allein befand, suchte sich mittelst entsendeter Patrouillen mit dem Hauptcorps in Verbindung zu setzen, musste aber durch diese erfahren, dass sich dasselbe zurückgezogen habe und keine Verfolgung des geworfenen Feindes beabsichtige. Von der eigenen Truppe weit entfernt, zwischen ihr und sich ein brennendes Dorf, gewahrte er, obgleich es schon sehr dunkel geworden war, aus seiner tieferen Stellung, dass sich der Feind auf der verlassenen Höhe vor seiner Fronte wieder sammle. Um nicht umgangen zu werden, nahm er die Flügel seines Bataillons etwas zurück und kaum war dies bewirkt, so sprengten auch schon feindliche Reiter gegen seine rechte Flanke. Hauptmann Pollovina liess sie nahe ankommen, sie kehrten aber auf das begonnene Commando zur Decharge so schnell um, dass es Schade gewesen wäre, ihnen eine Ladung nachzusenden.

Oberst Baron Stutterheim, welcher keine Abtheilung seiner Brigade aus dem Auge liess, befahl nun den Rückzug, welcher mit aller Vorsicht um den nordwestlichen Theil des Dorfes in vollster Ordnung zu den übrigen in die erste Aufstellung zurückgekehrten Truppen bewirkt wurde.

Schon glaubte man Alles beendet, da erhob sich in der rechten Flanke der Kaiserlichen ein furchtbares Geheul, Flintenschüsse knatterten und einzelne Kanonenschüsse donnerten dazwischen. Der Feind hatte nochmals einen Angriff versucht und es wäre leicht geschehen, dass bei der Unmöglichkeit, das Ganze zu übersehen und dem Angriffe mit Cavallerie oder Artillerie zu begegnen, oder die eben erst in ihre Aufstellung einrückenden Truppen der Brigaden Stutterheim und Van der Null augenblicklich zu verwenden, eine schädliche Unordnung eingerissen wäre. Da rückte Oberst Eisler mit der Reservebrigade vor und das Bataillon Tursky und die Grenadire verjagten die Insurgenten, welche sich zurückzogen und auch S. Szt. György räumten.

Um 11 Uhr Nachts bezog das Corps eine Stellung bei Doboly und marschirte am 24. Juli nach Petersberg.

Der Feind, welchem zu Ende des Kampfes die Munition auszugehen anfing, verlor 500 Mann an Todten und Verwundeten, 6 Geschütze wurden ihm demontirt. Das Corps hatte 27 Todte und 48 Verwundete unter den letzteren 2 Offizire, von diesem Verluste kamen auf das 2. Bataillon Bianchi 7 Todte und 12 Verwundete, das 1. Bataillon hatte vor dem Sturme 1 Verwundeten, bei dem Sturme durch das brennende Dorf nicht einen einzigen Mann verloren.

FML. Graf Clam-Gallas erklärte öffentlich, dass jeder Einzelne dieses Bataillons seine Anerkennung verdiente.

An diesem Tage haben sich unter der Mannschaft insbesondere Feldwebel Moriz Bota, Corporal Franz Worobin und die Gemeinen Zakow und Zalewski hervorgethan, wurden dafür öffentlich belobt und mit dem russischen Georgsorden 5. Classe decorirt.

Hauptmann Basilius Pollovina wurde für die in dieser Schlacht und schon früher bei allen Gelegenheiten an den Tag gelegte Umsicht und entschlossene Tapferkeit mit dem Militärverdienstkreuze und dem russischen Annenorden 3. Classe mit den Schwertern, Oberst Baron Stutterheim für sein tapferes Benehmen während des ganzen Feldzuges in Siebenbürgen mit dem Ritterkreuze des Leopold-Ordens, dem Militärverdienstkreuze und dem russischen Annenorden 2. Classe mit der Krone und den Schwertern ausgezeichnet.

Wegnahme des Nyergesser und Bikszader Passes am 1. August 1849.

FML. Graf Clam-Gallas erwartete nun bei Kronstadt den Befehl zur weiteren offensiven Vorrückung. Hierzu wurde der 30. Juli bestimmt. Das Corps brach am 29. Juli nach Maksa auf, wo Major Franz Vukovich das Commando des 2. Bataillons wieder übernahm. Am 30. Juli rückte das Corps mit Ausnahme der Brigade Coppet, welche in Sepsi - Szent - György stehen blieb, nach Kezdi-Vásárhely vor.

Am 31. Juli wurde Kászon-Ujfalu nach einem kurzen Gefechte eingenommen; an demselben Tage schlug G. d. I. Lüders die Insurgenten unter Bem bei Schässburg auf das Haupt.

Am 1. August bemächtigte sich FML. Graf Clam-Gallas des vom Feinde stark besetzten und tapfer vertheidigten Nyergesser-Passes, wobei auch die 5. Compagnie des Regiments Bianchi unter Oberlieutenant Ritter von Horodisky verdienstlich mitwirkte. Als sich die aus dem Passe vertriebenen Insurgenten in der Tusnáder Ebene nochmals aufstellten und unter dem Schutze zweier Geschütze das Debauchiren der Kaiserlichen verhindern wollten, sammelte Oberlieutenant Horodiski schnell mehrere Leute von Sivkovich, Carl Ferdinand und den Gränzcordonisten zu seiner Compagnie, führte sie durch den Wald und griff den Feind in demselben Augenblicke auf seinem rechten Flügel an, als das Bataillon Parma und Max Chevauxlegers in der Fronte anrückten, so dass durch dieses gemeinschaftliche Zusammenwirken die Insurgenten auch aus ihrer letzten Stellung in eine regellose Flucht gejagt wurden.

Gleichzeitig nahm die Brigade Coppet die von Gál Sándor vertheidigte Stellung bei Bikszád, so dass der Feind sich in der ganzen Csik nicht mehr halten konnte und sich vollständig auflöste.

Das Clam'sche Corps vereinigte sich hierauf, bezog am 3. August bei Csik-Szereda ein Lager und blieb dort bis 8. August, während welcher Zeit die Csik desarmirt und die Zerstörung der feindlichen Pulvermühlen bewirkt wurde.

Weitere Ereignisse bis zur gänzlichen Beendigung des Feldzuges in Siebenbürgen.

Am 1. August brachte Generallieutenant Hassford den Insurgenten unter dem Obersten Baron Stein zwischen Mühlbach und Reussmarkt eine Niederlage bei. Als der Kanonendonner in der Festung Karlsburg vernommen wurde, rückten unter dem Hauptmanne Domaszevski des Ingenieurcorps 6 Compagnien, darunter die 10. Compagnie von Baron Bianchi mit einer sechspfündigen und einer halben dreipfündigen Batterie in der Richtung gegen Mühlbach vor, besetzten Maros-Porto, eröffneten gegen den Feind ein heftiges Kanonenfeuer und zwangen ihn sich zurückzuziehen. Lieutenant v. Sonnenstein ging freiwillig mit der einen Hälfte der 10. Compagnie Bianchi auf einem Salzschiffe bei Orda über die Maros, ihm folgte bald darauf Hauptmann von Asboth mit der anderen Hälfte und beide erbeuteten in der unmittelbaren Nähe des retirirenden Feindes 24 Rüstwägen, 1 Pulverwagen, Bestandtheile des Laboratoriums der Belagerer, Monturen und Gewehre und brachten Alles auf Schiffen zurück. Der Feind hatte grossen Verlust erlitten, die Kaiserlichen hatten 2 Todte und 1 Verwundeten.

Bem floh von Schässburg nach M. Vásárhely, marschirte in der Nacht vom 2. zum 3. August mit 8000 Mann und 17 Kanonen über Mediasch nach Hermanstadt, griff dort den dahin zurückgekehrten GL. Hassford an, drängte ihn nach Talmatsch zurück, wurde aber am folgenden Tage von Lüders ereilt mit einem Verluste von 600 Todten, 500 Blessirten, 1200 Gefangenen und 14 Kanonen in die Flucht gejagt und zog sich nach Mühlbach.

Am 10. August rückte ein Bataillon, in welchem auch die 10. Compagnie Bianchi eingetheilt war und ein Theil der wenigen Cavallerie zur Recognoscirung gegen Poklos aus Carlsburg aus. Als sie auf den Feind stiess, wurde die Colonne mit heftigen Artillerie- und Kleingewehrfeuer empfangen und dabei der Gemeine Ivan Haiman, welcher sich durch besonderen Muth auszeichnete, schwer verwundet. Mehrere Kameraden versuchten es zweimal ihn zurückzubringen; der überlegene Feind zwang sie jedesmal umzukehren. Da eilte der Corporal Georg Köswen zu dem Verwundeten, lud ihn auf den Rücken und brachte ihn während des heftigen Feuers, welches die Insurgenten auf ihn richteten, zur Compagnie; Köswen wurde dafür mit der Tapferkeitsmedaille 1. Classe decorirt.

Am 12. August schlug Lüders den Feind bei Mühlbach, 3 Compagnien, 2 zwölf- und 3 sechspfündige Geschütze waren aus der Festung herbeigeeilt und wirkten bei Verfolgung der Insurgenten mit; G. d. I. Lüders kam an diesem Tage nach Carlsburg, am 13. August wurden nach 144 Tagen wieder die Festungsthore geöffnet. Während dieser Zeit hat sich die 10. Compagnie Bianchi so vortrefflich gehalten, dass sich der Festungscommandant von August veranlasst sah, in einer Zuschrift vom 5. September 1849 dieses musterhafte Verhalten dem Regimentscommando mitzutheilen, und die Compagnie als die Elite der Garnison zu bezeichnen, die bei allen Gelegenheiten zuerst in das Feuer disponirt wurde, welche Anerkennung im Regimente am 9. September publicirt wurde.

FML. Baron Wohlgemuth, welcher als Civil- und Militärgouverneur nach Siebenbürgen kam, fand sich gleichmässig bewogen, den Hauptmann Albert v. Asboth und Lieutenant Ferdinand v. Sonnenstein für ihre Leistungen während der Belagerung von Karlsburg mit Erlass vom 2. Dezember 1849 im Namen des a. h. Dienstes ganz vorzüglich zu beloben und ihnen für die mit aller Aufopferung erfüllte Pflicht seine vollste Anerkennung auszusprechen.

Hauptmann v. Asboth wurde ausserdem mit dem Orden der eisernen Krone dritter Klasse ausgezeichnet, der brave Lieutenant v. Sonnenstein starb, bevor ihm noch eine weitere Belohnung seiner Tapferkeit zu Theil werden konnte.

Corporal Ludwig Buxa, welcher sich während der Belagerung wiederholt hervorthat und den tapferen schwer verwundeten Gemeinen Hrinko Palamarz aus den Händen des Feindes rettete, erhielt die goldene Tapferkeitsmedaille und den russischen Georgs-Orden 5. Klasse, Hrinko Palamarz die silberne Tapferkeitsmedaille 1. Klasse, Corporal Julius Flach und Gemeiner Josef Jaworka, welche sich durch ihre Unerschrockenheit auszeichneten, überall unter den Bravsten waren und insbesondere ihre Offizire unterstützten und der tapfere Gemeine Peter Deonizov die silberne Tapferkeitsmedaille 2. Classe.

FML. Graf Clam-Gallas verliess am 9. August 1849 Csik-Szereda und kam am 14. August nach Schässburg, wurde dort mit Jubel empfangen und Blumen bedeckten den Weg, welchen die kaiserlichen Truppen durch die Stadt nahmen.

Am 15. August hielt das Corps dort die Leichenfeier für den bei Schässburg am 31. Juli gefallenen Obersten Skariatin, an demselben Tage nahm GL. Grotenhjelm nach Zersprengung kleiner Insurgentenhaufen Klausenburg ein.

Am 17. August ergaben sich 8000 Insurgenten mit 42 Kanonen, welche unter Dcke aus dem Banate verdrängt worden waren, an G. d. I. Lüders; an demselben Tage rückte FML. Graf Clam-Gallas in M. Vásárhely und am 21. und 22. August in Klausenburg ein, welches GL. Grotenhjelm bereits am 19. August verlassen hatte, um gegen Dees einem Corps Insurgenten mit 56 Kanonen, welches unter Kazinczy's Anführung früher in der Marmaros stand, und nach der Waffenstreckung Görgei's bei Villágos mit den übrigen Theilen der ungarischen Armee keine Verbindung mehr finden konnte, über Szathmár-Nemethi sich nach Siebenbürgen geschlagen hatte, entgegen zu rücken.

Das siebenbürgische Armeecorps verliess, um bei dieser Operation mitzuwirken, Klausenburg am 23. August. Kazinczy hatte sich aber von Dees, bis wohin er gekommen war, nach Sibó zurückgezogen und ergab sich dort an demselben Tage, als das Corps ausmarschirte, mit etwa 5000 Mann und den meisten Geschützen den Russen.

Um den Rest von beiläufig gleicher Stärke, welcher von einer Waffenstreckung nichts wissen wollte, zu zerstreuen, wurde Oberst Urban herbeigerufen; seiner umsichtigen, rastlosen und angestrengten Bemühung gelang die Lösung dieser Aufgabe vollkommen, nebenbei aber auch noch die nicht minder wichtige, zahlreiche Gemeinden und Personen vor den Exzessen und Plünderungen der verzweifelten Flüchtlinge zu retten, öffentliche Cassen mit sehr grossen Werthen zu sichern und eine ungeheure Menge an Kriegsvorräthen, Geschütze und sonstiges ärarisches Gut den Insurgenten abzunehmen.

Der Krieg in Siebenbürgen war somit zu Ende. Am 28. August feierte das Corps den Dankgottesdienst mit ernsten Gefühlen. Wer sollte nicht danken, dass ein Kampf überhaupt beendet ist, wer sollte in der Freude über einen errungenen Frieden nicht ernst werden, wenn es Mitbürger waren, welche besiegt werden mussten, um den Frieden wieder herzustellen.

Thätigkeit des 1. Landwehr-Bataillons im Jahre 1848 und 1849.

Von den übrigen Abtheilungen des Regiments kam zuerst das damal bestandene 1. Landwehr-Bataillon in die Gelegenheit, zum Schutze des kaiserlichen Thrones und der öffentlichen Ordnung die Waffen zu gebrauchen. Dasselbe stand früher mit nur 4 Compagnien, jede zu 60 Mann, in Brzezan; im April 1848 wurde es auf den Kriegsfuss gesetzt und marschirte unter Commando des Majors Carl Edlen v. Cornelius in den ersten Tagen des Mai 1848 nach Lemberg, wo es am 5. eintraf, auf dem Jablonowsky'schen Platze ein Zeltlager bezog, und bis 11. August verblieb.

Am 12. August marschirte es von da mit der Bestimmung ab, in Eilmärschen zur italienischen Armee zu stossen, erhielt aber schon in Prerau Haltbefehl und blieb zu Kojetein und Umgebung bis Anfang September, kam dann nach Weikersdorf und Concurenz und wurde am 30. September nach Wien berufen, um bei den damaligen wirren Verhältnissen die Garnison der Residenz zu verstärken, stand vom 1. bis 5. Oktober mit der 1. Division zu Kaiserebersdorf, mit der 2. zu Lising und Atzgersdorf, mit der 3. zu St. Veit.

An dem verhängnissvollen 6. Oktober rückte es mit Ausnahme der zum Schutze des Neugebäudes auf der Simeringer Haide gebliebenen 1. Compagnie nach Heiligenstadt ab, musste aber an demselben Tage zur Unterstützung der Garnision bei Bekämpfung des ausgebrochenen Aufstandes nach Wien eilen, das Proletariat bemächtigte sich zu Heiligenstadt inzwischen der Offizirsbagagen und des Magazins der 4. Compagnie.

Sämmtliche 5 Compagnien bezogen eine Stellung im Schwarzenberg'schen Garten und blieben dort fast ununterbrochen den Vorpostendienst versehend bis 12. Oktober, marschirten dann in die Cernirungslinie an der Spinnerin am Kreuze und besetzten am 15. Oktober die Türkenschanze, wohin am 18. Oktober die 1. Compagnie nachrückte.

Nach den empörenden Vorgängen des 6. Oktober und der Abreise des kaiserlichen Hofes nach Olmütz dirigirte der Feldmarschall Fürst Windischgrätz die in Böhmen und Mähren verfügbaren Truppen nach Wien, wohin bereits FZM. Graf Jelachich vorgerückt war, zog auch Truppen aus Galizien an sich und nachdem er am 23. Oktober sein Hauptquartier zu Hetzendorf aufgeschlagen hatte, bewirkte er eine vollständige bis an die Linien-Wälle herangehende Cernirung der Stadt und forderte diese zur Unterwerfung auf. Da letztere ausblieb, wurde am 28. Oktober zum Hauptangriffe bei der Marxer Linie geschritten, welchen die Division Csorich, in welcher das Bataillon bei der Brigade Jablonowsky eingetheilt war, durch einen Scheinangriff unterstützen sollte.

Das Landwehrbataillon Bianchi hatte dabei seine Aufstellung am Wienerberge. Um 11 Uhr Vormittags rückte Hauptmann Schmauch mit der 6. Compagnie zur Unterstützung eines Bataillons des Regimentes Nassau, welches die dortige Linie angriff, vor und besetzte den von den Insurgenten vertheidigten Eisenbahndamm.

Eine halbe Stunde später besetzten Hauptmann Runge mit der 2. und Hauptmann Brinof mit der 4. Compagnie den Damm beim Bahnhofe und plänkelten mit den Insurgenten, welche den Bahnhof mit Geschütz- und Kleingewehrfeuer vertheidigten und erst dann wichen, als derselbe mit Raketen in Brand gesteckt wurde. Hauptmann v. Holleuffer bemächtigte sich, unterstützt durch ein Geschütz mit der 3. Compagnie, der nächsten Gasse, welche Haus für Haus genommen werden musste, bei welcher Gelegenheit Gemeiner Marko Filipesuk der 3. Compagnie mit einigen Freiwilligen ein von Garden vertheidigtes Haus erstürmte und eine kaiserliche Fahne, deren Band noch im Besitze des Regimentes ist, erbeutete.

Nachmittags um 3 Uhr sammelten sich die Aufständischen bei der Kirche zum h. Florian zu einem Sturme auf die 3. Compagnie, von welcher die Hälfte detachirt war. Kaum wurde dieses Vorhaben bemerkt, so eilten 2 Züge der 6. Compagnie als Verstärkung herbei, die Garden wurden durch Geschütz- und Flintenfeuer sehr empfindlich mitgenommen und zurückgetrieben. Das Bataillon hatte an diesem Tage 2 Todte und 7 Verwundete, unter den letzteren den Hauptmann Schmauch, welcher am Oberschenkel blessirt sich verbinden liess, und sogleich wieder in das Gefecht zurückkehrte.

In der Nacht vom 29. zum 30. Oktober erschien bei dem Marschalle eine Deputation der Wiener und bot die Unterwerfung der Stadt an, die geschlossene Convention wurde aber schon folgenden Tages von Seite der Stadt gebrochen, als die ungarischen Insurgenten bei Schwechat erschienen und den Banus Jelachich mit etwa 28.000 Mann angriffen.

Das Landwehrbataillon wurde mit noch mehreren anderen Truppen zur Unterstützung des Banus beordert, stand aber während der Schlacht in der Reserve und kam nicht in die Gelegenheit, wesentlich mitzuwirken, blieb jedoch nach der Vertreibung der ungarischen Insurgenten in der Gegend des Schlachtfeldes auf Vorposten, bis es am 4. November nach Wien rückte, von wo die 2. Division im April 1849 beim Rückzuge Weldens nach Ödenburg zur Bedeckung der Operationscassa entsendet wurde.

Am 7. Juni 1849 erhielt das Bataillon den Befehl zur Aufgreifung einer Abtheilung des Palatinal-Hussaren-Regimentes, welche auf dem Marsche von Saatz nach Italien meineidig entwichen war und über die ungarische Gränze entkommen wollte, nach Bruck an der Mur abzugehen.

Die 1. und 3. Division setzten sich unter Commando des Hauptmanns Hochleitner, welcher statt des erkrankten Majors v. Cornelius das Bataillon commandirte, am 8. Juni in Marsch und mit Benützung der Eisenbahn war es möglich, dass schon folgenden Tages die zweite Compagnie in Leoben einrückte und 2 Züge unter Oberlieutenant Baron Schnehen nach St. Michael vorschob. Der Rest des Bataillons blieb in Bruck. Am 10. Juni meldete Oberlieutenant Baron Schnehen, dass sein Detachement zu dem beabsichtigten Zwecke nicht genüge, wesshalb die 1. Compagnie unter Oberlieutenant Josef Eckhardt am 11. Juni zur Ablösung der halben Compagnie entsendet wurde. Unweit von St. ichael kam ihr ein Nationalgarde entgegen und zeigte an, dass

etwa 200 Hussaren die Brücke über die Mur in St. Michael passirten und soeben abfüttern.

Oberlieutenant Eckhardt liess sogleich die Compagnie im
Defilée der Strasse eine Massa bilden und beabsichtigte die Hussaren bei ihrem Erscheinen vor Anwendung von Gewaltmassregeln
aufzufordern, zur beschwornen Treue zurückzukehren. Er war
kaum mit seinen Anordnungen fertig, als die Vorhut der Hussaren
sichtbar wurde, welche beim Anblicke der Infanterie stutzte und
sich zurückzog, worauf auch die nachrückende Colonne stehen
blieb. Ohne Zögern sprengte aber der Corporal Diokeszösy einige
Schritte vor, salutirte mit dem Säbel, besah sich die Infanterie-
aufstellung, kehrte, ohne dem Oberlieutenaut Eckhardt Zeit zur
Ansprache zu lassen, schnell um und commandirte zur Attaque.
Mit verhängten Zügeln und dem Muthe der Verzweiflung stürzten
sich die Hussaren auf die Infanterie und ungeachtet der ihnen
entgegengesendeten Decharge ritten sie die ersten zwei Glieder
der Massa nieder und etwa Zwanzigen, von denen die Hälfte nebst
mehreren Pferden blessirt, gelang es, sich durchzuschlagen. Die
ersten zwei Glieder rafften sich aber schnell unter den Pferden
hervor und setzten den Hussaren im Handgemenge mit dem Bajonette tapfer zu, die letzten Glieder der Massa schlossen sich
über die Aneiferung des Feldwebels Lambert Siegel und während so den Reitern ein fester Widerstand geleistet wurde,
gewann Lieutenant Johann Zawistowsky mit einigen Leuten
der Compagnie die rechte Flanke der Hussaren und als er sie
da wirksam beschoss, kehrten sie nach St. Michael zurück. Hier
aber hatte Oberlieutenant Baron Schnehen, welcher viel zu schwach
zum ergiebigen Widerstande die Ausreisser durchpassiren lassen
musste, hinter ihnen im Vereine mit der Nationalgarde des Ortes
am Ausgange des Dorfes eine Barrikade gebaut und besetzt, was
die rückkehrenden Hussaren veranlasste, abzusitzen und sich zu
ergeben.

Am folgenden Tage wurden sie nach Bruck a. d. M. gebracht, kriegsrechtlich behandelt und später dezimirt. Auch jene,
denen es glückte, sich durchzuhauen, wurden theils in Bruck, wo
sie nächtlicher Weile durchreiten wollten, mit der gegen sie
aufgestellten Infanterie Schüsse wechselten und 2 Mann der 5.
Landwehr-Compagnie unter Hauptmann Wessely verwundeten,

theils in Kapfenberg, wo ebenfalls ein Theil der eben genannten Compagnie stand, gefangen genommen und wie die übrigen, behandelt.

Auf dem Gefechtsplatze bei St. Michael blieben 5 Hussaren und 17 Pferde todt, 4 Hussaren so schwer verwundet, dass sie den folgenden Tag nicht überlebten.

Von der Mannschaft der 1. Landwehr-Compagnie wurde Niemand verwundet, obgleich mehrere Czako und Tornister durch die Schüsse und Hiebe der Hussaren durchlöchert und zerhauen waren, dagegen waren 18 Gewehre in dem Handgemenge unbrauchbar geworden.

Während des Kampfes rettete Zimmermann Michael Dzyzyn und Gemeiner Casimir Kinal dem Oberlieutenant Eckhardt das Leben, sie wurden dafür mit der silbernen Medaille 1. Classe belohnt; dieselbe Auszeichnung erwarb sich Gemeiner Indrzy Oleynik und die silberne Medaille zweiter Classe: Feldwebel Siegl, die Corporale Carl Sucharsky, Marzin Czechowsky, Gefreiter Semko Tuczynow, die Gemeinen Johann Cihotzky und Jakim Buchay für besondere persönliche Tapferkeit. Die Hauptleute Hochleitner, Wessely und Runge erhielten für ihre zweckdienlichen Dispositionen mit der Truppe, Oberlieutenant Eckhardt und Lieutenant Zawistowski für ihr Verhalten am Gefechtsplatze das Militärverdienstkreuz. Nach dem Einrücken in Wien hatte das ganze Bataillon das Glück für die glücklich bewirkte Expedition bei der Besichtigung am Glacis von Seiner Majestät dem Kaiser Franz Josef öffentlich belobt zu werden.

Im October 1849 wurde das Landwehrbataillon nach Brünn und nach kurzem Aufenthalte daselbst nach Tarnow in Galizien, wo Major v. Cornelius unterm 10. Dezember 1849 zum Oberstlieutenant avancirte und am 6. November 1851 nach Tarnopol verlegt. Am 10. November 1851 wurde zuerst die 5. und 6. Landwehrcompagnie aufgelöst und mit 1. November 1852 ging das Bataillon selbst in das Depôtbataillon mit 4 Compagnien über.

Thätigkeit des 3. Bataillons im Jahre 1848 und 1849.

Das 3. Bataillon des Regiments Baron Bianchi stand mit dem Beginne des Jahres 1848 in der Stärke von 4 Compagnien zu Tarnopol.

Die Männer des Umsturzes hatten ihre Organe auch hieher entsendet, um Anhänger zu werben. Ungeachtet es nicht an Versuchen fehlte, einzelne Soldaten des Bataillons zum Treubruche zu verleiten, liess sich doch nicht ein einziger Mann von seiner Pflicht abwendig machen und als die 9. Division errichtet, das Bataillon auf den Kriegsfuss gesetzt wurde, brachten die Väter selbst ihre beurlaubten Söhne zu der Fahne und prägten ihnen ein, für Kaiser und Ordnung mannhaft zu streiten.

Während der beste Geist das Bataillon beseelte, war es leider bei einem grossen Theile des zu Tarnopol stationirten Hussaren-Regimentes König Wilhelm von Preussen nicht so; trügerisch glänzende Worte revolutionärer Sendlinge hatten manches feurige Ungarherz bethört und es dauerte nicht lange, so ergaben sich Reibungen zwischen den Hussaren und den Bianchianern, welche letztere einmal im gerechten Unmuthe bis zur Waffe griffen und nur durch das besonnene Einschreiten des Hauptmannes Bastien ein weiteres Unglück verhütet wurde.

Bei dem Ausbruche der Unruhen wurden die ersten 4 Compagnien des 3. Bataillons, von denen die 13. Hauptmann Billimek, die 14. Hauptmann Bastien, die 15. Hauptmann Niederreiter, die 16. Oberlieutenant Tomasegovich commandirte, nach Lemberg berufen, wo sie kurz nach dem am 2. November 1848 erfolgten Bombardement dieser Stadt unter Commando des Majors Franz Kucher ankamen.

Nach kurzem Aufenthalte daselbst erhielt das Bataillon unterm 22. Dezember 1848 vom Kriegsministerium den Befehl, zur Verstärkung der Garnison nach Wien abzugehen, und setzte sich sogleich, Vormittags zu Fusse, Nachmittags mit Wägen weiterbefördert, in Marsch; aber schon zu Teschen erhielt es am 30. Dezember 1848 eine andere Bestimmung.

Man besorgte den Einbruch eines starken Insurgentencorps durch den Jablunkaer Pass aus Ungarn nach Galizien. Aus den

3. Bataillons des Regiments Palombini unter Oberstlieutenant Frischeisen, des Regiments Nassau unter Major Karger und des Regiments Bianchi unter Major Kucher je zu 4 Compagnien, denen noch 60 Mann der galizischen Finanzwache und etwa 180 Mann slovakischer Freischärler unter dem Führer Bloudek beigegeben wurden, dann aus einer halben sechspfündigen Fuss- und einer halben sechspfündigen Cavalleriebatterie unter Oberlieutenant Jüngling, einer halben Raketenbatterie unter Oberlieutenant Hartmann, endlich 1 Zug Erzh. Carl Chevauxlegers unter Oberlieutenant Müllenau, wurde demnach eine fliegende Brigade, etwa 2600 Mann stark, gebildet, unter den Befehl des Generalmajors Götz gestellt und angewiesen, durch den Jablunkaer Pass in Ungarn einzurücken, den Einbruch des Feindes nach Galizien zu verhüten, sich durch das Waagthal mit dem FML. Simunich in Verbindung zu setzen, die Aufmerksamkeit des Feindes auf sich zu ziehen, damit derselbe in den Rücken des bei Kaschau operirenden k. k. Corps nichts detachiren könne, weiters die Verbindung mit den Hurban'schen Freischaaren und dem FML. Grafen Schlick, welcher bei Dukla einmarschirt war, herzustellen; nach der angehofften Verdrängung der Insurgenten aus den nördlichen Comitaten sollte die Brigade an den weiteren Operationen gegen die Theisslinie theilnehmen.

Treffen bei Silein am 3. Jänner 1849.

Am 31. Dezember 1848 überschritt die Brigade die ungarische Gränze und besetzte mit der Haupttruppe Czácza und mit einer Umgehungscolonne, bestehend aus 1 Division Palombini, 2 Raketenstativen und einer Anzahl Freischärler unter Hauptmann Schewis Thursowka

Am 1. Jänner 1849 rückte die Brigade nach Neustadtl vor, wohin sich Hauptmann Schewis auf Fusssteigen gewendet hatte, die Insurgenten hatten sich noch früher nach Budyatin und Silein zurückgezogen, wo sie den Übergang über die Waag vertheidigen wollten.

Es war nunmehr die nächste Aufgabe der Brigade, sich der Brücke über diesen Fluss zu bemächtigen und Silein zu nehmen. Zu diesem Ende liess GM. Götz am 2. Jänner den Major Kucher mit der 15. und 16. Compagnie Bianchi, einer Abtheilung Freischärler unter Bloudek und 2 Raketengeschützen, zusammen 520 Mann in der rechten und eine kleinere Abtheilung unter Lieutenant Ottenburg von Palombini in der linken Flanke des Feindes vorrücken, während in der Hauptcolonne Major Baron Pichl von Nassau-Infanterie mit 3 Compagnien und einer zusammengesetzten Pionierabtheilung als Avantgarde marschirte, welcher der Oberstlieutenant Frischeisen mit 1 Compagnie Nassau, 4 Compagnien Palombini und der halben sechspfündigen Fussbatterie folgte; Hauptmann Bastien mit der 13. und 14. Compagnie Bianchi, der halben Cavallerie - Batterie und den Chevauxlegers bildete die Reserve.

Die Hauptcolonne drang durch den nicht besetzten Pass von Brodno; hinter diesen aber erwartete sie der Feind unter dem Commandanten Ballogh mit 3 Honvedbataillonen in der Stärke von beinahe 3000 Mann, 150 Reitern und 8 Geschützen gedeckt durch ein quer durch das Thal gezogenes Schleppverhau mit 6 anderen Kanonen in 2 Flechen als Reserve. Das Geschütz der Brigade eröffnete den Kampf, die sehr gut bediente feindliche Artillerie erwiederte lebhaft das Feuer, doch wurden ihr bald 2 Kanonen demontirt und als Major Kucher in der rechten feindlichen Flanke vordrang, sahen sich die Insurgenten genöthigt, nicht ohne namhafte Verluste über die Waagbrücke zurückzugehen, welche sie theilweise ungangbar machten. Diese wurde aber bald wieder hergestellt und Silein von den rasch vordringenden Kaiserlichen genommen. Die hastige Flucht der Insurgenten und der Mangel hinreichender Cavallerie bei der Brigade war Ursache, dass nur wenige Gefangene gemacht wurden.

Der grössere Theil der Flüchtlinge warf sich in den Pass von Szt.-Márton, besetzte die Wohngebäude an dessen Eingange und wehrte das Nachdringen der Verfolger in dieser sehr vortheilhaften Stellung ab. Das 3. Bataillon Bianchi, welches hier zum ersten Male ins Feuer kam, benahm sich mit dem ruhigen Muthe alter erprobter Soldaten; unter vielen Braven zeichnete sich Corporal qua Feldwebel Carl Herzig aus. Der Verlust des Bataillons bestand in 3 Blessirten, ausser diesen erlitt Regimentscadet Metzger durch den heftigen Luftdruck, den eine knapp an seinem Kopf vorbeifliegende Kanonenkugel verursachte, eine solche Erschütterung, dass er durch längere Zeit bewusstlos war.

GM. Götz liess das Bataillon Palombini zum Schutze der Waagbrücke im Budiatyner Schlosse, die übrige Brigade blieb be 7. Jänner in Silein, von welchem wichtigen Strassenknoten aus sie mittelst Streifpatrouillen die Verbindung mit dem FML. Simunich, welcher aber erst am 7. Jänner 1849 mit 8 Bataillonen 6 Escadronen und zahlreicher Artillerie zur Verfolgung Görgei's von Pesth über Waitzen nordwärts aufbrach, zu gewinnen suchte.

Während die Brigade in Silein stand, recognoscirte Oberlieutenant Tomasegovich mit der einen Hälfte der 16. Compagnie und 12 Chevauxlegers in der Richtung gegen Szt.-Márton, welches auf der Strasse von Silein nach Kremnitz liegt, die feindliche Aufstellung. Er musste dabei ein lang gedehntes Defilée, an dessen einen Seite die Waag wild vorbeitobt, an der anderen ein steiles Gebirge sich erhebt, durchziehen, in welchem er in jedem Augenblicke überfallen und vernichtet werden konnte, löste aber seine wichtige Aufgabe vollständig und brachte die verlässliche Nachricht, dass der Pass, welcher an den geeigneten Stellen durch 14 Kanonen vertheidigt wurde, nicht forcirt werden könne.

GM. Götz, welcher nun nach dem Befehle des FM. Fürsten Windischgrätz auch gegen die Bergstädte Kremnitz und Chemnitz vorrücken, sich derselben so wie der naheliegenden Salinen bemächtigen und mit ihnen dem Feinde bedeutende Finanzmittel entreissen sollte, beschloss den Weg über Rajecz und Prividge einzuschlagen, um sich auf dieser Strasse der Stadt Kremnitz und dem FML. Simunich zu nähern.

Da ein Theil der am 2. Jänner versprengten Insurgenten den Pass von Szt.-Márton nicht mehr erreichen konnte und sich in Bergen und Wäldern versteckt hatte, so war mit Grund zu besorgen, dass sie, wenn GM. Götz Silein verliesse ohne seinen Rücken zu decken, aus ihren Schlupfwinkeln hervorkommen und seine Communication nach Galizien gefährden würden. Diesen Bedenken wurde dadurch Rechnung getragen, dass von den nachrückenden aber nicht zur Brigade gehörenden 4. Bataillonen des

Regiments Hoch- und Deutschmeister, 3 Compagnien und 1 Compagnie von Parma-Infanterie unter Major Baron Trenk den Waagübergang bei Silein besetzten und andere kleinere Abtheilungen Neustadt und Czacza sicherten.

Treffen bei Turczek am 17. Jänner 1849.

GM. Götz marschirte am 8. Jänner 1849 nach Rajecz, am 9. über den Bergrücken Jaczko nach Deutsch-Prona, am 10. nach Prividgye und am 11. auf äusserst beschwerlichem Wege nach Mosocz; an demselben Tage versicherte sich Major Baron Trenk des Thuroczer Passes und besetzte Szt.-Márton, so dass GM. Götz nun das obere Waagthal beherrschte, das Debouchiren des Feindes hinderte, den Weg nach Jablunka und Seibusch schützte und seine Pläne auf Kremnitz und Chemnitz weiter verfolgen konnte.

Die feindlichen Streitkräfte jener Gegend zogen sich eilig in den Kremnitzer Pass und concentrirten sich in Kremnitz, Heiligenkreuz und Neusohl.

Am 12. Jänner 1849 besetzte Major Baron Pichl mit dem 3. Bataillone Nassau die in der Operationslinie gelegenen Orte Bad Stuben, Alt- und Neu-Stuben, seine Vorposten deckten die Senkung gegen Turczek.

Die Hauptruppe der Brigade blieb in Mosocz, da GM. Götz bei dem Herannahen der vielfach überlegenen Truppen des von den Österreichern verfolgten Görgei für den Augenblick nicht weiter angriffsweise vorgehen, ja sogar um seine Rückzugslinie besorgt werden musste.

Am 16. Jänner überfiel das Bataillon Nassau durch einen wohl eingeleiteten und kräftig ausgeführten Angriff den Feind im Turczeker Passe und bemächtigte sich eines Geschützes, konnte aber wegen eingetretener Dunkelheit nicht weiter verfolgen und blieb in der genommenen Stellung unter Gewehr. Die 8. Division Baron Bianchi rückte von Mosocz zur Verstärkung nach, der Rest der Brigade folgte am 17. Jänner, um die bisherigen Vortheile auszubeuten. Der Feind hatte indessen frische Truppen gegen Turczek vorgeschickt und durch die ganze Nacht mit den Kaiserlichen geplänkelt.

Am 17. Jänner Morgens wurde Lieutenant Franz Pessler mit

16*

einem Zuge der 15. Compagnie auf Recognoscirung auf der Strasse gegen Kremnitz entsendet, bald aber von feindlichen Flintenschüssen empfangen. Die 16. Compagnie eilte unter Oberlieutenant Carl Tomasegovich zur Verstärkung herbei, während der Rest der 15. Compagnie eine sich nach Kremnitz ziehende Schlucht, ein Theil des Bataillons Nassau Turczek besetzte, der andere aber hinter dem Dorfe stehen blieb.

Der Feind hatte auf den bewaldeten Höhen des ihm sehr günstigen Terrains dichte Tirailleurs vorgeschickt, starke Colonnen folgten diesen auf der Strasse. Die 16. Compagnie Bianchi war kaum 150 Schritte jenseits des Dorfes vorgerückt, als eine halbe Compagnie Nassau, welche hinter einem nothdürftigen Verhaue vorgeschoben stand, der feindlichen Übermacht weichen musste und von Oberlieutenant Tomasegovich aufgenommen wurde, der sich mit seiner festgeschlossenen Abtheilung zum kräftigen Widerstande vorbereitet hatte. In wenigen Augenblicken standen ihm zwei Compagnien des zu den Insurgenten übergegangenen Infanterie-Regiments Gustav Wasa Nr. 60 und eine kleine Abtheilung sogenannter Tyrolerschützen auf 25 Schritte lautlos gegenüber und nicht wenig überrascht durch die imponirende Haltung der 16. Compagnie, oder vielleicht auch schon früher geneigt zu der rechtmässigen Fahne zurückzukehren, streckten sie über Aufforderung des Oberlieutenants Tomasegovich etwa 160—180 Mann das Gewehr, während andere feindliche Abtheilungen von den Höhen die Compagnie unaufhörlich beschossen. Um diesen und den auf der Strasse immer näher rückenden Insurgenten mit Erfolg die Spitze bieten zu können, schickte Tomasegovich den Lieutenant Conte Negri zum Major Baron Pichl mit dem dringenden Ansuchen um Verstärkung zurück, und in dem Augenblicke als dieser Offizir nach vollzogenem Auftrage zurückkehrte, drängte sich ein feindlicher Offizir, Namens Kremnitzer vor und suchte die Gefangenen mit feurigen Worten zu bereden, die abgelegten Waffen wieder zu ergreifen.

Als ihn Oberlieutenant Tomasegovich aufforderte, sich selbst zu ergeben, führte dieser auf ihn einen Säbelhieb, Corporal Jakob Weinberger aber parirte den Hieb, wurde durch diesen zwar selbst im Gesichte blessirt, stiess aber den Insurgentenoffizir mit dem Bajonette nieder.

Die Lage des Oberlieutenants Tomasegovich wurde im hohen Grade bedenklich; einerseits nahte der überlegene Feind und drohte die Compagnie einzuschliessen, anderseits war zu besorgen, dass die bedeutende Menge der Gefangenen wirklich wieder zu ihren Waffen greifen könnte und noch immer kam die verlangte Verstärkung nicht an. Da entschloss sich Tomasegovich auf die Gefahr hin, von den Gefangenen ermordet zu werden, diese ganz allein zur Reserve zurückzuführen. Diese kühne Unternehmung gelang aber vollkommen und nach Übergabe der Gefangenen kehrte Oberlieutenant Tomasegovich mit der erhaltenen Unterstützung zurück; Major Baron Pichl hatte sich mit ihm zu der Vortruppe begeben.

Während Tomasegovich einige Anordnungen traf und das Abfeuern einzelner Schüsse aus der geschlossenen Formation bei dem 3. Zuge der Compagnie abstellte, führte Lieutenant Conte Negri, welcher besorgte, vom Feinde umrungen zu werden, seine Abtheilung rechts und zurück, so dass während sich diese zu retten suchte, Tomasegovich nur noch mit den ihm gebliebenen wenigen Leuten dem Feinde entgegenstand, sich mit dem Säbel in der Faust, die Mannschaft mit Kolben und Bajonett den Rückweg bahnen musste und die Sache sich unerwartet so ungünstig gestaltete, dass sich die Compagnie bis hinter das Dorf Turczek zurückzog, viele der früher gefangen genommenen Feinde wieder zu den Waffen griffen, in die Kaiserlichen hineinschossen, 9 Mann tödteten, 16 grösstentheils schwer verwundeten; der Feldwebel Hukmann und ein Corporal, ausserdem auch Major Baron Pichl und Lieutenant Johann Baron Baum von Bianchi gefangen genommen wurden.

Als Conte Negri die Mannschaft durch den tiefen Schnee führte, fiel er selbst so gefährlich in einen tiefen Graben, dass er ohnmächtig liegen blieb; Vice-Corporal Marko Hettmann und die Gemeinen Fetko Fedimov und Peter Soltys retteten ihn mit eigener Lebensgefahr; bei dem Unfalle, welcher die 16. Compagnie selbst betraf, brachte Corporal qua Feldwebel Carl Herzig mit den Gemeinen Albert Rubel, Johann Kuzinski, Berl Jawer, Jurko Randas, Peter Soltys und Olexa Bazan die Blessirten schnell in Sicherheit und befreite mehrere bereits in Gefangenschaft gerathene Mannschaft der Compagnie durch einen entschlossenen Bajonettangriff; während des Gefechtes hat sich auch der Gemeine Thomas Petruk durch tapferes und unerschrockenes Benehmen ausgezeichnet.

Corporal Weinberger hat sich an diesem Tage die silberne Tapferkeitsmedaille 1., Carl Herzig jene der 2. Classe erworben.

Während sich die Vortruppe in der Nähe von Turczek schlug näherte sich beiläufig eine Division des schon genannten Regimentes Wasa dem Dorfe selbst an jener Stelle, wo Hauptmann Müller mit 50 Mann der 7. Compagnie des Regimentes Nassau ein den Eingang in den Ort beherrschendes Wirthshaus besetzt hielt, mit geschultertem Gewehre und Vivatrufe, forderte die Kaiserlichen auf, nicht zu schiessen und erklärte, übertreten zu wollen. Hauptmann Müller liess unter den nöthigen Vorsichten das Feuer einstellen. Ein Offizir der Gegner trat vor und sagte, sie seien von Wasa und Freunde des Kaisers; hinter ihm rief aber ein Unteroffizir, die Kaiserlichen sollen die Waffen niederlegen, worauf Hauptmann Müller das Bajonett fällen liess. Inzwischen war die feindliche Abtheilung ganz in die Gasse gekommen, konnte bei dem Bajonettangriffe nicht mehr zurück, und stürzte sich in das Dorf, kam aber den dort aufgestellten Truppen in die Hände; Hauptmann Müller fiel ihr dazu noch mit dem Bajonette in den Rücken und sie wurde mit bedeutendem Verluste versprengt.

Der Verlust der Kaiserlichen beschränkte sich meist auf jenen der 16. Compagnie Bianchi, Nassau hatte nur sehr wenige Todte und Blessirte.

Ungleich stärker aber waren die Verluste der Insurgenten; sie liessen über 100 Todte und viele Verwundete, darunter 4 Offizire, 117 Gefangene und über 200 Gewehre auf dem Kampfplatze und als später Kremnitz eingenommen wurde, lagen dort 40 bei Turczek schwer Verwundete im Spitale.

Major Baron Piehl und Lieutenant Baron Baum wurden vom Feinde unter starker Bedeckung nach Kremnitz gebracht, dort vom Pöbel so roh behandelt, dass beide in Todesgefahr kamen und nur durch die Escorte gerettet wurden. Baron Baum erkrankte während seiner Gefangenschaft und erhielt später von Görgei die Erlaubniss, zu seinem Bataillone wieder einzurücken. was am 13. Februar erfolgte.

Nachdem der Feind die kaiserliche Vortruppe zurückgedrängt hatte, zog er sich selbst wieder zurück, GM. Götz ging nach Mosocz und blieb dort bis 25. Jänner; in Turczek und Bad Stuben standen die Vorposten.

Am 26. Jänner rückte die Brigade nach Bad Stuben vor und nahm am 27. Kremnitz ein, welches der Feind bereits hatte verlassen müssen. Dort blieb die Brigade bis 5. Februar und wurde mit der Brigade des GM. Fürsten Jablonowski, welche aus den 1., 2. und dem Landwehr-Bataillone Nassau, dem 12. Jägerbataillone und 1 Batterie bestand, zu einer Division vereint, zu deren Commandanten FML. Ramberg bestimmt war.

Gefecht bei Klukno am 13. Februar 1849.

Während der Operationen gegen den sich zurückziehenden Görgei wurde die Division Ramberg zu verschiedenen Aufstellungen verwendet und kam nach mehreren sehr beschwerlichen Märschen am 11. Februar nach Siroka. Von dort aus wurde das 3. Bataillon Bianchi, das 3. Bataillon Palombini, 1 Flügel Chevauxlegers, 1 halbe Cavallerie- und 1 halbe Rakettenbatterie unter Commando des Generalstabsobersten Pott am 13. Februar befehligt, eine forcirte Recognoscirung gegen Klukno vorzunehmen. Die Recognoscirungscolonne kam ungefährdet nach Klukno und erfuhr dort, dass der Feind etwa eine Meile weit entfernt stehe, kaum hatte sie aber das andere Ende des Dorfes erreicht, so bemerkte sie schon die auf den Höhen sich entwickelnden Insurgenten, welche erst wenige Augenblicke früher in die Kenntniss von dem Anmarsche der Kaiserlichen gelangt waren und diese nun in Fronte und Rücken anzugreifen Miene machten.

Oberst Pott stellte die 13. Compagnie Bianchi gegen Krombach auf, die Hälfte der 14. unter Oberlieutenant de Bourcy behielt Klukno besetzt, die andere Hälfte der 14., die 15. und 16. Compagnie rückten mit dem Bataillon Palombini in der Fronte vor. Die Plänkler des letzteren Bataillons eröffneten das Feuer, die halbe Cavalleriebatterie fasste die feindlichen 4 Geschütze, von denen sie in kurzer Zeit eines demontirte, die besetzten Höhen wurden mit seltener Raschheit erstiegen, der Feind von dort vertrieben und bis zum Einbruche der Nacht verfolgt. Unter der

Mannschaft von Bianchi hat sich wieder q. Feldwebel Herzig hervorgethan. Der Verlust der Colonne bestand in 2 Todten von Palombini und 1 Blessirten von Bianchi.

Nachdem Oberst Pott seine Aufgabe gelöst, rückte er zur Division ein, welche sich am 14. Februar nach Kirchdorf zurückzog, wo FML. Ramberg mit einer Escadron Kress-Chevauxlegers eintraf und das Commando übernahm.

In Kirchdorf blieb die Division bis 20. Februar und rückte am 22. nach langem und ermüdendem Marsche in Kaschau ein. Hier stand sie bis letzten Februar; FML. Ramberg folgte einer andern Berufung und GM. Götz übernahm das Divisionscommando.

Die nun folgende Zeit wurde bis 23. März meist auf Märschen, welche die damaligen Bewegungen veranlassten, zugebracht und diese forderten bei der unwegsamen verschneiten Karpathengegend, der oft furchtbaren Kälte, bei der immer mehr, und mehr herabgekommenen Montur und der ungenügenden Verpflegung eine bei weitem grössere Hingebung des Soldaten und Offizirs und leider auch mehrere Opfer als eine grosse Schlacht gekostet hätte.

Treffen bei Waitzen am 10. April 1849.

Der Flankenmarsch der feindlichen Corps unter Damianich und Klapka gegen Poroszlo, der Übergang Görgei's über die Theiss bei Tokai und die feindliche Besetzung von Miskolz und Erlau deutete auf die Absicht der Insurgenten, auf der Gyöngeser Strasse vorzudringen, Pest zu bedrohen und Komorn zu entsetzen. Unter solchen Umständen hatte die Division Ramberg vom Marschalle Fürsten Windischgrätz den Befehl erhalten, sich in kein ernstliches Gefecht einzulassen, vielmehr sich zurückzuziehen; gleiche Weisung hatte die Division Csorich, die Cavallerie-Brigade Bellegarde und das Schlick'sche Corps erhalten.

So kam die Division Ramberg verstärkt durch 2 Escadronen Wrbna Chevauxlegers, 2 Escadronen Erzh. Johann Dragoner und eine zwölfpfündige Batterie, um der Entsetzung Komorns zu begegnen, am 24. März nach Waitzen, marschirte aber wieder weiter und stand am 27. März in Balása-Gyarmat; am Wege begegnete sie dem durch Überfall aus Losoncz verdrängten

Almási'schen Corps, bestehend aus 5 Compagnien, 1 Escadron und 2 Raketengeschützen, und wollte mit einem Theile dieser Truppen vereint weiter vorrücken, um die Losonczer für ihren Antheil an dem Gelingen des erwähnten Überfalles zu strafen und im Rücken der Insurgenten zu operiren, erhielt aber den gemessenen Befehl, über Balása Gyarmat nicht hinauszugehen. Die Division, welche am 29. März zu Losoncz angekommen war, marschirte am 31. nach Satok und am 1. April nach Vadkert, von wo aus das 3. Bataillon Bianchi, 1 Escadron Erzh. Johann Dragoner und eine halbe Batterie als Streifcommando unter dem Obersten Dreihann nach Romhány vorging, um von einer etwaigen in nördlicher Richtung stattfindenden Bewegung des Feindes rechtzeitig Kenntniss zu erhalten.

Marschall Fürst Windischgrätz, mit Grund besorgend, dass der Feind mit Übermacht auf Pest losgehe, zog die Hauptarmee dahin, während die nur aus 4700 Mann bestehende Division Ramberg, um Komorn zu decken, nach Waitzen abrückte, wo sie am 8. April eintraf.

Das Corps Görgei's, etwa 20.000 Mann stark und mit zahlreichem Geschütze, erschien am 10. April Morgens vor Waitzen, und um 9 Uhr entspann sich bereits ein lebhaftes Geplänkel auf der Vorpostenlinie. GM. Götz eilte mit einem Flügel Cavallerie und einer halben von Oberlieutenant Jüngling commandirten Batterie selbst hinaus. Das Gefecht wurde immer heftiger, der Feind brachte namentlich sehr viele Artillerie ins Feuer, welcher aber die halbe Batterie einen so heldenmüthigen Widerstand entgegen setzte, dass sich indessen die ganze Division in vollkommener Ordnung formiren konnte.

Der Feind schien auf einen solchen Empfang nicht gefasst gewesen zu sein und es war bereits 3 Uhr Nachmittags geworden, ohne dass er Terrain gewonnen hätte.

Als er aber endlich genauere Kenntniss über die geringe Stärke der Division erhalten haben mag, rückte er plötzlich mit seiner ganzen Macht vor und zwang die Kaiserlichen zum Weichen.

Das 3. Bataillon Bianchi mit Ausnahme der anderwärts detachirten 15. Compagnie und das 12. Jägerbataillon deckten unter persönlicher Leitung des GM. Götz den Rückzug nach der Stadt. Gleich am Eingange in diese befindet sich eine kleine steinerne

Brücke, hier machten beide Bataillone Halt und nachdem die Cavallerie durchpassirt war, begann ein blutiger Strassenkampf, welcher dem Generalen Götz das Leben kostete. Er stürzte von einer Musketenkugel getroffen mit der ruhigen ernsten Miene, die ihn im Kampfe auszeichnete, leblos zu Boden, wurde von Hauptmann Bastien und Oberlieutenant de Bourcy zurückgetragen und von den Jägern in das Militärerziehungshaus gebracht, von wo ihn später Görgei mit allen militärischen Ehren beerdigen liess.

Gleichzeitig mit dem Generalen Götz wurde an demselben Platze Hauptmann Billimek sehr schwer verwundet und gerieth in feindliche Gefangenschaft.

Der Feind suchte den Eingang in die Stadt zu erstürmen, das 3. Bataillon Bianchi warf ihn aber unter Anführung des Oberlieutenants Tomasegovich (es war eben kein älterer Offizir zugegen) zweimal mit dem Bajonette zurück, während die Jäger aus den besetzten Häusern dabei kräftig mitwirkten. Bei der ersten Abweisung des Sturmes wurde der Fahnenträger getödtet, der Gemeine ex prop. Carl Pisch hob die Fahne auf und trug sie beim zweiten Angriffe an der Spitze des Bataillons dem Feinde entgegen.

Als sich in einem Augenblicke eine feindliche Fahne auf der Brücke zeigte, munterte Tomasegovich die Offizire um ihn her auf, die Fahne zu nehmen und mit lautem Hurrah ging es mit blossen Säbeln darauf los; der Feind hatte aber die Kaiserlichen bereits stark überflügelt und die Offizire mussten umkehren.

Der tapfere Widerstand des 3. Bataillons Bianchi und der Jäger hielt den Feind so lange von dem Eindringen in die Stadt auf, bis es der Division, deren Commando nun GM. Fürst Jablonowsky übernommen hatte, gelungen war, ausserhalb Waitzen eine feste Stellung zu nehmen.

Nun erst zog sich die Arriergarde langsam, ruhig und beständig kämpfend zurück, vom Feinde hart bedrängt und von manchen Bürgern meuchlings beschossen und so lange mit Geschütz- und Kleingewehrfeuer verfolgt, bis sie unter den Kanonen der Aufstellung der Division Schutz fand.

Das Bataillon hat an diesem Tage einen wohlverdienten Lorbeer zum Ehrenkranze seines Regimentes hinzugefügt. Unter der

Mannschaft haben sich Corporal Weinberger, qua Feldwebel Herzig und Gemeiner Thomas Petrak abermal und ausser ihnen die Corporale Wasil Kohut und Simon Korayczuk und die Gemeinen Onufri Hucaluk und Wasil Okri durch Todesverachtung und Hingebung für ihre Vorgesetzten vorzüglich ausgezeichnet, die beiden Corporale Kohut und Korayczuk erhielten die silberne Medaille erster, die beiden Gemeine Hucaluk und Okri jene der zweiten Classe.

Von dem im Kampfe gewesenen 3 Compagnien hatte jede den Verlust von 10—15 Todten und Verwundeten und vieler Vermissten zu bedauern, die 16. Compagnie allein verlor 8 Todte im Treffen und 6 durch die Kugeln der Einwohner der Stadt; die ganze Truppendivision hatte an Todten 2 Offizire und 36 Mann, an Blessirten 9 Offizire und 60 Mann, an Vermissten 215 Mann eingebüsst.

Schlacht bei Nagy Sárlo am 19. April 1849.

Der weitere Rückzug wurde nicht mehr angefochten. Um halb ein Uhr Nachts ging die Division bei Satko auf das rechte Ufer der Eipel und brannte die Brücke hinter sich ab.

Tags darauf kam sie über Kemend nach Kis-Sano, am 15. April in das Bivoak bei Nagy-Kalna, wo die Brigade Teuchert zu der Division stiess, am 16. in das Lager bei Kiménd.

Nach dem Verluste von Waitzen stand den Insurgenten der Weg nach Komorn offen, Marschall Fürst Windischgrätz bestimmte demnach die 3 aus Österreich und Mähren kommenden Brigaden Hertzinger, Theising und Perin und die Brigade Weigelsberg, welche von dem Cernirungscorps von Komorn abberufen worden war, nebst der Division Ramberg zur Vereinigung in ein Corps, welches unter Commando des FML. Baron Wohlgemuth die Cernirungstruppen der Festung decken sollte.

Der neue Corpscommandant concentrirte nach Möglichkeit seine Truppen und war entschlossen, dem Feinde, welcher inzwischen Zeit gehabt hatte, unbehindert die Gran zu passiren, den Weg nach Komorn bei Nagy-Sárlo zu verlegen.

Nachdem Baron Wohlgemuth die Waagbrücke bei Szt.-Király mit der Brigade Weigelsberg und die weiteres geeignetes Punkte besetzt hatte, um sich vor Umgehungen zu decken, rückte am 18. April 1849 die Division Jablonowsky, in welcher das Commando der früheren Brigade Götz Oberst Dreyhann und jenes der Brigade Jablonowsky Oberst Strassil übernommen hatte, dann die Brigade Teuchert von Kiménd ab und kamen am 19. April mit Tagesanbruch bei Nagy-Sárlo an. Die Brigade Strassil besetzte das Dorf, die Brigade Dreihann lagerte weiter rückwärts, hinter dieser die Brigade Teuchert.

Die Brigaden machten Anstalt, um nach dem beschwerlichen Marsche abzukochen. Da gewahrte Oberlieutenant Tomasegovich dass aus einem von Nagy-Sárlo höchstens 1500 Schritte entfernten Walde, und aus einer Richtung, aus welcher man die Annäherung des Feindes vermuthen musste, einzelne und bald zahlreichere feindliche Reiter hervorkamen.

Um keine der augenblicklich nöthigen Dispositionen zu versäumen, eilte Tomasegovich sogleich zum Obersten Dreyhann und meldete ihm das Entdeckte. Dieser hatte schon auf dem Streifzuge nach Romhány die Fähigkeiten des Oberlieutenants Tomasegovich schätzen gelernt, würdigte auch hier seine Ansichten und in kürzester Zeit stand die Brigade in Schlachtordnung.

Das Terrain war gegen die Stellung, welche der Feind nehmen konnte, etwas erhöht und vor der Fronte durch einen sumpfigen Bach gedeckt. Das Bataillon Palombini und die halbe Cavallerie-Batterie besetzte einen am linken Flügel gelegenen Wald und flankirte dort die feindliche Aufstellung, das 3. Bataillon Bianchi rückte mit der sechspfündigen Batterie zwischen das genannte Bataillon und Nagy-Sárlo, das Bataillon Nassau besetzte das Terrain rechts vor dem Dorfe und wurde erforderlichen Falls auch der Brigade Strassil zur Verfügung gestellt, die Brigade Teuchert stellte sich als Reserve auf.

Indessen entwickelte sich auch der Feind, gegen welchen die sechspfündige Batterie, welche mit dem 3. Bataillone Bianchi vorgerückt war, das Feuer eröffnete. Aus dem Hauptquartiere kam schnell Cavallerie und eine zwölfpfündige Batterie herbei und rückte in die Linie, der Kampf wurde allgemein. Der Feind drang mit Übermacht gegen Nagy-Sárlo und steckte es mit Granaten in

Brand, die Brigade Strassil musste es nach hartnäckigem Widerstande verlassen. Der Feind begann darauf aus einer durch die Häuser des Dorfes gedeckten Stellung ein sehr lebhaftes Feuer gegen die 13., 14. und 15. Compagnie Bianchi (die 16. war auf Kanonenbedeckung).

Um den feindlichen Kugeln nicht so ausgesetzt zu sein, warfen sich die 3 Compagnien in einen paralell mit Nagy-Sárlo laufenden Graben und erwiederten so lange und mit Erfolg das Feuer, bis sie durch eine feindliche Abtheilung in der rechten Flanke bedroht wurden und den Graben verlassen mussten, nachdem dort Hauptmann Niederreiter, Oberlieutenant Johann Baron Baum und der durch seine Ruhe und Tapferkeit ausgezeichnete Oberlieutenant Franz Pessler blessirt worden und der Bataillonsadjutant Lieutenant Eugen v. Mehlem durch eine Contusion erschüttert bewusstlos vom Pferde gestürzt war.

Major Kucher, welcher hier mit der grössten Umsicht das Gefecht leitete und im dichten Kugelregen wie durch ein Wunder unversehrt blieb, ritt, da sein Adjutant undienstbar war, zum FML. Baron Wohlgemuth, um von ihm eine Unterstützung zu verlangen. Kaum hatte er sich entfernt, so entdeckte Lieutenant v. Mayern des Regiments, dass sich feindliche Schützen durch die von Nagy-Sárlo senkrecht auf die Aufstellung des Bataillons laufenden Feldgräben nähern. Oberlieutenant de Bourcy liess hierauf als ältester Offizir das Bataillon, dessen Abtheilungen er früher geordnet hatte, mit dem Bajonette auf die Insurgenten losstürmen und warf sie mit solchem Erfolge zurück, dass die Artillerie noch durch eine halbe Stunde länger gegen dieselben wirken konnte.

Bei diesem Sturme wurde der Corporal, welcher die Bataillonsfahne trug, verwundet und sank zu Boden; da ergriff der Gemeine Thomas Petruk das Panier, hob es hoch empor und stürmte damit unter dem Rufe: „Es lebe der Kaiser!" vorwärts.

Dem Gemeinen Kozak der 14. Compagnie riss eine Kanonenkugel den Arm weg. Aufgefordert, zurückzugehen, erwiederte er: „Ah wozu? Ich habe noch eine Hand, um für unseren Kaiser zu kämpfen!" Hiermit hob er sein Gewehr wieder auf und mit dem Rufe: „Es lebe der Kaiser!" stürmte er wie die andern gegen den Feind.

Der Privatdiener Olexa Kosun erschien freiwillig auf dem Schlachtfelde und trug viele Blessirte von Bianchi, Palombini und Nassau Infanterie mit eigener Lebensgefahr vom Kampfplatze und brachte sie und viele Gewehre in Sicherheit.

Wie in allen bisherigen Gefechten haben sich auch hier qua Feldwebel Carl Herzig und Corporal Jakob Weinberger durch ihr tapferes Benehmen hervorgethan.

Der Unterfeldarzt Moses Jäger zeichnete sich durch aufopfernde, muthvolle und erfolgreiche Pflichterfüllung aus. Nicht auf sicherem Verbandplatze, sondern im grössten Feuer und nah an den feindlichen Plänklern verband er die Blessirten und wich nicht früher, bis die Plänkler der Insurgenten mit ihm auf gleicher Höhe kamen und der letzte Verwundete besorgt war.

Unterfeldarzt Jäger wurde mit der goldenen Verdienstmedaille ausgezeichnet, Gemeiner Kozak erhielt die goldene Tapferkeitsmedaille und Privatdiener Kozun die silberne Medaille zweiter Classe.

Auch auf anderen Punkten waren die kaiserlichen Waffen an diesem Tage im Nachtheile und FML. Baron Wohlgemuth sah sich genöthigt den Rückzug nach Neuhäusl anzuordnen. Die bei dem Bataillone Bianchi gewesene sechspfündige Batterie und drei zwölfpfündige Geschütze deckten den Rückzug; Oberlieutenant Tomasegovich schützte dabei die Artillerie besonders an der Brücke über einen Sumpf mit kaltblütiger Aufopferung gegen die nachdrängenden Insurgenten und trug wesentlich dazu bei, dass die Geschütze erhalten wurden und im Stande waren die Arriergarde des Corps so lange zu protegiren.

Dem Oberlieutenant Tomasegovich, von dem es in der diessfälligen Relation heisst, dass er vom Anbeginne des ungarischen Feldzuges alle Strapatzen, mit welchen das Götz'sche Corps im strengen Winter und in den rauhen Karpathen zu kämpfen hatte, mit bewunderungswürdiger Ausdauer ertrug, dass er sich eben so durch seine Umsicht und Kenntnisse bei jeder Berathung, wie durch seine Tapferkeit, welche nach den Tagen von Silein und Turczek im Corps sprichwörtlich wurde, auf jedem Schlachtfelde auszeichnete, hat seine Majestät der Kaiser in Anerkennung seiner Verdienste den Orden der eisernen Krone dritter Classe, dem Oberlieutenant Franz de Bourcy das Militärverdienstkreuz verliehen.

Wie es bei einem so heftigen Kampfe nicht anders erfolgen konnte, hatte das Corps selbst und insbesondere das 3. Bataillon Bianchi grosse Verluste an Todten, Verwundeten und Vermissten erlitten, aber auch eine Anerkennung dort gefunden, wo in der Regel das richtigste, das parteiloseste und strengste Urtheil gefällt zu werden pflegt, — bei den Kameraden! —

So oft das Bataillon an dem Regimente Erzh. Carl Ludwig Chevauxlegers, welches Zeuge seines Heldenmuthes bei Nagy-Sárló war, vorbeimaschirte, lüfteten die Reiter vom Commandanten bis zum letzten Manne die Helme und brachten ihm ein „Hoch!"

Das dritte Bataillon war durch die erlittenen Verluste vor dem Feinde und die ungeheuren Anstrengungen auf 450 streitbare Mann herabgeschmolzen. Nachdem es mit dem 4. Bataillone des Regiments im Mai zu Freistadtl zusammengetroffen war, nahm es seine 9. Division auf und bestand nun aus 6 Compagnien, die 21. und 22. Compagnie ergänzten die Lücken der übrigen 4 Compagnien.

Das 3. Bataillon folgte nun in der Brigade Sartori und Division Walmoden mit dem Corps des FML. Grafen Schlick den weiteren Bewegungen und kam erst am 21. Juni 1849 bei der Einnahme von Raab in eine ernstere Affaire. Einige hundert Schritte vor seiner Fronte stand Seine Majestät der Kaiser Franz Josef, ein jugendlicher ritterlicher Kriegsmann, ein vorleuchtendes Beispiel für sein begeistertes Heer, im heftigen Feuer.

Die Stadt wurde zu schnell genommen und dem 3. Bataillone nur die Gelegenheit geboten, bei der Verfolgung des Feindes mitzuwirken.

Fast gleichzeitig, nämlich am 27. Juni, erwarb sich Lieutenant Wilhelm Hilgers v. Hilgersberg als Adjutant des GM. Gerstner für seine in dem Gefechte bei Lesháza bewiesene ausdauernde Tapferkeit das Militärverdienstkreuz.

Vom 1. Juli bis Anfangs August 1849 blieb das 3. Bataillon zur Bewachung der Mundvorräthe in Raab zurück und musste die Stadt auf höheren Befehl verlassen, weil die Annäherung einer sehr zahlreichen Insurgententruppe aus Komorn angezeigt worden war.

Am 30. Juli 1849 erhielt Oberlieutenant de Bourcy den Befehl mit nur 20 Mann einen Mehltransport von 200 Vorspannswägen nach Pussta-Lovat zu escortiren, führte ihn aber auf Anord-

nung des FML. Czorich nach Pesth, von wo er am 1.
den leeren Wägen zurückkehrte. Am 5. August bei Raad
stiess er auf feindliche Vorposten und wurde unver
einer Cavallerieabtheilung verfolgt. Behende warf er si
commandirten Mannschaft, zu welcher er am Wege
20 theils bewaffnete, theils unbewaffnete Versprengte auf
hatte, in die Weingärten und schlug sich glücklich dur
er nur 1 Corporalen und 2 Gemeine, welche gefange
verlor. Noch lange war für ihn selbst nicht alle Gefahr
die Verfolger waren ihm auf den Fersen, bis er über di
bei Csétsén gelangte, diese hinter sich verbrannte und
Weise sich und die Mannschaft in Sicherheit brachte.

Am 15. August 1849 kam das 3. Bataillon nach Raab
marschirte am 20. in das Lager bei Acs, darauf nach d
21. August geschlossenen Waffenstillstande nach Pusta G
von wo es nach abgelaufenen Waffenstillstande am 5. Sep
zur zweiten Cernirung Komorns nach Pussta-Herkaly abrüc

Hier hatte das Bataillon keine weitere Gelegenheit mi
Feinde, der sich nun ruhig in der Festung verhielt, zusa
zu treffen. Während es aber feindliche Geschosse versch
erlagen seine braven Soldaten in ihren Erdhütten dem ruhm
Tode der Seuche; Hauptmann Andreas Niederreiter wurde
der Opfer der Cholera.

Am 27. September 1849 capitulirte Komorn und wurd
2., 3., und 4. October dem FML. Baron Haynau übergeben.
ihm zog auch das 3. Bataillon Bianchi dort ein. Am folg
Tage trat es den Marsch nach Siebenbürgen an und vere
sich zu Klausenburg mit den zwei ersten Feldbataillonen, w
die Brüder, die sich auf fernen Wahlstätten so mannhaft geh
und zu dem Ruhme des Regimentes so wesentlich beigetr
hatten, mit unbeschreiblicher Freude empfingen, so wie ihnen
dem ganzen Regimente von dem Corpscommandanten FML. G
Clam-Gallas jene hohe Achtung öffentlich gezollt wurde, w
dem Tapferen gebühret.

Oberst Baron Stutterheim wurde unterm 6. October
zum Generalen, Major Franz Kucher unterm 9. Dezember
Oberstlieutenant im Infanterie-Regimente Graf Hartmann
und unterm 10. Dezember Oberstlieutenant Josef Podhagsky

Infanterie-Regiments Baron Koudelka Nr. 40 zum Obersten und Commandanten des Regiments Baron Bianchi ernannt.

Unterm 3. October 1849 geruhten Seine Majestät der Kaiser anzuordnen, dem Hauptmann-Auditor Johann Nahlik für sein entschlossenes Benehmen vor dem Feinde die allerhöchste Zufriedenheit auszudrücken und mit allerhöchstem Befehlschreiben vom 11. April 1850 fanden sich Seine Majestät bewogen, ihm in Anerkennung seiner verdienstlichen Leistungen das Militärverdienstkreuz zu verleihen.

Hauptmann Josef Dormus, in den Jahren 1848 und 1849 ad latus des General-Commando-Adjutanten zu Lemberg, zeichnete sich auf seinem Posten der Art aus, dass er dafür mit dem Militärverdienstkreuze und dem russischen St. Annenorden 3. Classe decorirt wurde.

Thätigkeit des 4. Bataillons im Jahre 1848 und 1849.

Mit 1. Juli 1848 wurde zu den drei bestehenden noch ein viertes Feldbataillon aus neu assentirter Mannschaft zu Brzezan errichtet, unter den Befehl des Majors Carl von Simmelmayer gestellt und in die Brigade Souvent der Division Vogel eingetheilt.

Nach dem Abmarsche des 3. Bataillons aus Tarnopol wurde das 4. dahin verlegt und blieb dort bis 8. Februar 1849. An diesem Tage wurde aus der zurückgebliebenen 9. Division des dritten Bataillons und der 21. und 22. Compagnie eine Colonne unter dem Namen des vierten Bataillons zusammengesetzt und rückte unter Major von Simmelmayer in die Bukovina ab, wo sie in der Brigade Fischer zur Division des FML. v. Malkowsky gehörte. In Czernowitz angelangt vernahm man die Kunde von dem kühnen Überfalle, welchen Oberst Urban gegen den Posten der Insurgenten zu Maroseny am 6. Februar ausgeführt hatte, in Folge dessen der Weg nach Siebenbürgen wieder offen und FML. v. Malkowsky veranlasst wurde, eine Vorrückung dahin zu unternehmen, deren Avantgarde Oberst Urban bildete.

Das 4. Bataillon Bianchi gab sich der freudigen Hoffnung hin in nicht ferner Zeit vereint mit dem 1. und 2. Bataillone des Regimentes zu fechten. Leider wurde diess nur zu bald vereitelt.

Oberst Urban rückte am 13. Februar in Jaad ein, schlug am 18. die Insurgenten unter Riczko bei Bayersdorf und besetzte darauf Bistritz; ihm rückte die Brigade Fischer mit dem 4. Bataillone Bianchi als Avantgarde bis Maroseny und Jaad, FML. v. Malkowsky mit anderen Truppen bis Maroseny nach. Bem hatte, wie schon an anderem Orte erwähnt wurde, inzwischen den Obersten Urban wieder aus Bistritz verdrängt; dieser ging bis Borgo Zsosseny zurück, das 4. Bataillon Bianchi deckte den Rückzug ohne mit dem Feinde in ein ernstlicheres Gefecht zu kommen, da hierbei von beiden Seiten nur einige Kanonenschüsse gewechselt wurden.

Die Brigade Fischer und FML. v. Malkowsky hatten sich wieder in die Bukovina, Oberst Urban nach Tihutza zurückgezogen; bald darauf schied das 4. Bataillon Bianchi aus der Division Malkowsky und erhielt den Befehl den Delatiner Pass zu besetzen und zur Vertheidigung zu befestigen.

Das Bataillon marschirte nach Jablonica und detachirte zwei Abtheilungen, die eine unter Oberlieutenant Ludwig v. Brunswick die andere unter Lieutenant Heinrich Mosing an die betreffenden Punkte, wo die Befestigungsarbeiten unter der Leitung des Majors v. Simmelmayer vollständig ausgeführt wurden.

Nach Lösung dieser mühevollen Aufgabe wurde das Bataillon in die zur Division des FML. v. Vogel gehörige Brigade des Obersten Ludwig eingetheilt, rückte auf der Karpathenstrasse über Dukla nach Eperies und von da nach Kaschau in der begeisterten Hoffnung nun bald mit dem Feinde zusammen zu stossen. Statt dessen folgte eine Reihe beschwerlicher Märsche auf bodenlosen Wegen. Auf dem Marsche nach Leutschau wurde das Bataillon in die rechte Flanke der Division detachirt und kam dort in ein unbedeutendes Tirailleurgefecht, welches mit dem Rückzuge des nicht zahlreichen Feindes endete. Nach dem Überschreiten der Waag bei Silein, wo die aus dem Bataillone gebildete Pionierabtheilung eine Nothbrücke schlug, erfolgte die Vereinigung der Division mit der Hauptarmee.

Auf diesen Zügen war das Bataillon, dessen Verlässlichkeit sich bald erprobte, meist Avant- oder Arriergarde; Major von Simmelmayer zeichnete sich hierbei durch unermüdete Thätigkeit aus und wurde dafür und für die Befestigung des Delatiner Passes mit dem Militärverdienstkreuze belohnt.

Zu Freistadtl fand das Bataillon das 3. Bataillon des Regiments, marschirte mit diesem nach Pressburg und gab dort seine Mannschaft mit vielen Offiziren, wie schon erwähnt, zur Ergänzung des 3. Bataillons ab, Major von Simmelmayer ging mit den noch übrigen Offiziren nach Lemberg ab, wo das 4. Bataillon completirt wurde und bereits im September 1849 wieder auf einen Stand von 1170 Mann gebracht war.

Im Dezember 1849 übernahm Major Graf Oldofredi das Commando dieses Bataillons, Major v. Simmelmayer wurde unterm 19. Dezember 1850 zu dem Regimente Erzh. Leopold Ludwig Nr. 53 als Oberstlieutenant befördert.

Thätigkeit des 5. Bataillons.

Das 5. Bataillon wurde im März 1849 errichtet und anfänglich von dem Rittmeister Szokolowsky des Pensionsstandes commandirt, bis der am 25. April 1849 zum Major beförderte Hauptmann Johann Glaninger des Inf.-Regts. Geppert Nr. 43 den Befehl über dasselbe übernahm und mit angestrengter Thätigkeit dessen Bemontirung, Bewaffnung und Einübung bewirkte. Das Bataillon blieb bis zum 1. November 1852, dem Tage seiner Auflösung, fortan in Galizien und fand im Jahre 1849 keine Gelegenheit, vor dem Feinde verwendet zu werden.

Thätigkeit der Grenadire im Jahre 1848 und 1849.

Die Grenadirdivision des Regiments bildete im Jahre 1848 mit den Grenadirdivisionen der Regimenter Baron Sivkovich Nr. 41

17*

und Erzh. Stefan Nr. 58, das Grenadirbataillon des Oberstlieutenants v. Kopestynski und stand in Lemberg. Während des dortigen Bombardements am 2. November 1848 wirkte es zur Wie-
derherstellung der Ordnung mit und marschirte im Jahre 1849
nach Wien ab, wo es blieb, bis mit 1. November 1852 die damaligen aus den Divisionen verschiedener Regimenter gebildeten Grenadirbataillone aufgelöst wurden, dagegen jedes Feldbataillon des
Regiments eine Grenadircompagnie erhielt.

Vorfallenheiten im Regimente bis zum März 1853.

Die Jahre 1850 bis 1852 brachten das 1., 2. und 3. Bataillon des Regiments mit der. schwierigen Cordonsbesetzung vom
Ojtoszer Passe bis Kronstadt zu. In letzterem Orte stand der
Regimentsstab mit dem 1. Bataillone, das 2. zu Szepsi-Szent-György,
das 3. zu Kezdi-Vásárhely.

Unterm 19. Juni 1850 wurde Hauptmann Carl Vever zum
Major im Regimente befördert und am 10. März 1851 durch die
Berufung als Flügel-Adjutant Seiner Majestät des Kaisers ausge-
zeichnet; mit 4. Jänner 1851 wurde Hauptmann Florian Zvanetti
vom Infant.-Reg. Graf Hartmann Nr. 9 und der verdienstvolle
Hauptmann Basilius Pollovina zu Majoren im Regimente befördert
und letzterer unterm 31. Dezember 1851 zum Inft.-Reg. Kaiser
Alexander Nr. 2 transferirt.

Im September 1852 marschirte Major Graf Oldofredi mit
dem 4. Bataillone nach Siebenbürgen und vereinigte sich mit dem
Regimente in Hermanstadt, wohin letzteres im Herbste dieses Jahres
wieder verlegt worden war.

Mit 1. November 1852 erhielt das Regiment Monza in der
Lombardie zum Werbbezirke und wurde als 55. Linien-Infanterie-
Regiment eingereiht. Dieser wichtigen Veränderung folgten wegen
der nun erforderlichen Kenntniss der italienischen Sprache sehr
viele Transferirungen von Offiziren, die nur ungerne ihre Kameraden verliessen, mit denen sie eine so schwere und wichtige
Epoche durchgelebt, Leid und Freude so brüderlich getheilt
hatten.

Das Regiment bestand nun aus 4 Feldbataillons, jedes mit 5 Fuselir- und 1 Grenadircompagnie und dem Depôtbataillone, welches im Juli 1853 in Monza einrückte.

Feier der Enthüllung des Monumentes für den Obersten v. Losenau und die in Siebenbürgen in den Jahren 1848 und 1849 gefallenen k. k. Soldaten zu Karlsburg.

Sämmtliche Truppenabtheilungen des siebenbürgischen Armeecorps hatten zur Errichtung eines Denkmals für den verstorbenen ritterlichen Obersten v. Losenau und die im Jahre 1848 und 1849 in Siebenbürgen gefallenen Offizire und Soldaten beigetragen. Seine Majestät der Kaiser geruhten im Sommer 1852 bei Gelegenheit der Bereisung Siebenbürgens auf dem Platze der Festung Karlsburg dazu den Grundstein zu legen; am 31. März 1853 wurde dasselbe enthüllt und eingeweiht. Ein Bataillon des Regiments Bianchi war zu dieser Feier ausgerückt, die ganze übrige dienstfreie Garnison versammelte sich dabei in vollkommenster Parade.

Zuerst hielt der hochwürdige Herr Bischof Dr. Ludwig Haynald in der Domkirche mit seiner hinreissenden Beredsamkeit eine dem Momente entsprechende Predigt und verfügte sich hierauf, gefolgt vom Clerus, der Generalität, allen Civil- und Militärautoritäten, dem gesammten Offizircorps und einer zahlreichen festlichen Menge zu dem am Paradeplatze mit sehr vielem Geschmacke aufgestellten Kapellenzelte, worauf die kirchliche Weihe des Monumentes, von dem nun die Hüllen gesunken waren, erfolgte. Der Herr Bischof stimmte das Te Deum laudamus an, nach Beendigung der heil. Messe wurde die Volkshymne gesungen, darauf vereinte der Herr Bischof sehr viele der Anwesenden, darunter fünf mit Medaillen decorirte Unteroffizire zur festlichen Tafel. Während des Mahles begleitete Kanonendonner den auf das Wohl des Kaisers ausgebrachten Toast und die Worte, mit denen der auf den siebenbürgischen Schlachtfeldern gebliebenen Helden gedacht wurde.

Auf dem aus Sandstein in gothischem Stile ausgeführten Denkmale stehen nebst Losenau's auch die Namen der im Jahre

1848 und 1849 gefallenen Offiziro und die Zahl der gebliebenen Soldaten jedes Truppenkörpers des siebenbürgischen Armeecorps. Darunter erscheinen von Bianchi die Namen der wackeren Hauptleute v. Meissner und Braunmüller, des braven im Kampfe eben so feurigen als umsichtigen Lieutenants Franz Nahlik, der tapferen Lieutenants Wolf und Baron Kanitz und die Zahl der gefallenen Soldaten.

Ausmarsch des Regiments nach Temesvar. Todtenfeier auf dem Schlachtfelde bei Piski.

Der ernsten Feier des Andenkens der in treuer Hingebung gefallenen Krieger zu Karlsburg folgte bald darauf eine noch ernstere auf der Wahlstätte bei Piski, auf den Gräbern der dort gebliebenen Tapfern.

Das Regiment hatte Befehl erhalten, aus Siebenbürgen nach Temesvar abzurücken. Als am 29. Mai 1853 das erste Bataillon mit dem Regimentsstabe von Broos in die nächste Marschstation Deva aufbrach, gaben ihm die dort garnisonirenden Offiziro, viele Beamte und Bürger das Geleite. Bei der Piskior Brücke wurde am rechten Ufer der Strel Halt gemacht, das Bataillon gestellt und Lieutenant von Konopatzky hielt an die Mannschaft in ruthenischer Sprache eine dem Momente anpassende Anrede: „Soldaten!" sagte er, „blicket um Euch und ehret diese Stätte, sie ist das Schlachtfeld von Piski, wo viele unserer Kameraden im Kampfe für den Kaiser ihr Blut vergossen! Verbergen wir für die Gefallenen betend und ihnen die letzte Ehre erweisend die Thräne nicht und geloben wir, bei ähnlichen Gelegenheiten dem Monarchen mit derselben Treue zu dienen, wie es jene gethan, deren Andenken wir eben feiern; so wahr uns Gott helfe!" Eben so wurde den jungen italienischen Soldaten, welche bereits in den Reihen des Regiments standen, die Tapferkeit und Hingebung ihrer älteren Kameraden mit ergreifenden Worten dargestellt und sie zu gleichen militärischen Tugenden angeeifert.

Hierauf wurde eine Seelenmesse gelesen, von dem Bataillone

die Dechargen gegeben und darauf eine Stunde gerastet. Im Ba-
taillono waren noch viele Leute, welche in der Piskier Schlacht
mitgefochten, sie erzählten nun den jüngeren Kameraden mit feu-
rigem Eifer den Verlauf des erbitterten Kampfes, mit welcher Mühe
man die Brücke erstürmt, wie man sie wieder verloren, wo der
brave Kochanowsky seinen Offizir über die Strel getragen, wie
man sich um die überraschten Geschütze geschlagen und sie wieder gewonnen und wie, man den Feind wieder über den Strom
gejagt, sie zeigten die Stätten, wo der Kampf am heftigsten ge-
wüthet, wo die braven Offizire, wo die meiste Mannschaft gefallen.

Darauf ging es nach Deva weiter, bald darauf sagte das
Regiment dem schönen Siebenbürgen Lebewohl, gelangte nach
Temesvar und blieb dort bis Anfang Juni 1854.

**Weitere Vorfallenheiten im Regimente, dessen Ausmarsch aus
Temesvar, Unglücksfall bei Julves.**

Unterm 16. Mai 1854 wurde Oberst Josef Podhagsky zum
Generalen und in seine Stelle der Oberstlieutenant Alois Schaffner
des Infanterie-Regiments Graf Hartmann Nr. 9 zum Obersten und
Regimentscommandanten befördert und mit 1. Juli 1854 Major
Johann Glaninger zum Oberstlieutenant und Hauptmann Carl von
Hugelmann des Infanterie-Regiments Erzh. Albrecht Nr. 44 zum
Major im Regimente ernannt. Das 4. Bataillon wurde nach Monza
verlegt.

Anlässlich des Krieges der Türken und ihrer Alliirten der
Franzosen und Engländer gegen Russland wurde das Regiment
auf den Kriegsfuss gesetzt, rückte mit dem 1., 2. und 3. Bataillone
nach Gross-Beczkerek ab, blieb dort den ganzen Monat Juni und
marschirte im Juli nach Titel, musste dort wieder umkehren, kam
am 19. Juli 1854 nach Modos, und hatte am folgenden Tage den
weiten Marsch nach Ujpecs zurückzulegen.

Nachdem das Regiment um 4 Uhr Morgens aufgebrochen,
gelangte es zu dem auf halbem Wege gelegenen Dorfe Julves ohne

irgend einem Anstande und rastete etwa 800 Schritte vor diesem Orte.

Während der zweistündigen Ruhe war die Hitze tropisch geworden und als die Bataillone zum Weitermarsche aufbrachen, fielen die Leute in Massen um; in Julves mussten bereits 2 Mann mit den Sterbsakramenten versehen werden und verschieden kurz darauf am Sonnenstiche.

GM. Baron Moroičič, welcher mit dem Regimente marschirte, liess 100 Schritte ausserhalb Julves wieder rasten und aus der ganzen Umgebung Vorspannswägen herbeischaffen, um die liegen gebliebenen Leute aufzunehmen, die Feldflaschen mit frischem Wasser füllen und nach einer Stunde wieder aufbrechen. Kaum begann aber der neue Marsch, so wiederholten sich die Schreckensscenen und abermal stürzten die Leute haufenweise zu Boden. Die Offizire thaten ihr Möglichstes, um abzuhelfen; viele trugen Gepäcke und Waffen der Soldaten und alle suchten durch ihr Beispiel die Mannschaft zur Ertragung der Beschwerden aufzumuntern. Unter ihnen zeichneten sich die Hauptleute Carl Tomasegovich und Julius Horst aus; letzterer entwickelte als Commandant der Arriergarde eine beispiellose Selbstaufopferung und Thätigkeit in der Weiterbeförderung der Leute, die nicht mehr fortzukommen vermochten; beide Offiziro und insbesondere Hauptmann Horst wurden bei ihrer Anstrengung zur Rettung der Leute so erschöpft, dass sie, wäre nicht augenblickliche Hilfe zur Hand gewesen, selbst ein Opfer dieses Tages geworden wären.

Zu Ujpecs, wo die Bewohner und die Mannschaft der Depôtescadron des Regimentes Kaiser-Uhlanen Nr. 6 der Mannschaft mit Erfrischungen zur Labung entgegen kamen, starben noch 8 Mann am Sonnenstiche, über 200 Mann kamen nach diesem unglücklichen Marsche in das Spital.

Abmarsch des Regiments nach der Moldau.

Das Regiment marschirte von Ujpecs nach Temesvar zurück und rückte von da bald darauf über Lugos nach M. Vásárhely in Siebenbürgen ab. Inzwischen wurde Major Franz Vukovich mit

7. August als Oberstlieutenant pensionirt und mit demselben Tage Hauptmann Anton Edler v. Moulholland des Inft.-Regts. Erzh. Albrecht Nr. 44, dann Hauptmann Franz Bergou zu Majoren im Regimente befördert.

In Folge a. h. Entschliessung vom 12. Juli 1854 wurden die 4 Grenadircompagnien in ein Grenadirbataillon vereinigt, die Errichtung der 1., 7., 13. und 19. Compagnie angeordnet und mit deren Aufstellung Major Graf Oldofredi beauftragt. Er unterzog sich dieser Aufgabe mit so rühmlichem Eifer, dass er mit diesen Flügelcompagnien schon am 18. August 1854 von Stanislau abmarschirte und sie in der besten Ordnung zum Regimente brachte, wofür ihm auch die anerkennende Belobung des Herrn Regimentsinhabers zu Theil wurde.

Am 26. August 1854 kam das Regiment nach Csik-Szereda und cantonirte dort und in den umliegenden Ortschaften; am 16. September erhielt es Befehl, in die Moldau einzurücken und überschritt am 17. und 18. die Gränze dieses Nachbarlandes. Das 3. Bataillon blieb in Bakeu und Roman, die beiden ersten Bataillone setzten ihren Marsch nach Jassy fort, wo sie in der Brigade des GM. Moroičić mit den Brigaden Blumenkron und Gablenz unter Commando des FML. Grafen Paar, den FZM. Baron Hess an der Spitze, am 24. Oktober einmarschirten.

Am 11. Oktober wurde das 2. Bataillon unter Major v. Moulholland nach dem Marktflecken Piatra verlegt; im November 1854 kam das Regiment unter das Divisionscommando des FML. Baron Friedrich Bianchi, des Sohnes des allverehrten Herrn Regimentsinhabers.

Das Regiment blieb bis 14. Juli 1855 meist in den obigen Garnisonen.

Inzwischen wurde Oberstlieutenant Johann Glaninger unterm 25. März 1855 als Platzcommandant nach Budua versetzt, Major Zvanetti am 26. März pensionirt und mit demselben Tage Major Graf Oldofredi zum Oberstlieutenant, Hauptmann Josef Kozuboricz des Regiments und Hauptmann Alois Gilio-Rimoldi vom Graf Degenfeld 36. Linien-Infanterie-Regimente zu Majoren im Regimente befördert und Major Heinrich Schrott v. Rohrberg, Adjutant des 3. Armeecorps, in das Regiment eingetheilt.

Verluste des Regiments durch die Cholera zu Ibraila.

Am 10. Juli 1855 begann der Marsch des Regiments in die Cantonirung von Ibraila; nach etwa 14 Tagen stand der Regimentsstab mit dem 2. und 3. Bataillone unter den Majoren Gilic und Moulholland in Ibraila selbst, das 1. Bataillon, vom Hauptmanne von Karojlovich befehligt, zu Foksan, das Grenadirbataillon unter Oberstlieutenant Grafen Oldofredi zu Tekutsch.

Damal wüthete die Cholera verheerend im Regimentsbezirke und sehr viele Leute erlagen dieser Seuche, unter ihnen auch Major von Moulholland, ein edler im Regimente noch in seinem Andenken hochgeachteter Mann. Er besuchte am 5. August seinen an der Epidemie erkrankten Diener im Spital, wo dieser wenige Stunden darauf starb; am Abende desselben Tages war der theilnahmsvolle Herr selbst ein Opfer derselben Krankheit geworden, welche am 13. August auch den jugendlichen Lieutenant Ebner befiel und schnell hinwegraffte.

Brand zu Foksan am 11. August 1855.

Am 11. August 1855 brach zu Foksan bei einem furchtbaren Sturmwinde in der Kaserne der moldauischen Lanciers Feuer aus, welches die beiden nahe gelegenen Militärspitäler und die ganze meist aus Holz gebaute Stadt zu verzehren drohte; die Gefahr war insbesondere für die beiden Spitäler, in welchen sehr viele an der Cholera und am Typhus erkrankte Leute lagen, fürchterlich. Da stellten sich die Offizire und die Mannschaft aller sechs Compagnien des ersten Bataillons mit Todesverachtung dem Elemente entgegen, brachten zuerst alle Kranken und Spitalsrequisiten mit Überwindung aller Furcht vor der Ansteckung in Sicherheit und wurden, obgleich sie nicht Alles, namentlich nicht das eine Spitalsgebäude vor dem Verderben bewahren konnten, Meister des

Brandes und Retter der Stadt; ihre Freude über diese That war um so reiner, als dabei ungeachtet der tausendfältigen Gefahr auf keiner Seite ein Menschenleben verloren ging.

Fahnenweihe des Grenadirbataillons zu Tekutsch am 21. August 1855.

Am 21. August 1855 beging das Grenadirbataillon zu Tekutsch die Weihe seiner Fahne, für welche die Stadt Monza ein prachtvolles Fahnenband gewidmet hatte.

Der Herr FML. und Divisionär Friedrich Freih. v. Bianchi war selbst zu dieser Feierlichkeit erschienen, seine Frau Gemalin Leonie geborene Gräfin Beckers-Westerstetten hatte die Stelle der Fahnenmutter angenommen und mit liebenswürdiger Güte die lange und beschwerliche Reise nicht gescheut, um persönlich bei dem Feste zu fungiren, welches mit freudiger Feier vor sich ging

Tod des Herrn Regimentsinhabers FML. Freiherrn von Bianchi.

Die glücklichen Tage der Fahnenweihe trübte ein sehr schmerzliches Ereigniss.

Bald nach den Feierlichkeiten langte die alle Herzen schmerzlich ergreifende Nachricht von dem Tode des Herrn Regimentsinhabers ein. Seinen Kindern war der beste Vater, dem Regimente der väterlichste Freund entrissen.

Er war nach Rohitsch gereist, um dort den Sauerbrunnen zu gebrauchen und befand sich in seinem 88. Lebensjahre bis zum 16. August recht munter; am 17. fühlte er sich unwohl, am folgenden Tage trat die Brechruhr mit aller Heftigkeit auf und wenngleich sie durch ärztlichen Beistand auch einiger Massen behoben wurde, so hatte sie den greisen Feldherrn doch zu sehr angegriffen. Am 20. August empfing er die Tröstungen der Religion und hauchte am frühesten Morgen des 21. August 1855, in den letzten Stunden noch durch die Ankunft seines Sohnes Ferdinand erfreut, seine edle Seele aus.

Die sterbliche Hülle wurde einbalsamirt, nach Mogliano gebracht und in seiner Hauskapelle an der Seite seiner vorausgegangenen edlen Gattin am 6. September zur ewigen Ruhe bestattet. Das ganze Offizirscorps aus Venedig, eine Deputation des Depótbataillons des Regiments aus Monza und Tausende von Personen aus der Umgebung fanden sich zu dieser · schmerzlichen Feier ein und tausend Thränen dankerfüllter Menschen, denen er so häufige Wohlthaten erwiess, netzten die Stätte, wo er schlummert.

Das Regiment veranstaltete dem verewigten Helden zu Ibraila eine würdige Todtenfeier, erhebend noch mehr als durch den militärischen Glanz durch die aufrichtige Trauer, die auf dem Antlitze der tief ergriffenen dankbaren Leidtragenden zu sehen war.

Verleihung des Regiments an FML. Friedrich Freiherrn von Bianchi d. j.

Wenn etwas den Schmerz um den Verewigten zu lindern geeignet sein konnte, so war es die Gnade des Kaisers, welcher das Regiment mit der a. h. Entschliessung vom 11. September 1855 dem verdienten Sohne des verblichenen Helden FML. Friedrich Freiherrn von Bianchi verlieh.

Der neue Herr Regimentsinhaber, im Jahre 1812 geboren, wurde in seinem 18. Jahre zum Lieutenant im k. k. Baron Wimpffen 13. Linien-Infanterie-Regimente ernannt, nach 12 Jahren zum Major und 5 Jahre später zum Obersten und Commandanten des k. k. Graf Kinski 47. Linien-Infanterie-Regimentes befördert, welches er in dessen heldenmüthigen in der Kriegsgeschichte unvergesslichen Kampfe bei Custozza zum Siege führte.

Über Marctina auf den Monte Godio entsendet, um gegen Custozza vorzurücken, erschien das Regiment in der Brigade Kerpan nach zweistündigen Marsche zwischen Sommacampagna und dem Monte Godio und rückte zur Unterstützung der Szluiner

Gränzer, welche denselben bereits genommen hatten, vor. Oberst Baron Bianchi vertheidigte darauf diese Höhen mit dem grössten Heldenmuthe nur mit seinem Regimente gegen die Piemontesen, welche mit Übermacht unablässig anstürmten, bis die Brigade des Fürsten Edmund Liechtenstein von Cavalcaselle herbeikam. Der Corpscommandant Baron D'Aspre ritt nach der Schlacht zu dem braven Regimente und sagte dem Obersten, „er werde von nun an mit abgezogenen Hute vor diesem ausgezeichneten Regimente erscheinen, denn es habe das Unglaubliche geleistet."

Mit gleicher Tapferkeit focht Oberst Baron Bianchi am 26. Juli 1848 bei Volta und wurde für seine Dienste in diesem. Feldzuge mit dem Ritterkreuze des Leopoldordens ausgezeichnet.

In dem nächsten Feldzuge commandirte er eine Brigade der Division des Grafen Schaaffgotsche und that sich am 12. März 1849 bei Novarra hervor. Seine Brigade bildete die Queue des 2. Armeecorps. Als die vorderen Truppen bereits im heftigsten Kampfe standen und nur mit der grössten Anstrengung ihre Position gegen die zahlreichen Piemontesen behaupten konnten, entsendete Oberst Baron Bianchi, welcher so eben vor Olengo angekommen war, zuerst das Landwehr- und dann das 2. Bataillon des in seiner Brigade stehenden Regimentes Kinski zur Unterstützung der Brigade Kolovrat nach dem rechten und der Brigade Stadion nach dem linken Flügel. Ungeachtet aller Tapferkeit musste sich das Landwehrbataillon, welches bereits mit Erfolg vorgerückt war, gegen Olengo zurückziehen und einzelne Flüchtlinge der Truppenkörper, welche in den vorderen Reihen standen, gaben zu erkennen, dass die Gefahr am rechten Flügel gross sein müsse, bald deuteten die einschlagenden Kanonenkugeln auch an, dass sich die Piemontesen des einen Theiles von Olengo bemächtigt hatten und der rechte Flügel der Österreicher in eine immer grössere Gefahr komme.

Oberst Baron Bianchi, welcher letztere und die Nothwendigkeit erkannte, um jeden Preis zu verhindern, dass der Feind nicht vor der Ankunft des 3. Armeecorps in den Rücken der Kaiserlichen komme, sammelte die sich zurückziehenden Leute von Kinski-, Fürstenwärther- und Kaiser-Infanterie unter der beständigen Wirkung des feindlichen Feuers und kaum hatte er einige hundert Mann beisammen, so stürmte er unter dem Rufe: „es lebe der

Kaiser!" durch das Dorf, verjagte die Piemontesen, sicherte dadurch die rechte Flanke des 2. Corps, folgte dem Feinde ohne Aufenthalt nach, griff ihn ungeachtet des heftigen Feuers in seiner linken Flanke an und trieb ihn bis Forcade.

Oberst Baron Bianchi hat demnach mit bereits zurückgedrängten und ungeordnet gewesenen aber durch seine begeisternde Aufmunterung gesammelten und durch seine kühne Führung so erfolgreich verwendeten Soldaten nicht nur eine entschieden grosse Gefahr abgewendet, sondern auch das Gefecht wieder hergestellt und den späteren vollständigen Sieg angebahnt. Dafür wurde ihm in dem Capitel vom Jahre 1849 das Ritterkreuz des Theresienordens zuerkannt und es fügte sich durch einen recht sinnigen Zufall, dass dasselbe Kreuz nun die Brust des Herrn Regimentsinhabers ziert, welches von dem damaligen Generalen Grafen Wimpffen, als er das Commandeurkreuz dieses Ordens erhielt, im Jahre 1809 auf seinen durch das ganze Leben bewährten Freund und Waffenbruder den früheren Herrn Regimentsinhaber Friedrich Freiherrn Bianchi d. ä. übergegangen war.

Im Jahre 1849 machte der Herr Regimentsinhaber als General den ungarischen Feldzug mit Auszeichnung mit, seine Verdienste erwarben ihm ausser den schon erwähnten Decorationen auch das Militärverdienstkreuz und den russischen St. Stanislaus Orden erster Classe, im November 1849 wurde er zum Feldmarschall-Lieutenant befördert.

Weitere Vorfallenheiten bis zur Entlassung der italienischen Mannschaft des Regimentes im Jahre 1859.

Am 6. October 1855 wurde Major Kozubovicz zum Likkaner-Gränz-Infanterie-Regimente und in seine Stelle gleichzeitig Major Franz Brzezina von Birkenhain vom Infanterie-Regimente Grossfürst von Russland Nr. 26 hieher transferirt.

Am 19. April 1856 besuchte der neue Herr Regimentsinhaber das Regiment zu Ibraila, wo er von dem Offizirscorps, zu welchen auch das 1. Feld- und das Grenadirbataillon Abgeordnete gesendet hatte, auf das Feierlichste empfangen wurde.

Heitere Feste verherrlichten seine Gegenwart bis zum 22. April. Am Abende vorher wurde eine theatralische Vorstellung von Dilettanten gegeben und am Schlusse derselben ein Tableau arrangirt, welches die Thaten der Bianchi und des Regiments darstellte. Zur Seite des Tableau's standen Hauptmann v. Scheuer in der Uniform und Rüstung eines Wallonen, Lieutenant Hoppels in jener aus dem Siebenbürger Feldzuge und Hauptmann Baron Lauer als italienischer Rekrut nach der neuesten Adjustirung. Nach einer trefflichen Composition des Majors v. Brzezina sprach zuerst Hauptmann Scheuer von den Thaten der alten Wallonen in den französischen Feldzügen, darauf Lieutenant Hoppels als Galizianer von den Schlachten in Siebenbürgen und zuletzt Hauptmann Baron Lauer als neu in das Regiment eingetretener Italiener, dass er den Vorbildern der tapferen Wallonen und Galizianer, wenn es zum abermaligen Kampfe komme, in würdiger Weise nacheifern werde.

Zum Schlusse der Feste machte der Herr Regimentsinhaber begleitet von zahlreichen Offiziren eine Fahrt nach den Schlangeninseln im schwarzen Meere und kehrte am 27. April nach Gallacz zurück, wo inzwischen der Befehl angekommen war, dass das Regiment nach den kaiserlichen Staaten zurückzukehren habe.

Noch vor dem Abmarsche wurde Major Schrott v. Rohrberg als Oberstlieutenant in das Adjutantencorps eingetheilt.

Am 21. Mai 1856 wurde das 1. und 2. Bataillon auf den Kriegsschiffen Gyula und Albrecht und 9 Schleppschiffen eingeschifft, am 31. Mai langten sie zu Orsova und am 4. Juni abermal zu Schiffe in Pesth an, wohin zu Ende dieses Monats auch das 3. und das Grenadirbataillon nachkamen, welches letztere bald darauf wieder aufgelöst wurde, wie diess im Mai auch mit dem Depôtbataillone geschehen war. In Pesth wurde Major Hugelmann mit 31. Dezember 1856 in den verdienten Ruhestand versetzt. Das Regiment blieb dort bis 3. October 1857. Am 4. ging das 1. Bataillon und die übrigen je um einen Tag später mittelst der Eisenbahn nach Steiermark ab. Das 1. Bataillon blieb in Leoben und Bruck an der Mur, die beiden anderen kamen mit dem Regimentsstabe nach Gratz, wohin am 13. Juli 1858 auch das 1. Bataillon gezogen wurde; das 4. Bataillon lag in Monza, das Depôtbataillon in Verona.

Das Jahr 1859 brachte neue Rüstungen gegen Frankreich und Sardinien, ihnen folgte ein kurzer aber unglücklicher Krieg, dem nach der Schlacht von Solferino der Friede von Villafranca mit der Abtretung des bei weitem grössten Theils der Lombardie ein Ende machte.

Mit 1. April 1859 war das 1. Bataillon des Regiments, dann in der Reihenfolge die übrigen auf den Kriegsfuss gesetzt, in Folge des am 7. April eingelangten Befehles das Grenadirbataillon wieder aufgestellt und dessen Commando dem Major von Brzezina übergeben worden, bald darauf folgte auch die Aufstellung des 5. Feldbataillons.

Am 12. Mai wurde das Regiment mit den 3 ersten Bataillonen nach Wien berufen.

Die neuen Ereignisse führten eine bedeutende Vermehrung des Offizirscorps und zahlreiche Beförderungen mit sich. Oberst Schaffner wurde am 27. Mai 1859 zum Generalen, Oberstlieutenant Graf Oldofredi am 9. Juni zum Obersten und Regimentscommandanten und gleichzeitig Major Bergou zum Oberstlieutenant, Hauptmann Moses Pollovina zum Major im Regimente Erzh. Leopold Nr. 53, Hauptmann v. Karojlovich zum Major im Regimente Ritter von Rossbach Nr. 40, dagegen Hauptmann Josef Niesner von Gräfenberg des Regiments Dom Miguel Nr. 39 und Hauptmann Nikolaus Ritter von Kamieniecki des Infanterie-Regiments Baron Wernhardt Nr. 16 zu Majoren im Regimente ernannt.

An dem Kampfe in Italien konnte das Regiment Baron Bianchi keinen Antheil nehmen, nur Lieutenant Johann Hoppels fand als Brigadeadjutant des Generals von Suini in der Schlacht bei Solferino eine Gelegenheit zur Auszeichnung.

Die erwähnte Brigade, damal vom Obersten Benedek des Prinzregent von Preussen 34. Infanterie-Regiments befehligt, war bestimmt von Rebecco aus gegen Medole vorzurücken und diesen Ort zu stürmen. Bald nachdem sie in die Gefechtslinie getreten war, sah Lieutenant Hoppels, dass Jäger und Kanonenbedeckung vom feindlichen Geschütze sehr hergenommen sich zurückziehen und da die Bespannung nicht zur Hand war, auch die Batterie der Österreicher in ernste Gefahr kommen müsse; seinen Bemühungen gelang es die weichenden Abtheilungen wieder zu stellen und den Platz zu behaupten. Als darauf der Sturm auf Medole unternommen wurde, reihte sich Lieutenant Hoppels selbst zwischen das Grenadirbataillon des Regimentes Nr. 34 und eine Tirailleurabtheilung des 16. Jägerbataillons ein und machte den Sturm in erster Linie mit, wobei ihm in der nächsten Nähe des Feindes der linke Oberarm durchschossen wurde. Das Grenadirbataillon und die Jäger, durch eine starke feindliche Flankirung bedroht, mussten vom Sturme ablassen und sich zurückziehen. Auch bei diesem Anlasse bemühte sich Lieutenant Hoppels im Vereine mit den übrigen Offiziren die Ordnung zu erhalten und blieb so lange zu Pferde, bis er durch den erlittenen Blutverlust ohnmächtig geworden, herabgehoben und auf den Verbandplatz gebracht wurde. Ungeachtet der schweren Verwundung rückte er schon nach drei Tagen wieder zum Dienste ein und wurde später für sein tapferes Benehmen mit dem Militärverdienstkreuze belohnt.

Am 26. Mai 1849 wurde Hauptmann Josef Mosing an die Stelle des in das Armeehauptquartier berufenen Majors von Kamieniecki und am 13. Juni Hauptmann Alois Hradil zu Majoren im Regimente befördert.

Das Depôt- und 4. Bataillon waren aus Italien herausgezogen und zu Anfang Juli das Regiment mit den ersten 3 Bataillonen nach St. Pölten, das 4. Bataillon nach Braunau, das Depôt- und 5. Bataillon nach Komorn verlegt worden, letztere beide wurden bald darauf aufgelöst. Die Abtretung der Lombardie an Sardinien hatte zur Folge, dass schon im November 1859 die aus den abgetretenen Landestheilen gebürtigen Soldaten des Regiments in vier grossen Transporten in ihre Heimat gesendet wurden.

Neue Zusammenstellung des Regimentes im Jahre 1860.

Im Februar 1860 wurde das Regiment zu Wien neu aufgestellt, erhielt die nöthige Mannschaft aus dem Stande der Regimenter Herzog von Nassau Nr. 15 und Herzog von Parma Nr. 24 und Brzezan in Galizien als seine Ergänzungsbezirksstation.

Abermal schieden mehrere Offizire aus dem Regimente, viele von ihnen hatten die bewegten Tage der Jahre 1848 und 1849

in seinen Reihen mitgemacht — auch sie folgten nur schweren
Herzens der höheren Pflicht und wurden zu dem Regimente Baron
Wernhardt Nr. 16 und den neu errichteten Regimentern Graf
Mensdorf Nr. 73 und Graf Nobili Nr. 74 eingetheilt.

Von den Stabsoffiziren wurde Major von Brzezina zu dem
Infanterie-Regimente Ritter von Schmerling Nr. 67, Major Ritter
von Kamieniecki zu dem Infanterie-Regimente Grossherzog Sal-
vator von Toskana Nr. 77 und Major v. Niesner zu dem Infanterie-Regimente Graf Jelačić Nr. 69 transferirt.

**Fünfzigjährige Jubelfeier der Namensführung des Regimentes
Baron Bianchi.**

Am 2. März 1861 war ein halbes Jahrhundert verflossen,
seit das Regiment den Namen Bianchi trägt, den es seit eben so
langer Zeit so hoch, so dankbar zu ehren gewohnt war, der
kriegsberühmt ihm in den Kämpfen auf Italiens, Ungarns und
Siebenbürgens Schlachtfeldern wie ein Palladium vorgeleuchtet,
dessen es sich überall mit Ehren würdig gemacht.

Diese fünfzigjährige Namensführung wurde von dem Regimente in festlicher Weise gefeiert.

Nachdem der Herr Regimentsinhaber zu diesem Ende am
3. März 1861 nach Wien gekommen, rückte das Regiment am
6. März vor ihm aus und er gab demselben hierauf seine Freude
über dessen schöne Haltung kund, die Zuversicht aussprechend,
es werde der alte gute Geist in dem neu zusammengestellten
Truppenkörper fortleben und das Regiment auch fortan im Kriege
und im Frieden zu den ausgezeichnetesten der k. k. Armee gerechnet werden.

Der Herr Regimentsinhaber lud das ganze Offizirscorps und
mehrere aus der decorirten Mannschaft zu einem glänzenden
Male, das Offizirscorps überreichte dem würdigen Sohne eines
grossen Vaters aus Anlass dieses Jubelfestes als ein Zeichen seiner
hohen Achtung und Verehrung einen schönen silbernen Becher.

Der Herr Regimentsinhaber und dessen Frau Gemalin widmeten dagegen zum Andenken an diesen Tag je eine 5°/₀ Staatsschuldverschreibung von 1000 fl. zu dem Zwecke, dass nach der Bestimmung des Herrn Regimentsinhabers die Interessen der von ihm gewidmeten Obligation zur Aneiferung der mit der Waffe dienenden Individuen des Regiments an eines oder mehrere derselben, welche verdienstvoll oder sonst würdig sind, am 2. März jedes Jahres und nach der Bestimmung der Frau Gemalin des Herrn Regimentsinhabers die Interessen der von ihr gewidmeten Obligation an dem gleichen Tage jährlich an solche Individuen des Regiments vertheilt werden sollen, welche durch Krankheit in ausserordentliche Auslagen versetzt wurden.

Am 25. März 1861 erhielt das Regiment den Befehl nach Komorn abzurücken, wo es sich zur Zeit, als wir mit diesen Zeilen unsere Aufzeichnungen schliessen, mit dem 1. und 2. Bataillone noch befindet, während das 3. Bataillon zu Czernowitz, das 4. zu Brzezan stationirt ist.